西昌学院"两高"人才科研支持计划项目（编号LGLS
凉山州学术和技术带头人培养资金资助项目（编号ZXS201707）
西华师范大学地方档案与文献研究中心项目（编号DAWXB2102）

凉山地方志
文化资源研究

花志红 ／ 著

中国农业出版社
北京

　　地方志综合记载一个地方自然和社会发展变化的基本面貌，内容涵盖地方的众多方面，地方志是权威性、综合性的地域文化资源。凉山地方志多层面、多角度地反映了凉山社会和文化万象，有着鲜明的时代特征和浓郁的文化内涵，为地方文化和经济的发展奠定坚实基础。

　　目前地方志研究已经取得大量的成果：从研究领域上看，涉及经济学、考古学、历史学、民族人类学、历史地理学等方面；从研究内容上看，涉及地方志的"资治""资料"作用、宗教传播、文化交流、风俗变迁、民族源流、旅游开发等诸多方面。地方志的学术价值和使用价值已得到研究界关注，地方志的研究已逐步走向成熟。不足之处是，目前尚无学者对凉山地方志进行系统性、整体性研究，因而这一选题具有较大的研究空间。

　　关注凉山地方志，始于2013年申报四川省教育厅课题"地域文化环境中的凉山古诗文研究"，之后着手四川省社科联课题、凉山州学术和技术带头人培养资金项目"地域文化背景下的凉山地方志《艺文志》研究"及西昌学院"两高"人才支持项目"凉山地方志《艺文志》文化资源研究"、西华师范大学地方档案与文献研究中心"凉山地方志文化资源整理与研究"课题。伴随课题的研究，对凉山文史、凉山地方志的了解逐渐加深。

　　凉山是中国南丝绸之路的重要通道，是川、滇、藏的结合部。凉山位于四川省南部，北与雅安市、甘孜藏族自治州接壤，南与云南省相望，东西接汉藏地区，既是南方丝绸之路所经区域又占据着干线要隘。秦汉开蜀治边，蜀汉诸葛亮南征，隋唐对滇西少数民族用兵，南诏大理国北进，元代忽必烈征大理、清太平天国石达开兵败大渡河，凉山以其古老的历史彰显了这一地域深厚的文化底蕴。

本研究以民国《西昌县志》、同治《会理州志》、咸丰《冕宁县志》、光绪《雷波厅志》、光绪《盐源县志》、光绪《越嶲厅全志》、咸丰《邛嶲野录》以及《宁远府志》等凉山旧志中的文化资源为研究对象，以文本阅读为基础，以凉山地方志文献资源考察、考见地方的文化风貌，洞悉时代精英所关注的问题，提供有关政治、经济、文化、军事、外交、民族等问题的系统资料，从地方性的角度对凉山地方志进行解读，阐述凉山地方志所具有的地方文学价值和文化价值。

本课题立足于凉山地方志文本研究，围绕凉山地方志中诸如自然资源、历史资源、文学资源、民族文化资源、旅游文化资源、特产资源、教育资源等展开研究，梳理凉山地方志中文化资源的表现，试图总结凉山地方志的文化价值，以填补地方志研究的不足，为凉山文化史研究中利用地方志资料提供借鉴。

在研究过程中，我特别要感谢蒋邦泽先生和他的《凉山州古诗文选释》。蒋先生知识积累丰厚，专业功底扎实，他和他的《凉山州古诗文选释》将我带进了凉山古诗文领域，本书中大凡涉及古诗文解读，均以蒋先生的注释与评析为依据。

特别感谢王仁刚老师和他的《历代文人吟西昌古诗文选读》。这本书收集、整理了从唐代到当代吟咏西昌的古诗文，分诗词、辞赋、散文、楹联四编，资料丰富，收集全面，给我的研究带来很大便利。

特别感谢《凉山文史》《凉山文史资料选辑》、各市县文史资料选辑（如《西昌文史》《会理文史》《冕宁文史》《越西文史》《雷波文史》《昭觉文史》《布拖文史》等）、《品味西昌》《四川省西昌市地名诠释》当中所汇编的文史资料，书中丰厚的文献为我打开了一扇扇窗，让我进一步了解到我所生活这片土地丰富的文化积存。

在完成这本书稿的过程中，参考了张正宁、石逸、高兴文、刘康梅、刘泰龄、刘梦九、高履龙等凉山文史研究大家的研究成果，这里一并表达诚挚的谢意。

在研究中也发现了很多的不足：其一，民国以前的地方志非常珍贵，虽然通过很多途径寻觅，但还是有部分资料来源于影印文献和电子版本文献，无法精确注明出版社和页码，在资料的占有上仍然不够充分。其二，因与凉山有关的文人并非一流的著名大文人，他们的作品也非历来脍炙人口的名篇，故易遭文学界和史学界遗忽，不仅在今之所有著名诗文选注本中没有他们及其作品，而且今人的史著中也不见提到他们及其作品，因而诗文的搜集和整理上有一定难度。目前虽有几个选本，但可借鉴的资料相对偏少。其三，因我个人的专业与偏好，在研究过程中偏重诗文研究，对其他文化领域的关注不够，因而研究显得比较单薄。

虽然缺憾很多，但这本研究成果是我着手凉山地方志研究的一个起点。凉山地方志是丰富的文化资源宝藏，对它的研究还有很多可开拓的空间，我愿为传承凉山的历史文脉贡献自己的绵薄之力。我深知这条路要走下去会面临很多艰辛的困境，但我会沿着这条路继续前行。

花志红

2021 年 5 月 5 日

前言

第一章 / CHAPTER 1

从地方志看凉山历史

    凉山历史悠久，是全国最大的彝族聚居区，也是四川省民族类别最多的地方。凉山彝族自治州辖西昌市、会理市、德昌县、会东县、宁南县、普格县、布拖县、昭觉县、金阳县、雷波县、美姑县、甘洛县、越西县、喜德县、冕宁县、盐源县及木里藏族自治县，共计 2 市 15 县。从历史角度考察，凉山自古以来就是通往西南边陲的重要通道，是古代"南方丝绸之路"的必经之地。2000 多年前的秦汉时期，中央王朝就在这里设置郡县，委派官吏进行管理。先秦至民国，这里建置不同，有古邛都国、越嶲郡、嶲州、建昌府、建昌路、四川行都指挥使司、宁远府、宁属之称，凉山地区的历史沿革，反映了在不同朝代它与中央政权的隶属关系。尽管在历史上，凉山地区辖地范围有所不同，但大抵上北至大渡河，南及金沙江，东抵乌蒙（今云南昭通），西迄盐井（今四川盐源）。由于地处偏远、地理环境独特、民族众多、交通阻塞等原因，这一地区具有明显的封闭性，封闭也使这一地区的文化带有极为浓厚的个性色彩、地域色彩。加之物产富饶、民族风情多样，凉山文化呈现出独特的风貌。

    据出土文物及遗址考证，早在新石器时代，凉山已有人类繁衍生息。《山海经》与《史记》都有黄帝次子昌意降居若水的记载，若水即雅砻江古称。《山海经·海内经》记载：黄帝妻雷祖生昌意。昌意降处若水，生韩流。韩流擢首、谨耳、人面、豕喙、麟身、渠股、豚止，取淖子曰阿女，生帝颛顼①。《史记·五帝本纪》记载：嫘祖为黄帝正妃，生二子，其后皆有天下：其一曰玄器，是为青阳，青阳降居江水；其二曰昌意，降居若水。注曰：江水、若水皆在蜀，即所封国也。《水经》曰：水出蜀郡牦牛徼外，东南至故关为若水，南过邛都，又东北至朱提县为卢江水②。

    凉山这一地域有关政区设置最早的文字记载来自《史记·司马相如列传》：邛、笮（史籍中"笮"一作"筰"）、冄（一作"冉"）、駹者近蜀，道亦易通，

---

① 马博. 山海经 [M]. 北京：线装书局，2013：668.

② 司马迁. 史记 [M]. 北京：中华书局，1982：10-11.

秦时尝通为郡县，至汉兴而罢①。到汉武帝时期开发边疆，大军开西南夷，置犍为郡，与蜀郡、广汉郡合称"三蜀"。元鼎六年（公元前111年）汉武帝置越巂郡，领邛都、灵关道（史籍中"灵关道"一作"零关道"）、台登、定筰、会无、筰秦、三绛、苏示、阑、卑水、大筰、青蛉、姑复、潜街、遂久等15县，距今已有2 100多年的历史。汉代越巂郡所辖的15县，其中青蛉、姑复、遂久在今云南省境，大筰在今攀枝花市盐边县，在今凉山州境内的有11县②。汉代以后，其沿革，北周为西宁州、唐为巂州、南诏和大理国为建昌府、元朝为罗罗斯宣慰府、明朝为四川行都指挥使司建昌监理厅、清朝为宁远府、民国为西康省宁属屯垦委员会。

中国历史上有很多重要人物都到过凉山。汉代司马迁"奉使西征巴、蜀以南，南略邛、筰、昆明"③；司马相如"通零关道，桥孙水，以通邛都"④；蜀汉诸葛亮南征"五月渡泸"⑤；元世祖忽必烈过凉山南征大理；太平天国名将石达开兵败大渡河，意大利旅行家马可·波罗于公元1275年来中国，他曾作为元朝特使巡视各地，到过凉山西昌一带。

第一节　凉山建置与沿革

一、西昌建置与沿革

西昌市历史悠久，古为邛都国地，后为历朝历代郡、州、卫、府的治所。

西昌市是凉山彝族自治州的首府，地处金沙江水系雅砻江、安宁河中游，是四川省西南部最古老的城镇之一。这里气候温和，土地肥沃，河谷宽阔，境内山川秀丽、景色迷人，山、湖、城与湿地交融，自然景观和人文景观绚丽多彩。它是西南地区一条重要的民族走廊，"南方丝绸之路"上一大重镇。西昌市境内迄今保存着新石器时代、殷商、秦汉、唐宋各个历史时期极为丰富的文化遗存。一座城，因为有历史而显得厚重，又因为有文韵而显得温情，西昌市就是这样一座城市。

《西昌县志·地理志》在"沿革"中记载了西昌的历史。

　　在《史记·西南夷》与《司马相如列传》，有诸此国颇置吏，又秦时尝通为郡县之文，是郡县始于秦，而宁远即于是时设郡县，惟十

---

① 司马迁. 史记 [M]. 北京：中华书局，1982：3046.
② 王林吉. 凉山彝族自治州建置沿革 [M]. 成都：电子科技大学出版社，2012：6.
③ 司马迁. 史记 [M]. 北京：中华书局，1982：3293.
④ 司马迁. 史记 [M]. 北京：中华书局，1982：3047.
⑤ 陈寿. 三国志 [M]. 北京：中华书局，1959：920.

余岁秦灭汉兴，旋皆废弃。至汉武帝因司马相如言邛笮（一作"莋"，或作"筰"，又作"莋"）可置郡，遂使相如往谕，为置一都尉，十余县属蜀，嗣以数岁无功而罢。元鼎六年，南粤既破，西夷震恐，请臣置吏，乃以邛都为越巂郡，县十五，邛都称首焉。郡之南远及潜街、青蛉、姑复，东之卑水，距郡且三百里，西则山水阻深接滇池郡，北之阑县，迄于大渡，此汉初立郡，远跨滇境之规模也。

降及王莽，易郡名为集巂以属益州，东汉中兴郡如故，城凡十四，而邛都苏祁亦如故。蜀汉丞相亮南征，先由越巂，恣睢旋定，迄于典午，分州划县，越巂仍属益州。而金沙江以南，姑复等县，则别置为云南郡，是时越巂辖县五，较汉减三之二，区域与后之明建昌卫，清之宁远府同，县则有邛都无苏祁，其省并可知，惟惠帝之后，李特僭号称汉于益州，蜀郡县皆没于特，而江左犹并遥置之。

桓温灭蜀，其地复为晋有，咸安二年，益州复没于苻氏，太和八年，复为晋有，迄晋社既屋，朝分南北，越巂于刘宋后，遂没于獠，后周平夷，于故郡置严州，复苏祁，见于《旧唐书》者仅此，而《周书》《北史》均未纪州郡，隋一土宇，继后周仍置越巂郡，开皇六年改曰西宁州，十八年又改曰巂州，统县六，越巂带郡，邛都苏祁仍旧（旧置亮善郡，开皇初郡废）郡境与晋同，至唐仍巂州，盖多故矣，初置中都督府，领县六，武德二年，又置昆明，贞观二年割雅州、阳山、汉源来属，八年又置和集县，太宗时巂州北境，且逾大渡而遥矣。大足元年复析汉源、阳山等县以置黎州，而巂州仍复旧境。肃代以远，国威既挫，故至德二载，巂州没于吐蕃，贞元十三年收复。而太和五年，又为蛮寇所破。六年徙至台登，至懿宗时，蒙诏据之，立建昌府，实以乌白二蛮，而巂州遂入南诏范围，其后诸酋争强，分地为四，推段兴为长，后裔浸强，遂并诸酋，自为府主，大理不能制，是段氏且远离南诏而独据巂州矣，中原则五季兵戈，一任狃猡跳梁，衣冠沦没，无复过而问焉者。

赵宋混一，远略弗勤，大渡以南，弃而弗有，邛部酋长，自称百蛮都鬼主者，每一朝贡，辄嘉纳之，虽戎马不兴，终使云南坐大，遂并巂州，至是而巂州复为南诏之建昌矣。而云南段氏，传至阿宗，娶落南部建蒂女沙智，元宪宗朝，建蒂内附，以其壻守建昌，至元十二年，析其地置总管府五，州二十三，建昌其一路也，统以罗罗斯宣慰司，稽所统建昌路九，县一，德昌路州四，会川路州五，柏兴府县二，皆今宁远地。

元祚无多，朱明崛起。洪武五年，罗罗斯宣慰司朝京师，建昌尚未归附，十四年遣内臣赍敕谕之，乃降，十五年置建昌卫指挥使司，元平章月鲁帖木儿自云南建昌入贡，太祖即以月鲁为建昌卫指挥使，已而月鲁叛，合德昌、会川、迷易、柏兴、邛部并西番土军，杀掠烧劫，指挥安的战败之，贼退屯阿宜河，转攻苏州，指挥佥事鲁毅又击败之，于是置建昌、苏州二军民指挥使司，及会川军民千户所，旋命总兵官凉国公蓝玉，以智诱致月鲁，送京师伏诛，余党以次悉平，因改建昌路为建昌卫，置军民指挥使司，以安氏世袭指挥使，不给印，置其居于城东郭外里许，十五年正月卫属云南都司，十月改属四川，廿五年六月，始升为军民指挥使司，领守御千户所四，曰礼州后千户所，曰打冲河前千户所，曰德昌千户所。长官司三，则昌州威龙普济也（宁番卫仅领守御冕山桥后千户所一，越巂领所一，曰镇西，长官司一，曰邛都，盐井卫领所一，曰打冲河左千户所，长官司一，曰马剌，会川领所一，曰迷易）。凡卫五所八长官司四，均属四川行都指挥使司（洪武二十七年置治建昌卫）。

先是洪武十五年，于元之礼州，领泸沽一县者因之，兼置二所属卫，于元之德昌路改置府，廿七年府州县皆废，设所属卫焉。考都指挥使区域，即《明史·土司列传》所谓，北至大渡，南至金沙江，东抵乌蒙，西讫盐井，延袤千余里者也。

明亡清兴，至康熙八年，始于建昌设卫，属建昌监理厅，复设建昌分巡道，并置总镇府，雍正六年准川陕总督岳钟琪奏裁卫，置宁远府，领厅一，曰越巂，州一曰会理，县三，曰西昌、盐源、冕宁，而西昌为首县，与府镇同城，宣统元年析盐源境，置盐边厅，于昭觉委员设治，昭觉者，清之交脚汛防也。地属西昌东抵龙头山，与雷波接界。昭觉之名，设治时，宁远府陈廷绪拟禀都宪，准如所拟，同时并议于德昌设县，支付陈廷绪禀复，称为骈枝而罢，西昌东境既为昭觉，其东界遂退而定于阿拉米山梁，县属普格之北，遂于补拖坝与昭觉接界。惟昭觉之令犹未至，而爱新之祚竟已斩矣。

民国元年裁西昌县并入府，厅州悉为县。二年裁府复县，县辖于道（十六年废道县直接省）。十九年划会理之披沙六场，及西昌普格地面之小松林坪，设宁南县。廿四年一月，以宁远境为四川第十八行政督察区，委任王旭东为行政督察专员，二十八年，西康建省，划宁远属之，专员制废，今中央重视宁远，专意措施，其日新月异，可纪者正未有艾也①。

---

① 郑少成. 西昌县志［M］. 民国《西昌县志》重印本.［出版者不详］，2012：4-8.

　　这段文字交代了西昌从秦朝到民国的建置与沿革。邛都为西昌古名：先秦时为西南夷邛都国地；自秦王派张仪、司马错于公元前300年率秦军入川灭蜀国建立新政权后，便设邛都为郡；汉高祖刘邦建立汉朝后，撤邛都郡；西汉元鼎六年（公元前111年），汉武帝设邛都为越嶲郡，辖十五县，属益州，郡治邛都；唐高祖武德元年（618年）置嶲州，州治邛都。此外，今西昌市境内除邛都外，尚有苏示县（今礼州镇）。唐懿宗咸通年间，西昌被南诏政权占领，南诏设建昌府，后大理国袭其建制。元世祖至元十二年（1275年），置建昌路，以罗罗斯宣慰司总之。明太祖洪武十五年（1382年）改建昌路为建昌府，属云南行省。洪武二十七年（1394年）置建昌卫，属四川行都司。清雍正六年（1728年）裁建昌卫，设宁远府，置西昌县，"西昌"之名自此始。

　　根据文史资料记载，西昌这一地域在历史上有不同名称。

　　邛都，西昌最早古称。先秦时其为西南夷邛都国地，汉武帝时遂作县名，至南北朝宋孝武帝止，沿用575年。

　　越嶲，南朝梁武帝置嶲州，以邛都县为越嶲郡（隋唐改郡为县）。今越西旧称邛部。

　　宣化，北周武帝改越嶲县为宣化郡，领可泉县（今西宁一带）。

　　三阜，唐代嶲州一卫城，南诏以之作建昌府城城名。

　　宁远，大长和替代南诏，改三阜为宁远，隶会川城（今会理）；清雍正时援引作府名，西昌为附廓县，宁远遂为西昌别称。

　　木迷，大理时将宁远改用白族名木迷，虽用了315年，后世少有人知。

　　建昌，始于南诏在此设置建昌府，大理沿用，元、明、清续作路、卫、厅名，它们都设置在西昌城，于是成为西昌另一别称。建昌一名使用了800余年，传播甚广，因而一些驰名特产以它命名，如建昌马、建昌鸭、建昌杉板。旅外人士或商贩也称建昌人、建昌帮。明时称建昌亦曰建南。

　　建安，元朝将大理木迷改置建安、宝安（后并入建安）、永宁三州。后者为土司总管驻地，在今西昌河东街。

　　西昌，清雍正时将建昌卫改置西昌县，沿用至今。

　　在漫长的历史进程中，西昌有两段引人注目的历史。其一为越嶲郡的设置，这是一个划时代的历史事件。它为中央王朝在西南地区推行郡县制，强化统治，开发边疆，促进社会进步发挥了重要作用，从此，西南夷地区的历史揭开了新的一页，其二为嶲州城的衰落和易名：至德二载（757年），嶲州没于吐蕃，贞元十三年（797年）收复；而太和五年（831年），又为蛮寇所破，六年（832年）徙至台登；至懿宗时（860—874年），蒙诏据之，立建昌府，实以乌、白二蛮，而嶲州遂入南诏范围。从中不难看出，嶲州城的衰落当始于至德战乱；太和五年（831年）后，嶲州城逐渐荒废，唐懿宗时南诏最终占领这里易名"建昌城",该城不再以嶲州见称。西昌有一段血雨腥风的历史,累计110余年没于战乱,城邑尽毁,郡县皆废:唐肃宗至德二载(757年)起,沦为唐、吐蕃、南诏三方拼杀决死的战场;其后75年中三次被南诏、吐蕃军攻破、屠城。这段时间的历史文献资料非常少。

二、凉山各县市建置与沿革

凉山所属17个县、市中,西昌、会理、盐源、冕宁、越西、雷波设治已有2 100余年。其余11县都是民国时期或新中国成立后才从中析置。

会理,汉武帝元鼎六年(公元前111年)设会无县,属越嶲郡;唐代上元二年(675年)置会川县,属嶲州;天宝年间南诏设会川都督府;宋时羁縻属于大理,仍曰会川府;元代至元十四年(1277年)置会川路,属罗罗斯宣慰司;明洪武初改会川路为会川府;明洪武二十七年(1394年),置会川卫,辖迷易守御千户所,属四川行都指挥使司;清雍正六年(1728年)裁卫,移会理州至今会理,属宁远府。据清乾隆本《会理州志·建置沿革》记载:为邛古国名,即今行都司所领建昌卫五地皆是,而建昌卫其治也。其南会川,其北越嶲,其西宁番,其西南盐井。周末,秦惠王使司马错伐蜀,始有其地。清同治本《会理州志·疆域》记载:会理州在宁远府南少东四百里,东西距八百二十里,南北袤六百里,东抵云南会泽县界五百七十里,西抵西昌县德昌所界二百五十里,东南至金沙江交云南禄劝县界三百里,西南至大姚县界二百三十里,东北至西昌鱼水普格界五百七十里,西北至盐源县界四百里[①]。

盐源,汉武帝元鼎六年(公元前111年)设置定笮县;南诏占据后设为香城郡;宋代属大理地方政权;元代初为落阑郡,1277年置盐井千户,后又改为柏兴府,属罗罗斯宣慰司;明洪武二十六年(1393年)废府置盐井卫,又称卫城;清代雍正六年(1728年),改盐井为盐源县,属宁远府;新中国成立前为西康省宁属所辖。据光绪本《盐源县志·舆地志》,盐源建置沿革为:周赧王三十年(公元前285年)秦置蜀守;汉初置定笮县,隶属越嶲郡;唐武德二年(619年)改置昆明县,属嶲州;南诏蒙氏以为香城郡;宋时羁縻为大理所据,又以为贺头甸;至元十七年(1280年)改为闰盐州,二十七年(1290年)改州为县,立柏兴府,隶属罗罗斯宣慰司;明初设柏兴州,洪武二十五年(1379年)改柏兴千户所,属建昌卫,二十七年(1381年)改置盐井卫军民指

---

① 邓仁垣.会理州志[M].影印本.成都:巴蜀书社,1992.

挥使司;清初为盐井卫,雍正六年(1728年)罢卫改置盐源县,属宁远府[1]。

冕宁,汉代称台登县,属越嶲郡;三国、两晋以及隋唐时期仍称台登县;元代曾称苏州,属建昌路,县境南部曾设过泸沽县,属礼州;明代洪武年间,平月鲁帖木儿叛乱,故名宁番卫;清雍正六年(1728年)改名冕宁县,属宁远府。《冕宁县志·舆地志》"沿革"云:县治在禹贡梁州南裔,上古为都国(李元《蜀水经》:冕宁县古都国;黄帝封其子昌意于此,娶蜀山氏女,生颛顼于若水。若水即城外南河(误,若水为雅砻江)也,故冕邑为帝子之都,高阳氏故里)。汉初属邛都国。武帝时置西部都尉,治牦牛主外羌。元鼎六年置大筰、台登二县,属越嶲郡。后汉省大筰入台登。晋因之,徙治会无县(会川废卫)。(北朝)齐省入越嶲僚郡,寻没于僚。后周武帝复置台登县,兼置北沙郡。隋开皇初郡废,仍属越嶲郡。唐为月边州,属中都督府,纂至德二载没于吐蕃,贞元十三年(797年)收复,太和五年(831年)复为蛮寇所破,六年(832年)移嶲州来治,咸通三年(862年)为蒙诏所据(改城为建昌府)。宋时羁縻属于大理。元宪宗时,附内为礼州地,至元十二年(1275年)置苏州(今作酥州),属建昌路。分其地置总管府,设罗罗斯宣慰司以统之,初属四川行省寻改属云南行省。明洪武二十二年(1376年)罢宣慰司,立苏州卫,二十七年(1381年)改为宁番卫军民指挥使司,属四川行都指挥使司。皇朝初亦曰宁番卫。雍正六年(1728年)罢卫改置冕宁县,属宁远府[2]。

越西,据《越嶲厅全志·沿革志》记载,历史悠久,远在4000年前大禹治水年代,即是古九州之一梁州的地域,属于古西南夷地。先秦时代,属西南夷地;秦时尝通为郡县;汉置阐县,武帝元鼎六年(公元前111年)设越嶲郡;北周天和三年(568年)置邛部县;唐属嶲州;宋为邛部川;元为邛部州;明洪武二十五年(1392年)设越嶲卫;清为越嶲厅[3]。民国二年(1913年)改为越西县。

雷波,据《雷波厅志·建置志》记载,为禹贡梁州之域,属古西南夷地。汉武帝通西南夷,置犍为堂琅县地;蜀汉时为马湖县地,属越嶲郡;唐至宋为马湖部属地;元世祖至元十三年(1276年)设雷波长官司,属马湖路;明洪武四年改路为府;清雍正六年设雷波卫,乾隆二十六年(1761年)升卫为厅,属叙州府[4]。民国二年改称雷波县。

会东,汉代属越嶲郡会无县所辖,元代为会川路之姜州,历史上多为今会

① 辜培源.盐源县志 [M].影印本.[出版者不详],1894.
② 李英粲.冕宁县志 [M].冕宁县地方志办,校编.冕宁:冕宁县印刷厂,1996:15.
③ 马忠良.越嶲厅全志 [M].影印本.[出版者不详],[1906].
④ 秦云龙.雷波厅志 [M].影印本.[出版者不详],[1905].

理属地。

宁南，在历史上是一条连接川、滇的古通道，西汉前属古邛都国。唐曾一度为南诏属地；宋属云南大理国；元为云南罗罗斯宣慰司都元帅府建昌路；清雍正六年设千总，筑土城；清嘉庆元年（1796年）置披砂土千户，属会理州永定营。

普格，古为越嶲郡属地，历代多属今西昌管辖。

德昌，汉代为越嶲郡邛都属地，唐代天宝元年（742年）称西泸县，宋时号阿屈部，元代为昌州、德州，属德昌路，明代为德昌守御千户所及昌州长官司，清代为西昌县所辖，历史上多为今西昌属地。

喜德，汉代为越嶲郡台登县（今冕宁属地），历代多为冕宁所辖。

木里，在汉代为越嶲郡定筰县属地，清代于1730年封木里六藏涂郡都为安抚司，建县前为盐源所辖。

布拖，过去为阿都土司属地。

金阳，古为越嶲郡卑水县属地，新中国成立前为沙马土司所辖。

昭觉，西汉时为越嶲郡卑水县属地，清代设交脚汛。清宣统二年（公元1910年）建昭觉县，历代多为今西昌所辖。

甘洛，汉武帝时期属于越嶲郡灵关道，历代多为今越西县所辖。

美姑，1952年中央人民政府政务院批准建置美姑县，隶属西康省西昌地区专员行政公署，美姑是凉山彝族的主要聚居地之一。

第二节　文史记载中的凉山

一、与凉山相关的文史记载

《史记·西南夷列传》记载，南越破后，及汉诛且兰、邛君，并杀筰侯，冉駹皆振恐，诸臣置吏。乃以邛都为越嶲郡，筰都为沈黎郡，冉駹为汶山郡，广汉西白马为武都郡[①]。这段文字交代了建立越嶲郡的由来。

《史记·西南夷列传》中记载，自滇以北君长以什数，邛都最大；此皆魋结，耕田，有邑聚[②]。这是关于凉山居民生活最早的记述，揭示了这一地域的自然、社会文化、民俗特点。

《史记·司马相如列传》记载西汉武帝元光五年（公元前130年）司马相如通零关道，桥孙水以通邛都，首开西南边疆的事迹。云：司马长卿便略定西

① 司马迁. 史记 [M]. 北京：中华书局，1982：2997.
② 司马迁. 史记 [M]. 北京：中华书局，1982：2991.

夷，邛、笮、冄、駹、斯榆之君皆请为内臣。除边关，关益斥，西至沫、若水，南至牂牁为徼，通零关道，桥孙水以通邛都。还报天子，天子大说①。由此可见，凉山历史悠久，远在2 000多年前的秦汉时期，中央王朝就在这里设置郡县，委派官吏进行管理。

《后汉书·西南夷列传》介绍了邛都县的来历、民族风情：邛都夷者，武帝所开。以为邛都县。无几而地陷为污泽，因名为邛池，南人以为邛河。后复反叛，元鼎六年（公元前111年），汉兵自越嶲水伐之。以为越嶲郡。其土地平原，有稻田……俗多游荡，而喜讴歌，略与牂柯相类。豪帅放纵，难得制御②。

三国时期蜀汉丞相诸葛亮征战邛都，在这一地域留下很多传说和遗迹。

《三国志·诸葛亮传》载有：（后主刘禅建兴）三年（225年）春，诸葛亮率众南征，出发之前，上疏曰：先帝知臣谨慎，故临崩寄臣以大事也。受命以来，夙夜忧叹，恐托付不效，以伤先帝之明，故五月渡泸，深入不毛，今南方已定，兵甲已足，当奖帅三军，北定中原……③

三国时期建兴三年（225年）蜀相诸葛亮亲率大军南征，一举平息南中叛乱，其间发生了广为流传的七擒七纵的故事。蜀汉南中，汉代称为"西南夷"，主要包括今云南、贵州西部和四川西南一带。东汉时南中设有四郡：永昌郡（行政中心在今云南保山）、益州郡（行政中心在今云南晋宁）、越嶲郡（行政中心在今四川西昌）、牂柯郡（行政中心在今贵州黄平）。越嶲郡辖地为：今凉山州，攀枝花市，宜宾地区的屏山，云南省的丽江地区和楚雄州的大姚、永仁。当时，蜀国对吴作战失败，刘备一死，建兴一年（223年）南中诸郡相继发生叛乱。先是益州郡大姓豪强雍闿杀了蜀国派去的太守正昂，牂柯郡丞朱褒遥相呼应，越嶲郡的叟帅（少数民族首领）高定杀了郡将焦璜后举郡称王以叛。在这种情况下，诸葛亮为了他既定的"南抚夷越"策略，为安定后方，以图中原，于建兴三年春亲自率军南征四郡，四郡皆平。

在外国游客笔下，凉山境内又是怎样的状况？

元代，意大利旅行家马可·波罗游历建昌等地，史迹均有遗存。《马可波罗行纪》第116章"建都州"记述了700多年前元代初年建昌的城池、村庄、山川、河流、湖泊、宗教、习俗、出产、货币、矿产、禽兽等情况，语言虽不多，但极有价值④。《马可波罗行纪》用纪实的手法，描写了他在中国各地，其中包括西域和南海的所见所闻；记录了元朝初年的政事、战争、宫廷秘闻、

---

① 司马迁．史记 [M]．北京：中华书局，1982：3047．
② 范晔．后汉书 [M]．北京：中华书局，1965：2852．
③ 陈寿．三国志 [M]．北京：中华书局，1959：920．
④ 马可·波罗．马可波罗行纪 [M]．冯承钧，译．北京：商务印书馆，2011：255－256．

节日、游猎等事；具体讲述了元大都（今北京）的经济文化与风土民情，西安、开封、南京、镇江、扬州、苏州、杭州、泉州、昆明等各大城市的商埠及繁荣盛况。它首次比较详细地向欧洲人展示了中国的封建王朝及其封建经济。《马可波罗行纪》出版后，掀起了一股欧洲人探寻中国的热潮。

　　弄清元朝初年凉山境内这一地域的历史背景、社会经济状况、民族状况，对于理解《马可波罗行纪》的记载很有帮助。元朝建立前夕，今天的凉山地区由大理国统治。境内的平坝、河谷居住着乌、白二蛮民族，金沙江、雅砻江沿岸居住着么娑族（后人称摩梭），汉人很少。蒙古族推翻大理国政权后，于至元十二年（1275 年）建立云南行省，任命回族人赛典赤任中书省平章政事。第二年，赛典赤将云南行省划为三十七路、二府、五十四州、四十七县。当时凉山境内设有罗罗斯宣慰司都元帅府（地点在今西昌北街都司堂巷），都元帅府直属元朝朝廷领导。都元帅府统领建昌路、德昌路、会川路，涵盖今西昌、普格、昭觉、会理、会东、美姑、冕宁、德昌、盐源、木里等县。《元史·地理志》记载：建昌路，本古越巂地，唐初设中都（督）府，治越巂……至元十二年，析其地置总管府五、州二十三，建昌其一路也，设罗罗斯宣慰司以总之①。德昌路军民府，汉邛都县地，唐没于南诏……十二年，立定昌路，以本部为昌州②。会川路，路在建昌府。唐移邛都于此。其地当征蛮之要冲，诸酋听会之所，故名。天宝末没于南诏……至段氏仍为会川府。元至元九年（1272 年）内附，十四年（1277 年）立会川路，治武安州③。元时凉山境内民族状况没有发生大的变化，但迁来了随军作战的回族人。

　　我们看看《马可波罗行纪》是如何记录他在这一带的所见所闻的。《马可波罗行纪》笔下的邛海：建都是西向之一州，隶属一王。居民是偶像教徒，臣属大汗。境内有环墙之城村不少。有一湖，内产珍珠，然大汗不许人采取。盖其中珍珠无数，若许人采取，珠价将贱，而不为人所贵矣。惟大汗自欲时，则命人采之，否则无人敢冒死往采。"偶像教徒"指大理国在统治建昌时期，大力推行佛教，各地大兴佛寺，因而佛教教徒甚多；元统治后也信仰佛教，因而居民均属于教徒也很自然。从这段话中我们还能看到 700 多年前邛海的状况：水域面积辽阔；水质清澈；湖中盛产珍珠，只不过统治者不允许百姓开采，只要一人独享。

　　关于玉石，《马可波罗行纪》称，此地有一山，内产一种突厥玉，极美而量颇多，除大汗有命外，禁人采取。这里所说的山，未明确山名。后世学者指

---

① 宋濂. 元史 [M]. 北京：中华书局，1976：1471.
② 宋濂. 元史 [M]. 北京：中华书局，1976：1473.
③ 宋濂. 元史 [M]. 北京：中华书局，1976：1474.

出可能是指会理的东山，《会理州志·风土志·物产》记载：会无县东山出碧，《蜀都赋》注云：碧石生越嶲郡，会无县可作箭镞。《会理州志·封域志·山川》"暮砧山"条下注云：三十里，山形特秀，上建文塔旧产石青有四色，又土白山亦在州东南三十里产石绿三色，《汉书》会无东山出碧即此，又名葛兆山①。突厥玉应该是指绿柱石，品种有祖母绿、海蓝宝石、玫瑰绿宝石等，是一种色泽鲜亮可供观赏的奇石。

关于货币，《马可波罗行纪》称，至其所用之货币，则有金条，案量计值，而无铸造之货币。其小货币则用盐，取盐煮之，然后用模型范为块，每块约重半磅，每八十块值精金一萨觉，则萨觉是盐之一定分量，其通行之小货币如是。这里指出这一地域金与盐的产量丰富，并记载了盐的生产。大宗交易用金条，小宗交易用盐块。商品交易保留着以物易物的古老习惯。

关于禽兽物产，《马可波罗行纪》指出，境内有产麝之兽众，所以出产麝香甚多。其产珠之湖亦有鱼类不少。野兽若狮、熊、狼、鹿、山猫、羚羊以及种种飞禽之属，为数亦伙。其他无葡萄酒，然有一种小麦、稻米、香料所酿之酒，其味甚佳。此地丁香繁殖，亦有一种小树，其叶类月桂树叶，惟较狭长，花白而小，如同丁香。其地亦产生姜、肉桂甚饶，尚有其他香料，皆为吾国从未见者，所以无须言及。700 年前的建都州森林茂密，飞禽走兽众多，物产丰饶，令这位欧洲人惊叹不已，这里有麝、鱼，有各种兽类，有味道佳美的粮食酒，还有各种香料。《马可波罗行纪》的记录让我们从一个侧面了解了 700 年前这一地域的生态环境。

来到金沙江边，《马可波罗行纪》指出：此州言之既详，但尚有言者：若自此建都骑行十日，沿途所见环墙之城村仍众，居民皆属同种，彼等可能猎取种种鸟兽。骑行此十日程毕，见一大河，名称不里郁思，建都州境止此。河中有金沙甚饶，两岸亦有肉桂树，此河流入海洋。《马可波罗行纪》在最后记载了金沙江边风物景观、居民生活与物产。

《马可波罗行纪》对我们了解 700 多年前的凉山很有价值②。

二、蜀身毒道与茶马古道

自古以来，凉山境内就是"南方丝绸之路"和"茶马古道"之重镇，西昌是古南方丝绸之路川滇结合部最重要的商贸口岸，用今天的话讲，就是川滇结

---

① 邓仁垣. 会理州志 [M]. 影印本. 成都：巴蜀书社，1992.
② 中共西昌市委，西昌市人民政府.《马可波罗行纪》话西昌 [J]. 品味西昌，2013（3）：190–193.

合部的物流枢纽。汉代张骞出使西域，在西域古国大夏（今阿富汗北部一带），看到产自西昌（古称邛都县）的邛竹杖后，推定在中国西南有一条商道，它就是著名的南方丝绸之路。

关于这一点，《史记》中多次提到。

《史记·西南夷列传》记载：元狩元年，博望侯张骞使大夏来，言居大夏时见蜀布、邛竹杖，使问所从来，曰："从东南身毒国，可数千里，得蜀贾人市。"或闻邛西可二千里有身毒国。骞因盛言大夏在汉西南，慕中国，患匈奴隔其道，诚通蜀，身毒国道便近，有利无害。于是天子乃令王然于、柏始昌、吕越人等，使闲出西夷西，指求身毒国①。

《史记·大宛列传》记载，汉武帝元朔三年（公元前126年），博万侯张骞从"丝绸之路"出使西域回来，奏报汉武帝说："臣在大夏时，见邛竹杖、蜀布。"问曰："安得此？"大夏国人曰："吾贾人往市之身毒。身毒在大夏东南可数千里，其俗土著，大与大夏同，而卑湿暑热云。其人民乘象以战。其国临大水焉。"以骞度之，大夏去汉万二千里，居汉西南。今身毒国又居大夏东南数千里，有蜀物，此其去蜀不远矣。今使大夏，从羌中，险，羌人恶之；少北，则为匈奴所得；从蜀宜径，又无寇②。张骞向汉武帝提出打通南丝绸之路的建议，汉武帝"欣然"以为然，立令张骞等"四道并出"。汉王朝出于联络大月氏夹击匈奴的政治需要，以拥有雄厚人力、物力的巴蜀地区为基地，拉开了全面经营和开发安宁河流域等西南地区的序幕。

早在先秦时期，蜀商就赶着马帮，驮着邛竹杖、蜀布、丝绸等商品，穿过川西平原，攀登崎岖山道，经过邛都，横渡金沙江，进入姚安、大理、永平，横渡澜沧江，到达腾冲，在这里和缅甸、印度的商人进行交换。这条最古老的驿道从蜀都成都至印度，因而史籍上称其为"蜀身毒道"，此路线被称为"南方丝绸之路"。2 000多年前，汉代凭借人力在西南群山中打通了南方丝绸之路，迎来了一段不朽的贸易传奇。行走在这条出成都，经云贵，入身毒（印度）数千里的丝绸路上，商人们要穿越凉山境内，《史记·司马相如列传》记有"通零关道"，"零关"就是古驿道的意思。这条驿道，始筑于秦，臻于西汉。如今越西县丁山桥畔的石崖上，清人书法家杨叔子手书的斗大的"零关"二字，赫然在目。凉山州越西境内的很多地名都与这条驿道有关：大树堡、河南站、保安营、连山营、梅子营、青杠关、王家屯、大屯、中所、陶家营、小哨等。堡、站、关、屯、所、哨等名称，历来都是驻兵的地方，这些地名无不与军事有关，这有力地证明了历代王朝，为了政治、经济上的需要，几乎是十

---

① 司马迁. 史记［M］. 北京：中华书局，1982：2995.
② 司马迁. 史记［M］. 北京：中华书局，1982：3166.

里一哨、五里一碉，驻军戍守来保护这条交通要道。

西昌境内有古老的茶马古道。茶马古道源于古代西南边疆和西北边疆的茶马互市，兴于唐，盛于明清，二战中后期最为兴盛。茶马古道有三条线路：青藏线、滇藏线、川藏线。这三条线中，川藏线影响最大，最为知名。西昌地处川藏线，源头为雅安名山。北来的茶叶在西昌集散，分流西去盐源、木里，入藏，再到印度；南下大理、腾冲，再到缅甸。南来和西来的盐及各种土特产北上至成都。

三、诸葛亮南征之地

三国时期建兴三年（225 年）蜀相诸葛亮亲率大军南征，为安定后方，以图中原，一举平息南中叛乱。《三国志》中有关诸葛亮南征的记载主要有：

《三国志·后主传》：建兴元年（223 年）夏，牂柯太守朱褒拥郡反。先是，益州郡大姓雍闿反，流太守张裔于吴，据郡不宾。越巂夷王高定亦背叛。……三年（225 年）春三月，丞相亮南征四郡（益州、越巂、牂柯、永昌），四郡皆平。改益州郡为建宁郡，分建宁、永昌郡为云南郡，又分建宁、牂柯为兴古郡。十二月，亮还成都①。

《三国志·诸葛亮传》：建兴元年（223 年），封亮武乡侯，开府治事。顷之，又领益州牧。政事无巨细，咸决于亮。南中诸郡，并皆叛乱，亮以新遭大丧，故未便加兵，且遣使聘吴，团结和亲，遂为与国。三年春，亮率众南征，其秋悉平。军资所出，国以富饶，乃治戎讲武，以俟大举②。

《三国志·诸葛亮传》：故五月渡泸，深入不毛③。

《三国志·李恢传》：先主薨，高定恣睢于越巂，雍闿跋扈于建宁，朱褒反叛于牂柯。丞相亮南征，先由越巂，而恢案道向建宁④。

《三国志·王连传》：时南方诸郡不宾，诸葛亮将自征之，连谏以为"此不毛之地，疫疠之乡，不宜以一国之望，冒险而行。"亮虑诸将才不及己，意欲必往，而连言辄恳至，故停留者久之⑤。

另有相关资料见于《华阳国志》。

《华阳国志·南中志》：建兴三年春，亮南征。由水路自安上入越巂。别遣

---

① 陈寿. 三国志 [M]. 北京：中华书局，1959：894.
② 陈寿. 三国志 [M]. 北京：中华书局，1959：918-919.
③ 陈寿. 三国志 [M]. 北京：中华书局，1959：920.
④ 陈寿. 三国志 [M]. 北京：中华书局，1959：1046.
⑤ 陈寿. 三国志 [M]. 北京：中华书局，1959：1009.

马忠伐牂牁,李恢向益州。以犍为太守广汉王士为益州太守①。

《三国志》《华阳国志》所载诸葛亮南征经过甚略。关于七擒七纵孟获的经过,《华阳国志》有一段记载,但也比较粗略。原文如下:夏五月,亮渡泸,进征益州。生房孟获,置军中,问曰:"我军如何?"获对曰:"恨不相知,公易胜耳。"亮以方务在北,而南中好叛乱,宜穷其诈。乃赦获,使还合君,更战。凡七房、七赦。获等心服,夷、汉亦思反善。亮复问获,获对曰:"明公,天威也!边民长不为恶矣。"秋,遂平四郡②。

《宁远府志·武功志》记载:蜀汉诸葛亮武侯五月渡泸,深入不毛,七纵七擒,蛮夷率服③。

诸葛亮统帅西路大军"五月渡泸"前在凉山境内的具体活动,史籍语焉不详,因此,关于诸葛亮南征的凉山遗迹,虽然传说很多,但依据甚少。

查阅凉山地方志,与诸葛亮南征相关的记载整理如下。

(一)古迹

小相岭,位于凉山州喜德县登相营至越西县小哨之间,方圆约百里,汉时凿零关道,自古即是川滇驿道咽喉所在。历代在山中设有10多个营、屯、关、堡、驿站和铺递。据传,诸葛亮南征时经过此地,并在登相营、白石营、九盘营、象鼻营等处扎营。因此,后人称此地为丞相岭、相公岭和小相岭。《冕宁县志》记载:小相公岭,在县东二百里,相传为诸葛武侯所开,故以相公名之④。又云:五月渡泸,南征孟获,深入不毛,小相公岭之名,至今传焉⑤。《越嶲厅全志·山川志》记载:小相公岭,治南七十里即南天相岭,十景之一。旧志载其地石磴崎岖,为凉山北境野夷出掠之所,商旅往来必派兵护送,盖其形象高耸,为武侯所开,故称相公岭。晴天北俯较场河东天王损一带俱在目前,山顶有"今日山头"四字碑⑥。《宁远府志》记载:在府北三百里,与清溪县大相公岭遥峙,皆因武侯得名⑦。

《越嶲厅全志·古迹》"今日山头"条下注云:治南七十里小相公岭为武侯所开,碑镌此四字⑧。《冕宁县志·舆地志·古迹》云:小相岭有石碑,刻

① 常璩. 华阳国志校补图注 [M]. 上海:上海古籍出版社,1987:241.
② 常璩. 华阳国志校补图注 [M]. 上海:上海古籍出版社,1987:241.
③ 佚名. 宁远府志 [M]. 影印本. 西安:西安古旧书店,1960.
④ 李英粲. 冕宁县志 [M]. 冕宁县地方志办,校编. 冕宁县:冕宁县印刷厂,1996:21.
⑤ 李英粲. 冕宁县志 [M]. 冕宁县地方志办,校编. 冕宁县:冕宁县印刷厂,1996:89.
⑥ 马忠良. 越嶲厅全志 [M]. 影印本. [出版者不详],[1906].
⑦ 佚名. 宁远府志 [M]. 影印本. 西安:西安古旧书店,1960.
⑧ 马忠良. 越嶲厅全志 [M]. 影印本. [出版者不详],[1906].

"今日山头"四字,不着姓名①。

双碑坳,据《雷波厅志·古迹》记载,在城东百里一碑屹然,一碑中断倒埋土内,字迹磨灭,不可复识。旧志双碑坳在城东一百里,蜀汉时武侯征南蛮斩雍闿立石于此,以纪功……武侯南征自安上由水路入越嶲,五月渡泸水,进征益州,生虏孟获当其时②。

凉山境内现有四处诸葛城、三处孔明寨和六处孟获城。

四处诸葛城的分布:西昌境内诸葛城、越西诸葛城、冕宁诸葛城。其中冕宁诸葛城有两处:一处在冕宁县城南3里或县东南80里,另一处在冕宁城南5里山上。

《西昌县志·地理志·古迹》记载:诸葛城,崩土坎距县三十里,安宁河东岸,城方三里,有敌台,面安宁河,对凹脑山,城址皆土,城以外土坎,虽有崩痕,而土城历一千年无恙③。

三处孔明寨的分布:会理两处、雷波一处。

会理的两处孔明寨:一处在会理东北80里,一处在会理城南10里周家村对面山头。《会理州志·封域志·古迹》有关于诸葛寨的记载:治北八十里上倚绝壁下临深渊,石栈天梯迳通一线,山头有汉忠武乡侯营址,今呼为诸葛寨。同治二年州属官绅兵练同副总兵桂秋大破伪翼王石达开于此。又治南十里周家邨相对山头亦有诸葛寨,其营垒濠至今犹存④。另外,雷波县马湖乡南部有一个孔明堡。

六处孟获城:西昌都司城南二里、冕宁县东30里马鞍山、冕宁拖乌菩萨岗对面山头、美姑县境北部、盐源打冲河西岸、会理云甸乡境。

《越嶲厅全志·城池志》记载,越嶲境内有石城,名叫奴诺城,诸葛武侯所筑憩军之所,以奴诺川为名,今不可考。《越嶲厅全志·关隘志·古迹》:奴诺城,方舆纪要云在卫北十七里,寰宇记诸葛武侯征蛮所筑憩军之所,以奴诺川为名,志云今卫北二十五里有旧城堡亦武侯所筑⑤。

(二)传说

哑泉,相传,诸葛亮南征时,军士曾误饮哑泉,志书中也有"哑泉"的相关记载。一处认为在冕宁泸沽东五里,据《冕宁县志·舆地志·古迹》记载,

① 李英粲.冕宁县志[M].冕宁县地方志办,校编.冕宁县:冕宁县印刷厂,1996:32.
② 秦云龙.雷波厅志[M].影印本.[出版者不详],[1905].
③ 郑少成.西昌县志[M].民国《西昌县志》重印本.[出版者不详],2012:87.
④ 邓仁垣.会理州志[M].影印本.成都:巴蜀书社,1992.
⑤ 马忠良.越嶲厅全志[M].影印本.[出版者不详],[1906].

原在泉侧立有一碑，上刻"此为哑泉不可饮"七字①。《宁远府志》也有相同记载。其二在雷波，《雷波厅志·古迹》称：去小凉山十五里，泉水有毒，人食之皆失声，至今穴存，传以为戒②。

圣泉，《越嶲厅全志》记载在其厅境河南站云嵩寺。蜀军饮哑泉失声后，孟获之兄孟节指引，以泉水解之。《越嶲厅全志·关隘志·古迹》记：圣泉，治北二百四十里河南站后云嵩寺号云嵩圣泉。旧志载武侯南征军饮哑泉不能言，孟节指此水饮之方解③。

雷波县黄琅、马湖地区，是诸葛亮率军南征途径之地，有着众多的三国文化遗迹和传说故事。雷波一带有许多南征传说。倒马坎、大陷槽、点将台、孔明堡、龙湖雄关、罗汉坪、阴炮和泥俑、双奶包、孟获殿（过去叫蛮王菩萨）无不证明三国文化在雷波的深远影响。

诸葛铜鼓，出土的四面诸葛武侯铜鼓具有极高的文物价值。清雍正十年（1732年）闰五月二十五日，石工吴占祥、目兵廖君亮等，采石至黄琅五马寺岩洞内，获诸葛铜鼓四面。此四面诸葛铜鼓的出土原委，清雍正十一年黄廷桂等在监修《四川通志》时有详细记载，该书卷绘有四幅诸葛武侯铜鼓图。

关于诸葛铜鼓，《雷波厅志·古迹》中有记载。诸葛铜鼓，嘉庆时天姑密乡人掘地得之，今存关帝庙中，又黄琅土人掘地得铜鼓四，亦存关帝庙。鼓高尺许，所铸皆奇文异状互相错蟠，其雕螭刻鹭，犹可辨识，边际间缀虾蟆，扣之有剥蚀声。疑武侯制以镇蛮者④。

会东风动石：当地民间传说，把风动石称为孔明的炮架子，传说诸葛亮南征时被高山挡路，便以此石为架，发炮轰出缺口，即现在的营盘垭口，大军才得以通过。

（三）诗文

与诸葛亮相关的诗文亦散见于凉山地方志中，现选录如下。
康熙年间四川提督、宁远大将军岳钟琪有《相岭武侯祠》。

> 峻岭名称大相公，千秋人念武侯功。
> 若无七纵天威震，安得三分鼎峙雄？
> 遗像至今崇绝域，鞠躬自昔仰孤忠。
> 剧怜古庙倾欹甚，风雪盈门撼朔风。

① 李英粲．冕宁县志［M］．冕宁县地方志办，校编．冕宁县：冕宁县印刷厂，1996：32.
② 秦云龙．雷波厅志［M］．影印本．［出版者不详］，［1905］.
③ 马忠良．越嶲厅全志［M］．影印本．［出版者不详］，［1906］.
④ 秦云龙．雷波厅志［M］．影印本．［出版者不详］，［1905］.

康熙年间学政周灿作《小相岭》。

> 丞相征蛮记，名邀小岭存。千岩盘地险，一径出天门。

> 翠幕寒云影，平芜暗雪痕。马啼愁日暮，灯火望前村。

清代官员、文士顾图河作《诸葛铜鼓》。

> 武侯未筑祁山垒，先出偏师渡泸水。

> 人言孟获不足擒，股掌玩之徒戏耳。

> 岂知北伐用南夷，正欲中原扫仇耻。

> 僰人筰马供鞭驱，罗鬼乌蛮皆效死。

> 至今铜鼓散山谷，峒户流传尚夸侈。

> 精铜其质革其音，想见援枹兵四起。

> 乌蛇龙虎倏离合，戎机万变人难拟。

> 曾传八阵有遗碛，更说旗台馀故址。

> 此鼓千年尚宛存，血战消磨土花紫。

> 君不见定军山下阴雨中，山鸣雷动声隆隆。

> 埋鼓镇蛮功未毕，反旗走敌恨无穷。

清道光年间授会理州吏目的何曰愈写有《铜鼓行》一诗。

嘉庆年间，德昌农人垦土得之，重二十一斤。有八分文，据考为武侯征蛮时所铸。今在会理城东之九莲寺。

> 农人垦地得铜鼓，土花锈涩质不龋。

> 其高七寸有五分，面广一尺三寸五。

> 周环约纹二十六，云纭雷同非近古。

> 四耳束腰厚一寸，制自蜀汉丞相府。

> 此鼓晦迹十五朝，神物难沦终出土。

> 当时雍孟叛南垠，毳衣椎髻如云屯。

> 侯谓狼子难德化，盘错须用柝与斤。

> 爰整六师集猛士，凿山未敢辞辛勤。

> 不毛深入五千里，一炬烬尽藤甲军。

> 运筹决胜百蛮服，七擒七纵谋如神。

> 威慑仁怀服荒远，南人从兹不复反。

> 铭功摩崖隳嵯峨，至今令人叹微管。

> 我见铜鼓想仪型，万古云霄一鹰隼。

> 三代以还数人才，德业如侯实冠冕。

> 年来鼠子竟跳梁，出巢捉人如捉羊。

> 五属涂炭转迁徙，丁男壬女废农桑。

> 军中健儿夸身手，临阵不见称豪强。

役夫挽运冻欲僵，数岁空耗天家粮。

请君舁鼓军门前，仗侯之灵摧挽枪。

凉山，这座偏居中国西南的地方，乃川、滇咽喉要冲，是中国内地向南出入云南，并再出入老挝、泰国、越南、缅甸、印度等东南亚、南亚乃至西亚的"驿站"。早在两千多年前的秦朝，这里已设郡县。这里也是东方文明与西方文明"最早"的碰撞点之一。

凉山的历史沿革很好地诠释了中国区域政治经济的演变。省级行政区划和城市称谓中，汉代称"州"，代表着农耕的土地肥沃；唐代称"道"，象征着有条理的监察管理，古老的交通要道迎来送往了多少封疆大吏；宋代称"路"，设转运使，是商品贸易繁荣的产物；明清称"府"或者"厅"，将一方兴盛尽收域中。历史文化资源是一个城市文化品位的重要表现，是一个城市文化个性的生动体现，也是一个城市成为文化名城的独特的文化优势。凉山独有的历史文化，也让它具有独特的魅力。

第二章 / *CHAPTER 2*

从地方志看凉山古城文化

城市是人类文化的结晶，是文化的载体。一座城市如果沉积了丰厚的历史文化遗存与结晶，很容易形成独特的城市特色。自然地缘文化、环境形态文化、绿色生态文化、历史文化与城市形象息息相关。有厚重历史的凉山至今境内仍保存了部分古城遗址，文化遗存丰富。古城墙、古建筑将这一地域的历史外在表现呈现在世人面前。对大多数凉山人和游客来说，触摸凉山历史的最真切感受，来自走进古城的时刻。

第一节　西昌古城

民，乃城之本。许慎说：城，以盛民也①。古城是古代社会政治、经济、文化的中心，它的兴废变迁反映了各个历史时期社会的变革，经济、文化的兴衰。近年来，考古发现，西昌境内遗留有 11 个古城和古堡遗址。西昌是一座具有 2 100 多年历史的文化名城（已被四川省列为省级文化名城）。西昌古城的文物遗存多达 2 400 多处，古遗址、古墓群、古石刻、岩画、古建筑遍布全市，西昌源远流长的历史文化处处流淌。古老的城市，总是在新与旧的冲击、碰撞中，时时彰显不凡的魅力。

一、西昌古城变迁

我们可以从古城找到一座城市繁衍生息的轨迹。西昌市文史专家张正宁先生对西昌古城、西昌文物有深入的研究，在他研究的基础上，可将西昌古城的历史进行梳理。西昌历史上有哪些古城呢？西昌境内的古城，建造时代最早的在汉晋，最晚者为清代；规模最大的城池是唐嶲州城，保存最完好者是明洪武建昌城。自西汉至明代的多年间，西昌曾四次修建城垣：首次是汉武帝太始年

---

① 许慎．说文解字［M］．北京：中华书局，1963：288.

间（公元前96—公元前93年），南齐时被毁；二次是南梁时迁建于今旧城区；三次是唐贞观时就梁城扩建，开元时又在郊区增建卫城三座；四次是明洪武时就梁旧址重建，今尚存北、东、南三门。唐代的城、明代的城、清代的城、民国的城、现代的城、今后的城，建昌古城是西昌历史的一个缩影。古城，凝聚了多少岁月的沧桑和文明的进步呢？西昌的古城建造在2 000多年前就开始了。

（一）汉晋古城

汉代建造的古城在今天高枧乡中所村，当地人称"孟获城"。传说此古城是诸葛亮七擒孟获、孟获与诸葛亮斗智斗勇时建造的。事实上，通过文物部门的科学鉴定，中所村古城的年代应该在东汉时期，它是西昌历史上第一座古城，即邛都城。这座古城，现在人们称为高枧汉晋古城，据考证古城时代应在汉晋前后，极有可能为三国时蜀汉大将张嶷任越嶲郡太守时期所筑。《华阳国志·蜀志》记载：张嶷任越嶲郡太守时期讨叛鄙，降夷人，安种落，蛮夷率服。嶷始以郡郛宇颓，更筑小坞居之。延熙五年（242年），乃还旧郡，更城郡城，夷人男女莫不致力①。

（二）唐嶲州城

唐初，统治者在西昌设嶲州都督府。唐太宗对西南少数民族实行安抚政策，鼓励农耕，这使西南地区的经济得到恢复和发展，社会相对稳定。此时修筑了规模宏大的嶲州城。景净寺遗址是唐嶲州城的一个见证。景净寺为唐宣宗时南诏国景庄王母段氏所建，位于唐嶲州城西北角，后改为白塔寺，今白塔尚存。景庄王是唐朝南诏国第七代国王，建都大理，公元820—874年，南诏多次出兵，占领西昌，废除唐朝在西昌的建制。南诏国信仰佛教，在景庄王母段氏的倡议下修建了景净寺。《宋史·卷四百九十六·黎州诸蛮》记载：由黎州南行七日而至其地，又一程，至嶲州。嶲州今废，空城中但有浮图一②。可见在宋太祖赵匡胤时，嶲州城虽一度荒废，白塔仍屹立城内，这印证了嶲州城的地理位置。白塔寺，民国《西昌县志·祠祀志》载：据明万历十九年（1591年）碑记云，前名景净寺，唐宣宗朝，景庄王同母段氏建。位城西北隅，后更今名。相传昔年藏番贸易邛笮，以龃龉被汉民殴伤，番僧被禁不平，即啸聚三千余众于周官厂，将攻城。戍兵少，城危，言汉民素信佛，番汉一家。番僧求礼佛，官兵乃星夜宿佛像，言自西方飞来，名飞来佛，佛出城，即飞去。二月朔，番僧序列入城朝佛，九日而毕。自是番汉敦好，城西立石塔刊番文以指

---

① 常璩. 华阳国志校补图注［M］. 上海：上海古籍出版社，1987：205.

② 脱脱. 宋史［M］. 北京：中华书局，1985：14231.

路，番僧来建者，每次宿寺中。每二月朔，东南西内寺迎佛，九日而返以为常。寺内古木阴浓，清雅静肃。铜铸偶像，大小佛百余尊。朔望夜叩洪钟，声达四野。浮图七级巍然矗立，明大地震，两次重建①。

（三）月鲁城

据《西昌县志·祠祀志》载：真武观，城外马水河街面北，建月鲁城遗址上②。据《明史·四川土司》载：（明洪武）十五年（1382年）置建昌卫指挥使司。元平章月鲁帖木儿等自云南建昌来贡马一百八十匹，并上元所授符印。诏赐月鲁帖木儿绮衣、金带……以月鲁帖木儿为建昌卫指挥使③。由此可见，月鲁城是月鲁帖木儿任建昌卫指挥使时所踞之城，在西昌砖石城之西北隅。

（四）明清古城

明清古城始建于洪武二十年（1387年），迄今已有600多年的历史。该城位于西昌市区西北部，北与北山相接，西临西河，东有东河，东南为开阔平坝，与邛海相距5公里。北墙和西墙完全重合在唐嶲州城墙上，其走向亦相同。东南角因遭东河水溢之灾，边角略成弧形。故有人把建昌城形容为一把展开的折扇。

据《西昌县志·地理志·建置》"城垣"记载：宁远府城，西昌县附郭，即建昌卫，明洪武中建土城，宣德二年，砌以砖石，高三丈，周九里三分，计一千六百七十四丈，门四，安定、建平、大通、宁远④。建昌城明清时期虽多次修缮，但布局未变，城内街道以"钟鼓楼"为中心，向四方辐射：北称北街，南称南街，西称西街（亦称仓街），东称东街（亦称府街）。明清两代，政治、军事机关主要集中在城东北部和府街一带，清初建昌总兵衙门在北街，清代宁远府署在府街，城中"中营巷""右营巷""后营巷"是清建制军事机构"营"的衙署所在；明清两代的文化、宗教建筑大多集中于城西的石塔街一带，景净寺、发蒙寺、关帝庙、城隍庙、云南会馆、陕西会馆、泸峰书院等均分布在石塔街附近；明清时期南街、顺城街为商贸、集市的主要街道，贸易以银铃、锡锭、金银饰品、铜器、生丝、白蜡、药材、裘皮等商品为特色。

明清时期，古城的引水系统现在基本保持原貌，东河、西河仍在流淌，几

① 郑少成．西昌县志［M］．民国《西昌县志》重印本．［出版者不详］，2012：322．
② 郑少成．西昌县志［M］．民国《西昌县志》重印本．［出版者不详］，2012：323．
③ 张廷玉．明史［M］．北京：中华书局，1974：8016．
④ 郑少成．西昌县志［M］．民国《西昌县志》重印本．［出版者不详］，2012：90．

处古井至今城中百姓仍在使用。

清代西昌城市功能齐全，衙府机关、驻军、集市、商号、楼阁、佛寺、园林应有尽有，南来北往的商贾云集于此。再有迂回弯曲的小道、古朴清雅的小街小巷、青瓦覆盖的民居、井然有序的店铺，一切都显得古朴，安详，和谐，从容。

清代西昌城市商业的繁荣情况，我们从诗歌中也能看得到。清代西昌文士杨学述《建昌竹枝词》所描绘的"人烟辐辏货堆排，填满东西两道街"展现的正是西昌东西两条街人口密集、货物充盈、买卖热闹的盛况。《西昌县志·地理志》中也提到了西昌城人口稠密、商业兴盛的状况：西昌附郭邑也，郡之人，聚族而居，历二百余年，士庶商旅，云萃蚁集[①]。

二、建昌古城

西昌保留至今的明清古城，人们习惯上称为建昌古城，其地址位于西昌老城区范围，原属唐、宋、南诏土城一角。明洪武年间，为防水患等原因，西昌缩徙西北角高地建土城。自此经多次修缮，古城至今保持原貌。

西昌坐落于横断山脉中段，其独特的山景、地景、水景、气景，生态景观绚丽多姿。自古以来，西昌就以"松、风、水、月"而著称，泸山的松、安宁河的风、邛海的水、建昌的月都是令人神往的景致。清代西昌文士杨学述《建昌竹枝词》写道：水郭山垣绕建城，关门锁钥自天生。要知山水清佳处，二百年来享太平。这首诗展现了建昌城的自然胜景，以山为垣，以水为郭，既险要又秀丽。清代西昌文士颜汝玉的《建城竹枝词》也描绘了西昌城的山水胜景：北山为镇众山环，前是泸瑶帽盒山。东有青龙蟠海上，牦牛西卧白云间。

（一）建昌古城风貌

建昌古城是川西南最具代表性的明清古城，是古丝绸之路、茶马古道上的西南重镇，是一座保存较为完整的明清古城，它基本上保存了古城的原貌，保留了大量中国明清时期的文化和传统生活习俗。进入建昌古城，首先映入眼帘的便是气势恢宏的大通门。城门洞大约有 7 米多高，格外庄重的弧形跨度显现出古人的匠心独运，古老而沧桑的古石昭示着真实的文化底蕴，盘根错节的树根彰显时光的流逝。跨过大通门，城门里的故事一直在上演，讲述着这座城市的岁月往事。

---

① 郑少成. 西昌县志［M］. 民国《西昌县志》重印本．［出版者不详］，2012：94.

据《西昌县志》记载，西昌古城原有四道城门，遗留至今的城门只剩下三座。即南门——大通门，东门——安定门和北门——建平门。这三座城门均建于明代洪武年间，城门门额年款为"洪武贰拾年肆月吉旦立"，建成后，经历了无数次战争、洪水、地震等天灾人祸，西门因此而毁。600 年来历尽数百年风雨沧桑，由于自然灾害、人为破坏等因素，建昌古城曾多次遭遇不同程度的损毁，修复从未曾停止过，现已发现万历、乾隆、嘉庆、道光、咸丰、同治、光绪、宣统等城墙纪年砖。据记载，在道光三十年（1850 年）大地震中，西昌城成了一片废墟，大通门上的大通楼垮塌，有诗云：迟明一望满城平，欲辨街衢谁能晓。（牛树梅《西昌地震纪变》）。最悲惨的事发生在民国二十四年（1935 年）五月，驻昌国民党川康边防军司令刘元璋为了阻止红军入城，下令火烧西街、顺城街。三天三夜的熊熊烈火使大通楼化为一片灰烬。从此，大通楼从西昌城消失了。新中国成立后，由于经济状况的制约，西昌也无力重建大通楼。改革开放后，西昌一步步走上发展之路，1992 年成功申报为四川省历史文化名城。1998 年，西昌市委、市人民政府毅然决定顺民意重建大通楼。按照"修旧如旧"的原则，重建后的大通楼大致保持了明代的建筑风格，复原了明代砖石城墙。西昌市文物管理所"大通门碑文"介绍：西昌市重建城楼，维修恢复城墙和箭垛，再现了瓮城风貌。总建筑面积 2 600 平方米，城楼高 22 米，重檐斗拱，雕梁画栋，巍峨壮观。建昌古城，有太多值得挖掘的历史文化了。九街十八巷，每一条街巷都有它的故事；涌泉街过去是豆腐一条街，府街曾经是清代宁远府的府署，吉羊巷里出了一个著名画家马骀。保存完好的古建筑和古院落有 24 户，古井有 200 多口……

（二）从颜汝玉《建城竹枝词》看建昌古城

清代本土文士颜汝玉写有《建城竹枝词》三十首，其中有十首反映了建昌古城的城市风貌。

颜汝玉《建城竹枝词》其一：

城外街坊尽市廛，城中宅第等云连。门楣是处皆春色，帖遍花钱挂酒钱。

颜汝玉《建城竹枝词》其三：

红柬相延共举筋，筵开春酒四邻香。腊鸡腊鸭浑常味，可口群推韭菜黄。

颜汝玉《建城竹枝词》其六：

炫眼回光几十层，参天木曳四长绳。黄昏约向鸡心石，坐看人家立树灯。

颜汝玉《建城竹枝词》其十九：

城西门外较场存，马射争观宝骑奔。城内较场呼作小，阴磷夜聚老西门。

颜汝玉《建城竹枝词》其二十：

滴水岩前号石坪，岩头石面水流青。此间已是林泉境，悲壮偏闻鼓角声。

颜汝玉《建城竹枝词》其二十一：

庙分府县祀城隍，神鬼狰狞肃两廊。孽镜尘封难照胆，刀山剑树总茫茫。

颜汝玉《建城竹枝词》其二十二：

古寺唐初建发蒙，经楼此日压城墉。传闻石子炉中跃，正是泸山撞晓钟。

颜汝玉《建城竹枝词》其二十三：

中营米市右营柴，尖担圆箩两地排。记自会川城告警，西门冷却一条街。

颜汝玉《建城竹枝词》其二十六：

城西三里耸高亭，立石争将德政铭。谁是清官无愧色，雪樵后有武云汀。

颜汝玉《建城竹枝词》其二十七：

城东河水绕城南，城右西河带远岚。城左香泉推第一，城前龙眼井泉甘。

城市水源。城东河水绕城南，城右西河带远岚。城左香泉推第一，城前龙眼井泉甘。"城东河水绕城南"中的"河"指的就是今天的东河，西昌人也叫它南门河，即清朝时的怀远河。它发源于大北山东谷。民国《西昌县志·地理志·河流》介绍此河：发源于大北山东谷……顺东门外城根而过，过南门大通桥，下福国寺周官厂，至花园合海河焉，此河全长百余里[1]。至今，这条河流并没有多大的改变，依然是流过古东门、南门外。"城右西河带远岚"中的"西河"，清朝时称宁远河、西河，今名西河。它发源于北山西部山中，带着远山的山岚一路奔流而下。民国《西昌县志·地理志·河流》说宁远河发源于北山西部马石啰夷巢山中，上流纳诸野水，曲折流至西河口，有乌龟塘沟自东北来注之，沿城老西门郭外，与怀远河夹城而流，至祁家屯而澜安河[2]。"城左香泉推第一"中的"香泉"就是香水井。民国《西昌县志·地理志·泉池》载：黑坭井，东南郭外八里，第为黑泥，其水微青，而清淡可饮。香水井，在

① 郑少成. 西昌县志 [M]. 民国《西昌县志》重印本. [出版者不详]，2012：44.
② 郑少成. 西昌县志 [M]. 民国《西昌县志》重印本. [出版者不详]，2012：45.

黑坭井侧近,古传井水清香故名①。"城前龙眼井泉甘"中的"龙眼井"在今龙眼井街,在颜汝玉的时代在西昌城西郭外。民国《西昌县志·地理志·泉池》载:龙眼井,在西郭外里许,二井相连,仅距数步,深三尺余,水由底出,底多碎石,水由小石渗涌而出,四时不绝,甘洌无比,气候愈热,井水愈寒。至冰天则又微温,随手可汲②。"滴水岩前号石坪,岩头石面水流青。此间已是林泉境,悲壮偏闻鼓角声"中的"滴水岩"位于古城北部,巷中段原有一巴岩嵌入,缝中滴水不断。这处水源成为附近居民饮用水源,故名滴水岩。

值得一提的是建昌古城的引水设施比较完备,它以引河水入城为主、掘井取水为辅构成溪水长流、井水星罗棋布的引水系统。排水系统也是渠溇纵横,依地势自北向南形成网络状排水系统,主要排水道为大水沟、苏家坡沟。北街明代"梅花井"、涌泉街明代"豆芽井"、石塔街的"大水井"、仓街"胡家井",每口井都承载着一段岁月往事。"豆芽井",修建于明朝中期,当时百姓多种豆芽,每日常有人在井边清洗豆芽,久而久之,豆芽偶有遗落,在井周围生根发芽,因此人们便称之为"豆芽井"。"大水井",相传明末年间,天灾人祸频繁,百姓生活水深火热,苦不堪言。正值暑夏洪涝季节,西昌城突发百年难见的山洪,受灾严重,人们流离失所。待洪水退去之后,瘟疫肆虐,因没有干净的水源制药,导致疫病扩散。某日,一大夫外出寻药,偶然发现一口水井,井水清澈见底,入口甘甜,大夫便取水配药,瘟疫之祸得此化解,百姓重建家园。为了纪念这口大水之后发现的水井,便为之取名为"大水井"。这些古井水源充足,水质优良,数百年不衰,一直沿用至今。

城西。城西门外较场存,马射争观宝骑奔,城内较场呼作小,阴磷夜聚老西门。城西三里耸高亭,立石争将德政铭。谁是清官无愧色,雪樵后有武云汀。建昌古城西门之西北为宁远门,俗称老西门。从诗中可知,西昌当时有两个较场,一个在西门外,一个在城门内。城中的较场被称作小较场。老西门原有府县两座城隍庙。诗中提到的"城西三里耸高亭"是指府县官员即将卸任时所建的德政坊、德政碑,"雪樵"指道光三十年(1850年)任宁远府知府的牛树梅,"武云汀"即西昌县令武廷鋆。武廷鋆任西昌知县时,整顿保甲,捍卫乡闾,扶持教育,充实学苍。民国《西昌县志·政制志·政绩》载:武廷鋆,字云汀,陕西平利人,己酉拔贡,署西昌……委请颜桂山、马少宣总理学苍,后数十年生童膏火学田会试暨民国建新学校,皆仰给焉。尝亲至各塾计学子名额,各授以陈北溪小学诗礼,查其讲诵勤惰以为师之黜陟教养,实政流泽

① 郑少成.西昌县志[M].民国《西昌县志》重印本.[出版者不详],2012:50.
② 郑少成.西昌县志[M].民国《西昌县志》重印本.[出版者不详],2012:50.

至今①。

城中。中营米市右营柴，尖担圆箩两地排。记自会川城告警，西门冷却一条街。"中营"指中营守备衙门。民国《西昌县志·地理志·衙署》载：中营守备衙门，清初建，入东门府街之北，变卖营产时，卖与福音堂为明德学校，后校废，见为宁远印刷公司②。"左营"指中左营领两哨衙门。民国《西昌县志·地理志·衙署》载：清初建，在黄家巷，民国改为小学校舍③。中营旁边是米市场，左营旁边是人们交易柴火的场所。在热闹的市场上，商人们挑来的担子、箩兜整齐地摆放在街道的两边。

城内寺庙。庙分府县祀城隍，神鬼狰狞肃两廊。辇镜尘封难照胆，刀山剑树总茫茫。民国《西昌县志·祠祀志》：邑城原有府城隍、县城隍两庙，并峙于老西门正街之中，文官初莅任及朔望，诣庙上香。每年二月初八出驾游街。后经驻军川康军毁其像，现存县城隍行相一尊④。"古寺唐初建发蒙，经楼此日压城墉。传闻石子炉中跃，正是泸山撞晓钟。"中的"发蒙"为唐初修建的发蒙寺。发蒙寺遗址在今老城区北。民国《西昌县志·祠祀志》载：位白塔寺西南，唐贞观十三年（639 年）建，名观音阁。后又安土司妻洪氏，生哑子，偕礼佛，饮阁前井水遂能言，因建寺名发蒙。屡经地震，以时修葺。昔接引佛前，有右窟，内容石子，泸峰光福寺钟鸣则动，故有"古寺晚钟惊石子"之句。寺左花园，四季花香，满池鱼泳，僧房缭曲，亭阁阒闲，题曰"半日闲"。惜民（国）廿十年（1931 年）后渐就圮毁⑤。

街市的热闹。城外街坊尽市廛，城中宅第等云连。门楣是处皆春色，帖遍花钱挂酒钱。商品交易热闹的是城外的东街西街，而城内仿佛"云连"壮观宅第，显示着兼具行政居住商业休闲的多种功能。

老城饭馆。红柬相延共举觞，筵开春酒四邻香。腊鸡腊鸭浑常味，可口群推韭菜黄。作为市中心的西昌南街，在当时城区的"九街十八巷"中，算是一条重要的商业街，尤其是其中的餐饮行业，更是在众多街巷中"首屈一指"。西昌老街的饭店大多是专门卖零散烧酒的店铺，店中酒美菜香。店内设酒桌二三张，坐凳若干，供酒客入店消费；店外有卤肉摊卖卤肉、豆干做下酒菜。酒客们在酒桌上一面喝酒，一面吃菜，还一面天南海北地闲扯。

老城茶馆。堂下珠帘隔玉阶，烟筒茗碗巧安排。邀来姊妹谈天罢，消遣春

① 郑少成. 西昌县志 [M]. 民国《西昌县志》重印本 . [出版者不详]，2012：226.

② 郑少成. 西昌县志 [M]. 民国《西昌县志》重印本 . [出版者不详]，2012：93.

③ 郑少成. 西昌县志 [M]. 民国《西昌县志》重印本 . [出版者不详]，2012：93.

④ 郑少成. 西昌县志 [M]. 民国《西昌县志》重印本 . [出版者不详]，2012：321.

⑤ 郑少成. 西昌县志 [M]. 民国《西昌县志》重印本 . [出版者不详]，2012：323.

光斗骨牌。坐茶馆是城市居民特有的休闲生活方式，南街的茶馆白天晚上座无虚席，三朋四友、闲人、散客都来此以茶会友。大家喝茶，聊天，冲壳子，摆龙门阵，听评书，讲些奇闻逸事，一天很快就过去了。当然，这是男性们的专利。女人们喝茶、聊天、"斗骨牌"主要还是在家里。

居民元宵观灯处。炫眼回光几十层，参天木曳四长绳。黄昏约向鸡心石，坐看人家立树灯。鸡心石是当年泸峰书院即西昌官学的所在地。老城北高南低，鸡心石因地势高而成为观灯佳处。诗歌写了正月十五元宵灯会人们相约到鸡心石观灯的情形。

西昌诗人颜汝玉的《建城竹枝词》展现了古城布局、街巷里闾、酒肆茶坊、市井吆喝、车水马龙的繁荣，以及人人悠然闲散的神情。如今漫步老街古巷，经历风雨的老建筑楼、小巷子边角上的青苔、老店铺的吆喝声、酒店飘过的酒香，依然能让人感受来自年代的气息——土味儿，味儿来自这座城的历史文化。这些味儿，让这座城变得耐人寻味。

（三）建昌古城街巷

西昌老城不大，可谓三里之城、七里之郭，虽称九街十八巷，但街不长，巷不深。整个老城呈扇形，静静地躺在北山脚下，躺在冬日暖暖的阳光里。西昌古城的老巷子，连接着历史，承载着故事。西昌市地名委员会 1993 年编辑《四川省西昌市地名诠释》，对西昌老街巷的来历进行了整理。可以说，每一条巷子都有历史深深的烙印。

曾任凉山日报社编辑的刘康梅女士寻访西昌古城，她对西昌古城的 53 条巷子进行了梳理。

以建筑物取名的有 8 条：土城巷、土司巷、老西门巷、石牌坊巷、玉璧巷、火神巷。

以姓氏取名的有 13 条：黄家巷、晏家巷、陶家祠巷、杨家碾巷、张家屯巷。

以旧时驻军起名的有 8 条：老统部巷、左营巷、右营巷、中营巷。

以河流、水井、桥梁等起名的有 14 条：马水河巷、马石桥巷、龙泉巷。

以方位起名的有 7 条：三岔口西巷、老山场坝巷。

以功能起名的有 3 条：通海巷、打铁巷。

西昌的老街、老巷子多，这里介绍几条。

西昌的老街，名字大多有来源。比如石塔街的名字跟佛寺——景净寺有关，因寺中立一佛塔，通体白色，故民间多称其为白塔寺。白塔寺南面有一条大道，它是朝拜白塔寺的必经之路。拾级而上，大道两边柏树成行，柏树下立有一座座石塔，用于安葬僧人圆寂后的骨灰。数百年后，圆寂的僧人多了，石塔林立。大道上信男善女络绎不绝，摆摊的、卖艺的、算命的，热闹非凡，人们便把这条街称作石塔街。

府街，清代宁远府驻地，故名府街。

三衙街，清代为府学教授署、府经历署、会府等三个衙门驻地，习称"三衙"。

什字街，清代高级官员的侍从武弁住地称"戈什哈"，习惯称其什字，故名什字街。

芦林巷，因南河原名芦林沟而得名，据《西昌县志·政制志》记载：绿水源地林木葱蒨，溪流不溢，故南河旧名芦林沟……清光绪十七年五月，因山洪暴发，大通桥及桥头铺面，一时冲毁……①。

涌泉街，街中段有一涌泉，昔名豆芽井，原建有涌泉寺，故名涌泉街。

太子巷，明代巷内曾有太子庙，故名太子巷。

中营巷，清代曾为中营游击驻地，故名中营巷。

后营巷，清代巡防后五营驻地，故称后营巷。

东仓巷，明代在此巷内建有水仓，按方位故称"东仓"。

都司堂巷，明代都司门驻地，习称都司堂巷。

打铁巷，昔日在此打制铁具和编制竹藤制品，故名打铁巷，又称篾货街。

老总部巷，清代总兵衙门驻地，习惯称其"老统部"。

至今静静躺在老城区的古巷子，诉说着一个个古老的故事。比如土城巷，因横跨唐建土城而得名，有着西昌土城于唐代建城的故事。吉羊巷，因明万历二年在此修建清真寺，早年此处为回族宰羊之处，故名宰羊巷，后取吉祥之意，更名吉羊巷。老统部巷、左营巷、右营巷、中营巷有着清代驻军的故事。石牌坊巷，因巷东端接北街处原有石牌坊而得名，这里原有单家贞节石牌坊，石牌坊如今虽已不在，但在《西昌县志》中还能找到踪迹。《西昌县志·人物志》"烈女"记载：单陶氏，单宗秀妻，年二十八夫卒，矢志守节，抚孤成立，旌表建坊内北街②。

古城中心轴的四牌楼和西街的茶馆是老西昌人喝茶、休闲的集散场所。古城的四牌楼是西昌人民熟悉的老街巷，这条街承载着西昌的历史。

四牌楼，又名钟鼓楼，旧址在西昌老城南街、北街、仓街、至府街四条街的中心交汇之处，它因为位居城市中心，人口稠密，交通便利，所以商贾云集，客涌四方。但现在仅有名而无实，四牌楼早已被拆除了。《西昌县志》是这样记载四牌楼的。

---

① 郑少成. 西昌县志 [M]. 民国《西昌县志》重印本. [出版者不详]，2012：263.

② 郑少成. 西昌县志 [M]. 民国《西昌县志》重印本. [出版者不详]，2012：721.

民国三十年，由石塔街新辟马路，直抵望远室，又自鸡心石经书院街四牌楼，辟马路以达行辕，荡荡平平，市容焕若，而凤昔街市，犹有纪而存之者，知县胡薇元《西昌街衢记》曰，夫圣人之道，犹中衢而设尊，过者斟酌，多寡不同，各得其所，西昌附郭邑也，郡之人，聚族而居，历二百余年，士庶商旅，云萃蚁集，今天子设守令，酌其异宜，方镇率偏裨劲旅护卫之，虽在要荒，务使边民各得其所。其间闾巷周通，廛阓相属，城中建楼，檐牖轩蔽四暎，曰四牌楼。其东曰府街，府署及中营守备署在焉，前曰涌泉街，左营守备署在焉，后曰后营巷，迤东为研经书院，旁曰青龙巷，曰都司巷，左营游击署在焉。其南曰南街，曰顺城街，县署在焉，曰三角地，曰玉带桥，曰太子巷。其西曰西街，中营游击署在焉，曰石塔街，曰小较场，大水井，曰三衙街，曰鸡心石，曰十字街。其北曰北街，曰石牌坊，曰仓街，曰滴水岩，镇署在焉，曰峨眉石，曰城隍街，泸峰书院在焉，西郭曰宁远桥，曰建关，曰马水河，曰木牌坊，南郭曰大通桥，越河而南，曰兴隆街，曰后街，鱼市街、曰正东街，曰马石桥，曰段家桥，曰通海巷。光绪丙申，四牌楼街毁于火，比户贫，不能再构，则以近年商贩稀至故……①

这一段文字对西昌的街道布局交代得甚是清晰，从记载可知，四牌楼是西昌古城的中心，四牌楼毁于火。四牌楼虽已不在，这一带至今仍是老城区的中心。古老的建筑经过岁月的流逝，窗棂、门楣、门框、石柱、台阶雕梁画栋。一个城市是有生命的，老街就是一个城市的命脉。

（四）建昌古城文韵

1. 古城书院

建昌古城是一座有着厚重历史传承的老城。如果说建筑是一座城市的外表，那么文化就是一座城市的心灵。在西昌，学堂常见"培因毓秀"之类的匾。因是因果、因缘，有因缘才会有结果。作为学生，要努力学习，有了积累学识这个"因"，来日才会有理想的成果；而一个地方，重视教育"栽培风化"，才会人才辈出。西昌人杰地灵，跟重视教育有关，古城内的两所书院——泸峰书院和研经书院显示了西昌文脉的源远流长。

古城最早的书院——泸峰书院，位于仓街，系乾隆十八年（1753年）宁远知府安洪德与士绅倡捐建修，并置学田。书院因院址面对泸山而得名泸峰书院，乾隆三十三年（1768年）改为蛙山书院（《水经注》中称泸山为蛙寓山，

---

①　郑少成. 西昌县志［M］. 民国《西昌县志》重印本.［出版者不详］，2012：93-94.

故而得名），院址依旧。嘉庆七年（1802年），宁远知府邓燨扩充书院规模；嘉庆十三年（1808年）署县周启瑶又增之。至此，泸峰书院发展到顶峰。历嘉庆、道光、咸丰、同治以迄光绪，因院中房屋颓废，能居者寥寥无几，有书院之名，无储才之实。自知府牛树梅及崔志道先后莅任，乃择要补葺。光绪十一年，崔志道独立捐廉，重订规章。光绪三十一年（1905年），书院停办。自创始到停办，书院经历了150多年。

道光二十八年（1848年），宁远府知府牛树梅为泸峰书院题写对联，表达对教育的重视：河岳英灵钟此辈，国家元气在斯文。

光绪九年（1883年），崔志道（字晓芳，陕西户县人）任宁远知府。他看到泸峰书院历经百年沧桑，屋舍老旧倾颓，学者寥寥，便独自捐出养廉银，派人修葺房屋，订立规章制度，扩大办学规模。同时，他为泸峰书院题了两副对联。一联是：任天下是秀才事，学古人为君子儒。另一联是：深造有资，须借鉴源头活水；景行不远，要无愧对面高山。这一联化用朱熹《观书有感》"半亩方塘一鉴开，天光云影共徘徊。问渠那得清如许，为有源头活水来"，鼓励学子读书要博而精；又以《诗经·小雅》"高山仰止，景行行止"兼示书院院址面对泸山邛海也。

人们常说，十年树木，百年树人；育林难，育人更难。清代西昌文人杨鼎才在泸峰书院主讲，写下《主讲泸峰书院》一诗，道出其中的艰辛：柄凿方圆势两淆，几回伤手费推敲。横渠勇把皋比撤，边老尚贻弟子嘲。书室有人称绛帐，芥舟容我在堂坳。药笼敢谓收参术，却喜诗书未却抛。柄，榫头。凿，榫眼。方柄圆凿，喻两者之间不相投合。作者以做木工设喻，讲教书不易，讲师生之间教与学的期望有差别，教书事业值得推敲。"几回伤手费推敲"，有哪些难题？"横渠勇把皋比撤，边老尚贻弟子嘲。书室有人称绛帐，芥舟容我在堂坳。"皋比，虎皮。四句用北宋理学大家张载、东汉学者边韶、东汉学者马融讲学等典故，说明古往今来从教之难，用《庄子·逍遥游》"芥舟""堂坳"之语自谦，最后表达对教育的热爱，以诗书自娱自慰。

西昌古城的另一座书院——研经书院，坐落在古城东北角，现为西昌市第二中学校址。据《西昌县志》记载，光绪甲午年（1894年），大兴胡薇元来令于兹。太守唐承烈捐廉为书院之权与。西昌知县胡薇元认为泸峰书院狭小，无法容纳太多学生，请求创办宁远府书院，唐冕周等士绅慷慨捐资，并在城东北择地建造，取名为研经书院。书院仅存在十多年，到宣统元年（1909年）停办。研经书院是宁远府唯一一所面向全府招生的府属官办书院，尽管存在的时间短，但人才辈出。胡薇元对西昌教育作出很大贡献，胡薇元不仅循循善诱，以经史教导当地文士，还积极筹资兴办学院。其《研经书院记》记载了研经书院创建的始末；提出研经的重要性：夫通天下之至理者莫如经，非独贵汉尊宋，足以侈其垣宇也。材足以成物，略足以应变，志职足以化民成俗，而非经则不足以达之。

2. 大通楼诗文

大通楼为大通门箭楼。大通门，又称南门，是明代建昌卫的四大城门（东、南、西、北门）之一，是西昌古城的标志性建筑。洪武二十年（1387年）建成后，经历了多次战争的炮火，以及洪水、地震等地质灾害的毁坏，大通楼几度毁损又重建，历尽风雨沧桑。重建后的大通楼大致保持了明代的建筑风格，复原了明代砖石城墙，并且还原了瓮城。如今的大通楼高高地耸立在古老厚重的明代城墙上，城墙上树根盘绕、青苔遍布，显示出墙体的苍老与古朴。楼上雕梁画栋、青石红墙，诗画盈屋，显示了西昌深厚的历史底蕴与文化资源。

大通楼梁枋上展现了几首收录于凉山地方志中的明清古诗，这些古诗特别引人注目，它们是历史的印证、时间的痕迹，是西昌深厚文化底蕴的流淌。

大通楼选了明代朱篪的一首《泸山望海楼》：

> 天际泸山绕碧流，偶因观稼复来游。岩峦隐见云城簇，楼阁参差水国浮。

> 隔岸有缘窥岛屿，就深何计问方舟。莫嫌吐纳乾坤阔，有客扬帆在渡头。

朱篪，浙江山阴人。明嘉靖中以按察司副使分巡建昌道，在任职期间颇有政绩，为民称道。西昌泸山邛海是风景名胜区，大凡文人雅士到此地都会进行一番游历，留下几首赞美山水之美的佳作。朱篪在五月"观稼南郊"，顺道游邛海、登泸山，他登临泸山望海楼有感而发，写下了《泸山望海楼六首》。诗歌记录了游览、登临的过程，描绘了迷人的山水风光，抒发了登楼远眺的所感、所思。这一首诗是写作者登望海楼俯瞰邛海的情景：海阔天空，烟波浩渺，岸边楼阁参差，云城隐现；作者被这山水风光迷住了，不禁联想到虽然天地辽阔，听说海可通天，那渡头的扬帆之客，或许正要起航前往天国吧[①]。

大通楼选了清代查礼的《暮春东郊劝农》：

> 东郊霁色映青旗，雨后乡村处处宜。

> 十里秧田平似掌，三眠柳线软于丝。

> 弦歌不辍川心堡，俎豆常新宋氏祠。

> 正是农人无暇日，且同耆老话豳诗。

查礼（1716—1783年），字恂叔，号俭堂，顺天宛平人。乾隆元年，应博

---

① 蒋邦泽，武谊嘉. 凉山州古诗文选释［M］. 成都：四川大学出版社，2007：31.

学鸿词科，入赀授户部主事，拣发广西，补庆远同知。乾隆三十二年（1767年）任宁远知府，后任四川布政使、湖南巡抚。精书画，善诗文，著有《铜鼓书堂遗稿》。

题目中的东郊指宁远府（今西昌市）之东郊。劝农：鼓励农事。青旗：东方之神（春神）的标志，指春季。三眠：蚕子的三次眠期，因都在春季，故又代指春天。弦歌：代称礼乐教化。川心堡：今西昌市川兴镇。《西昌县志》记载：川兴一带水利充足、土地滋润，寒暑之差，亦不甚剧，且邛池南岸，山脉连亘东西，阻止南风，故风沙亦小，风景既佳，农产自较繁茂……①此地诚县属精华地也。川兴：曾名穿心、川心，因其文其义不雅，改为川兴。俎豆：古时祭祀用的两种礼器，以盛放祭品。宋氏祠：位于东郊的宋氏宗祠。耆老：老年人，古称六十岁老人为耆。豳诗：指《诗经·豳风·七月》，诗中描述西周初年农业生产的情况，这里代指农事活动。

作者查礼于清乾隆三十二年（1767年）任宁远府知府，精书画，善诗文，为政清廉。在一个春光明媚的农忙季节，他以地方官员的身份前往东郊川兴堡视察农事，履行"劝农"职责。他来到川兴坝子，但见柳暗花明，春光无限，十里秧田平整如掌，和风轻拂，青旗耀眼。秧田里不时传来山歌小调，一派风调雨顺的太平景象。尤其令查礼悦心称怀的是，这里十分重视礼乐教化，宋氏祠堂焕然一新，古乐悠悠，书声琅琅。诗人高兴之余想找几个农民聊聊天，一吐情怀，然而青壮年全都下田去了，只好同老人们说几句古今农事趣闻。一幅"盛世春耕图"跃然纸上②。

大通楼选了清乾隆年间本土文人杨学述的三首诗。杨学述所作的《建昌竹枝词》从地理位置、城市风貌、邛泸风光、乡镇市场、节日风俗、特产资源、渔民生活等各个方面对乾隆年间的西昌作了最生动、最具体的描绘。大通楼摘选其中三首书于梁枋：

> 水郭山垣绕建城，关门锁钥自天生。
> 要知山水清佳处，二百年来享太平。
>
> 人烟辐辏货堆排，填满东西两道街。
> 高唱一声桥上去，卖花童子着花鞋。
>
> 泸山翠秀似庐山，望海楼前水呷栏。
> 记取三春流览日，澄江练里列层峦。

---

① 郑少成.西昌县志[M].民国《西昌县志》重印本.[出版者不详]，2012：61.
② 蒋邦泽，武谊嘉.凉山州古诗文选释[M].成都：四川大学出版社，2007：74-75.

杨学述这三首建昌竹枝词描绘的是建昌城（今西昌古城）景象。第一首写建昌城的自然环境。建昌城山环水绕，以水为郭，依山而建，是天然的关门锁钥。"山水清佳"，人民能"享太平"，安居乐业。第二首写城内的贸易，写西昌城内东西两街的盛况。旧时东西南北四条街是西昌古城的主要街道，南街和北街在城内，东街和西街在城外。东街在东河东侧，是从城内去东乡的主要通道。西街在南城墙外，与河东的东街隔水相望，是西昌的一扇门户。东街和西街"人烟辐辏"，车水马龙；商品琳琅满目，货物"堆排""填满"街道，十分丰富；穿着绣花鞋的孩童，正在桥上叫卖鲜花，给热闹的西街又添上了几分生气——这一幅幅清新的风俗画，非常有地域特色。第三首写泸山的景色。把西昌泸山与江西庐山相比，并化用谢朓《晚登三山还望京邑》中的名句"余霞散成绮，澄江静如练"以展现泸山邛海山水胜境。

大通楼还录了何绍基的一首诗。何绍基是清代晚期一代大书法家、著名学者和诗人，《清史稿·文苑》中有传，称其承家学，少有名……咸丰二年（1852 年），简四川学政……通经史，精律算。尝据《大戴记》考证《礼经》，贯通制度，颇精切。又为《水经注刊误》。于《说文》考订尤深。诗类黄庭坚。嗜金石，精书法……运肘敛指，心摹手追，遂自成一家，世皆重之①。曾国藩《家书》对其才学给予极高评价。何绍基于咸丰四年（1854 年）秋按试宁远府，这年八月以四川学政的身份来西昌主持考试。此间，他留下许多诗文和墨宝。大通楼所书之七律是其中之一。诗名为《去年中秋按试酉阳，冉生崇文〈以山为城赋〉最奇杰。今日中秋试宁远，曹生永贤〈筹边楼赋〉可与相埒；又吴生钟麟、颜生启华之作亦俱不凡。夜晴见月，喜成一律》：

山城斗绝觇奇文，今日筹边语轶群。

万里使星差不负，一年秋色又平分。

凉风满榻收残暑，好月当空扫片云。

河北江南方奏凯，濡毫待汝勒殊勋。

长长的诗题，就如同此诗的一篇小序。作者于"去年"（咸丰三年，1853 年）按试川东南的酉阳州（今为黔江地区），当地考生冉崇文的《以山为城赋》最佳。"今年"（1854 年）中秋主持宁远考试，考生曹永贤的《筹边楼赋》可与冉崇文之作比美，埒是等同的意思；另外，考生吴钟麟、颜启华之作亦都不凡。正值中秋，又见明月，喜而作诗。

开篇"山城斗绝觇奇文"即题目所说的冉崇文之《以山为城赋》最为奇杰之意。"今日筹边语轶群"即题目所说的曹永贤之《筹边楼赋》也超过众考生，是一篇佳作，轶，超过的意思。作者不远万里奉命出使，来到这边远之地，中

① 赵尔巽．清史稿［M］．北京：中华书局，2020：9044-9045．

秋对月已是一喜，更可喜的是在宁远又发现了能写出好文章的俊才，高兴欣赏之情溢于言表。在"凉风收残暑""好月当空"的佳夜，作者也对这些年轻的士子提出殷切的希望。

受到何绍基赏识的曹永贤、吴钟麟、颜启华三人，均为凉山境内有学识的人才。曹永贤为盐源县人，自幼好学，博闻强记，颖慧过人，曾任云南省永北厅同知，咸丰四年编纂《盐源县志》。吴钟麟，会川人，少颖异有凤慧，凡经史子集，过目辄不忘，琴棋书画俱佳。颜启华，《西昌县志》称：启华字实甫，号竹邨，丁卯举人……渊源家学，各体俱工①。

何绍基主持宁远府考试，这位求贤若渴的大学者在西昌发现了颜启华、曹永贤、吴钟麟三位奇才，这几位考生不同凡响的文章使他始料不及、喜出望外。又逢中秋佳节，建昌古城皓月当空，秋风习习，诗人十分满意这次考试的结果，"万里使星差不负"，"使星"一词来自《后汉书》，后人称奉命出使之臣为使星。这一句写出作者满意的心情。诗的末尾"濡毫待汝勒殊勋"表达了诗人对年轻士子的殷切希望，希望他们为国效力，建立功勋。勒，刻而记之的意思，例如刻字于石称勒石，刻字于碑称勒碑。何绍基西昌之行对西昌文化艺术界产生了巨大影响：读何绍基的诗，临何绍基的字形成了一种风气，并濡养了一批诗人和书法家②。

品读完大通楼古诗，我们不由得感叹，大通楼不是一座普通的楼，而是一处具有品味的建筑文化，人们登斯楼大都为着怀古而来，为着感受文化艺术而来。它所蕴涵的历史文韵必将流芳千古。

第二节　凉山境内古城

老城是一段历史的缩影，是一座城市繁荣历史的见证，是文化与历史传承的载体，在流淌的时光中讲述历史的点点滴滴。

一、礼州古城

《西昌县志·地理志·建置》"城垣"记载：礼州城，在县北五十里，城形椭圆，周二里许，古苏祁县，宇文周置亮善郡，元改礼州，或谓此城为元时笼么城遗址，明设千户所，清为西昌县分驻，置县佐焉，乾隆中重修其城，后复

---

① 郑少成.西昌县志［M］.民国《西昌县志》重印本.［出版者不详］，2012：626.
② 蒋邦泽，武谊嘉.凉山州古诗文选释［M］.成都：四川大学出版社，2007：138－139.

时加补葺，民国初驻分知事，嗣改区长，城尚如故①。

礼州历史上一直是西昌北面的门户，如今的礼州镇距西昌市区 23 公里。这里曾七朝设郡县，五代置州所，是"南方丝绸之路"牦牛古道的一大驿站，蜀军安置驻戎，太平军筑台吊鼓。

礼州这个地名是元朝时候改称的。据史料记载，礼州秦代名曰"楂村"。西汉元鼎六年（公元前 111 年）汉武帝开发西南夷，礼州即为越嶲郡的苏示县治所。此后，大批汉人迁入礼州，把中原内地先进的农业、手工业和铸造业技术及文化艺术传入礼州，汉人、邛人和叟人和睦相处，在官府的组织下，修城筑池，架桥修路，拓展牦牛道，使礼州的经济、交通、文化得以空前发展。东汉至蜀汉称苏祁。北周为亮善郡治。南诏、大理时期为笼么城。元朝至元十五年（1278 年）改置礼州，沿用至今。明太祖洪武二十七年（1394 年），置守御礼州后千户所、守御礼州中中千户所，属建昌卫，清雍正六年（1728 年）划归西昌县，置礼州分县。

从礼州的建置沿革可知，经历了秦、西汉、东汉、蜀汉、两晋、南北朝、隋、唐、宋、元、明、清诸朝，历史上的礼州有苏示、苏祁、亮善郡、礼州的名称变迁。礼州地理位置重要，是南丝绸古道——邛笮道中的一个站口，故为"北接三巴，南临六昭"之要冲。现在的礼州镇建于明代，城镇内外有七街八巷。有四大门，东为迎晖门、南为启文门、西为宝城门、北为迎恩门。

礼州被称为礼义之州，礼州之名的得来还有一段动人的历史。礼州流传着东汉郡太守张翕与礼州人民的一段重情重义的故事。张翕任越嶲郡太守时体恤百姓，让当地人民衣食无忧，造福一方百姓。张翕去世后，当地百姓护送其灵柩回家乡，并为他修墓建祠，举行祭祀活动。《华阳国志》记载了张翕受人民爱戴的政绩：后太守巴郡张翕，政化清平，得夷人和。在郡十七年卒，夷人爱慕，如丧父母，苏祈叟二百余人，赍牛、羊送丧，至翕本县安汉，起坟、祭祀，诏书嘉美，为立祠堂②。到了元代，朝廷为表彰苏祁县百姓讲礼重义的做事风格，特赐此地为"礼义之州"，简称礼州。由此，苏祁县改称礼州。因此，重情重义、知恩图报成了当地最淳朴的民风。由中共中央宣传部、住房和城乡建设部、国家广播电视总局、国家文物局联合发起，中央电视台组织拍摄的大型纪录片《记住乡愁》第三季展现了西昌市礼州镇的古镇风貌。礼州镇是四川省级历史文化名镇，古镇历史悠久，文化积淀深厚。《记住乡愁》的礼州部分，是以古镇的历史发展为脉络，解读了礼州重情重义的由来、发展以及在如今古镇的延续。片中主要讲述了礼州自古到今流传下来的大义故事。礼州古镇曾是

① 郑少成 . 西昌县志 [M]. 民国《西昌县志》重印本 . [出版者不详]，2012：90.
② 常璩 . 华阳国志校补图注 [M]. 上海：上海古籍出版社，1987：205.

重要驿站，北通巴蜀，南达滇池洱海，南来北往的商客常常途经此地。千百年来的时代变迁，给古镇留下了许多岁月的痕迹。

礼州曾"七朝设郡县、五代置州所"。历经百年风雨的西禅寺见证了昨日茶马古道的历史繁华。礼州境内仍保存有文昌宫、南华宫、西禅寺等明清风格的建筑群，它们显示了礼州古镇悠久的历史文化。礼州的民居、院落古风犹存。徜徉在礼州古城，仿佛走进了历史隧道，青石的街道、幽深的小巷、别致的民居、厚重的寺庙、古朴的店铺，处处渗透着时间的韵味。西禅寺建造独特，具有鲜明的明清时期建筑艺术风韵，并收藏了大量文物，至今保存完好。西禅寺中，有一座始建于明朝万历年间的灯阁。每当夜晚来临的时候，人们会把里面的油灯点亮，闪亮的光芒，为来往的路人指明方向。这灯，人们称为天灯。夜幕下，位于西禅寺祖师殿房顶上的天灯，北至月华乡，南至兴胜，东至喜德县的红莫，西至琅环，方圆10公里，均能看见这盏天灯。穿梭于崇山峻岭的马帮、客商，看见这束灯光，就知道离礼州不远了。400多年来，天灯每天夜明昼灭，从未间断过。

礼州不仅人重情重义，这里的生活也是和乐安详的，我们看看诗人笔下的礼州是怎样的。

清乾隆年间宁远知府查礼来礼州视察，写下《礼州行》：

> 鸡鸣逐晓风，雨后归云净。策马穿树林，春光曙色映。
> 桃杏花半开，溪暖鱼游泳。看山如黛横，临水犹窥镜。
> 载驰抵礼州，居民颇殷盛。俗淳时亦安，习俗无争竞。
> 是州余之名，是村余之姓。奇遇非所希，怪此二难并。

诗中的前八句是途中景色的描述，展露了诗人舒畅喜悦的心情：一个春天的早晨，诗人策马自西昌往礼州，一路上春色宜人，雨收云散，桃杏吐蕊，远山如黛，近水如镜，溪中鱼儿自在地游，东方曙色穿林而照。如诗如画的一派春光，使诗人如痴如醉。从"载驰"至"无争竞"四句，是抵达礼州后对当地的良好印象：百姓殷实、富足，风俗朴实、淳良，安时顺世，无争斗，无纠纷，一派太平盛世的和乐景象。作为当地父母官——宁远知府的诗人，心中的喜悦比春时途中感受更增许多。而尤其令诗人感兴趣的是这里的地名，"礼州"之"礼"正好是诗人之名，礼州古地名为"楂村"，"楂村"的"楂"与诗人之姓"查"同声相通，这虽偶合，却是十分难得的双重巧遇，这首诗的最后四句充满惊奇和喜悦的议论。全诗三段，从三个方面依次抒发作者的喜悦之情，情感一步步加深。查礼《礼州行》写出了礼州景美人淳，府台大人情深意笃①。

---

① 蒋邦泽，武谊嘉. 凉山州古诗文选释 [M]. 成都：四川大学出版社，2007：75-76.

二、会理古城

据同治《会理州志·营建志·城池》记载：旧会川卫元以前有黄土城，后南移于今城址建土城。明洪武三十一年（1398年），由指挥使李毅督工建造砖石结构的城垣，高二丈三尺，周七里三分，计一千三百一十四丈，厚一丈二尺，垛口一千五百一十四个，城铺三十座，城濠阔三丈、深八尺、广一千三百二十二丈。城门四座，先建北门楼，以司更鼓。崇祯五年（1632年），由游击苏迪添建东、南、西门三楼，建昌道尹沉默题额：东门"扶桑"，西门"洗甲"，南门"南纪"，北门"望帝"。

清雍正十二年（1734年）知州罗国珠开城内十字大街，中部修建钟鼓楼一座，砖石砌卷洞四，高二丈，阔四丈。其间因各种自然灾害，城墙几度坍塌，历任地方官员多次修补。同治年间添修四门与瓮城，整修城外三关，至此县城已基本定型。

三、盐源古城

卫城，位于盐源县东约15公里处。卫城之名来源于明时的盐井卫。卫所制度，是明代实行的一种军事与行政合一的地方管理制度。据光绪《盐源县志·营建志·城池》记载：县城旧为盐井卫，明洪武初始筑城，洪武二十五年李华任盐井卫指挥使，用石包砌墙，高丈五尺，周四百有奇，计七百四十五丈，池深三尺，广二丈五尺。盐井卫城城门自永乐年至崇祯年修建完成，共四道城门，东曰崇仁，南曰广礼，西曰正义，北曰顺智。

清代先后对城池进行了修缮和扩建，补修了四座门楼，城中心建造了钟鼓楼。

城内东北隅有大池名曰官塘，水引自城外山溪经东较场入城。城中心有钟鼓楼，城中主街为东正街、西正街，清代县衙门设在西正街。嘉庆二十五年（1820年）知县傅京辉始开场市，古城呈现商埠星罗棋布、车马辐辏，民居参差，一派富庶景象。

四、冕宁古城

据咸丰《冕宁县志·舆地志·城池》记载：县城筑自明洪武年间［洪武二十七年（1394年）设宁番卫，筑土城］，至永乐三年（1405年）指挥李信以砖石包砌，高一丈一尺五寸，厚二丈四尺，女墙高四尺，垛口高三尺，周六里四十八步，计一千零九十八丈；濠阔二丈；置四门：东曰寅宾门，西曰平夷门，南曰宁远门，北曰镇安门。

道光七年（1827 年），知县书纶补修，至咸丰四年（1854 年）坍塌过半，知县宋恒山重修，由是城身、城垛、城门一律严整。

城与街巷如棋盘形，堪舆家以四面山为五老山，有五老下棋之说。城内分东西南北四街，而鼓楼居其中。自嘉庆六年（1801 年）鼓楼被毁，道光十五年（1835 年）重修，二十五年（1845 年）复被毁。

县城四面皆活水。其北门、西门城濠系和尚冲小海之水。其东门、南门城濠系长河分入碾沟之水。至城内之水亦系引自小海，分流于各街各巷，四时不涸。井泉亦随处皆是，味甘而冽。嘉树蔽日，修竹引风，尤足点缀城市。

台登县遗址：冕宁县建治最早是西汉时的台登县以及后来元代的泸沽县等，都是在泸沽建治。这说明古代的泸沽，是南方丝绸之路的重要县城所在。

自西汉元鼎六年（公元前 111 年）设县，到唐咸通六年（865 年），其间 975 年，历代史书地舆志都载有台登县。台登县古遗址就在泸沽梳妆台一带。梳妆台，台高四十米，长二百米，南北向，西靠安宁河，南靠孙水河，是城的制高点。从台上鸟瞰四周，该城三面环水，北临台登谷，平川八十华里。据史载：唐贞元四年（788 年），韦皋大破吐蕃于台登北谷，克巂州；五年（789 年），韦皋复遣将曹有道等出台登，大破吐蕃青海蜡城二节度。十三年（797 年），吐蕃寇巂州，刺史曹高任大破之于台登城下。台登东有孙水关，三面环水，地势险要，历来是古邛都、后宁远府和冕宁县的要隘，是可战可守的战略要地。

五、越巂古城

据光绪《越巂厅全志·城池》记载：越巂古城城垣的建筑，历经多次修建。于明太祖朱元璋洪武二十七年（1394 年）初筑土城。至明成祖朱棣永乐元年（1403 年），指挥使李毅，观察地貌，迁筑土城，包砌以石，周七里一分，计一千二百七十八丈，濠阔三丈，厚一丈二尺，拱列四门。后已不牢，坍塌甚多。明世宗嘉靖四年（1525 年），建昌兵备道胡东皋又重加修茸，较前高厚，屹然可观。

清乾隆三十一年（1766 年），加以重修。乾隆五十一年（1785 年）五月，地震，又多有倒塌。乾隆五十三年（1787 年）越巂通判马履忠重修石城一座，长达十年才修建成功，仍高一丈二尺，增以垛口加高六尺，周围四里三分，身长六百五十一丈，拱列四门，北曰迎恩，东曰光华、南曰阜财，西曰仰止，俱有城楼。城墙外围用尺度大小相近的青白二色条石包砌，城墙内用土夯筑，南北有月城，城楼典雅大方。

同治五年（1866 年）同知梅震熙，为加强防卫，动员居民捐资修补。加修炮台四座，更房四间。至此，越嶲城垣的建筑，始具规模。

六、雷波古城

据光绪《雷波厅全志·城池志》记载：雷波古县城，始建于清雍正八年（1730 年），由雷波卫中军守备胡漪奏请，动支盐茶税赋，委潼川知州徐遵义任总监，顺庆府同知管胪传、宜宾知县许王谟监施。初为土筑，墙高一丈二尺，周长三里三分。辟门四，东曰迎恩，南曰宣化，西曰永安，北曰拱辰。城内哨楼八座，水洞三道。

道光十八年（1838 年），雷波厅通判刘耀庚以土城年久失修多半倾圮，向省请得白银一万五千两，改建石城。于是征工备料，日夜赶筑，耗时九月完成。石城周长六百五十三丈，高一丈五尺六寸，足底宽一丈九尺，女墙面宽五尺，城楼四座，各高一丈八尺。仍辟四门，东觐光、南金带、西福喜、北锦屏，炮台六座。

光绪八年（1882 年）松潘镇总兵李培荣来雷波办理彝务，事平后捐银一千两，命厅绅杨宝林、李景江、罗廷柱、薛光祜修筑东南两门耳城，以资保卫。

从地方志看凉山风景名胜

第一节　凉山景观题名诗①

　　景观是"景"与"观"的综合体。"景"是指客观事物,"观"是对景的理解和感受。景观所体现的是人与自然的和谐统一。景观题名,也可称景观命名,指的是用文学语言给某一地域典型自然和人文景观的命名。中国风景胜地,以"八景""十景"等数字称谓的比比皆是,且以四字命名居多,文人雅士在题名之下以诗词彰显艺术魅力,使景观别具文化内涵。凉山是中国古"南方丝绸之路"的重要通道,历史文化丰富深厚,自然景观与人文景观遍布各地,人文、自然并茂生辉。凉山旧志记录了相当数量的景观题名诗,这些诗是凉山这一地域宝贵的文化资源。

一、凉山地方志中景观题名诗收录情况

(一)《西昌县志》中的景观题名诗

　　民国《西昌县志》(1942年出版)是西昌旧志中一部体例较完备、内容较完整的志书,其内容涵盖地理志、产业志、食货志、政制志、礼俗志、祠祀志、教育志、武备志、兵寇志、人物志、艺文志、夷族志等地方的百科各业,综合记载了西昌这一地域自然和社会发展变化的基本面貌。其间绚丽多姿的景观记述,以及以诗文展示的景观特色,具有浓郁的地域文化内涵。

1. 题《西昌县志》八景六名胜

　　西昌八景六名胜图为清末民初著名画家、美术理论家马骀所画,前清秀才、民国十四年(1925年)《西昌县志》主撰者傅光逊为画题诗。八景六名胜是对西昌这一地域典型的自然和人文景观的集称,邛都八景为:泸峰春晓、碧浪朝阳、古寺晚钟、邛池夜月、东岩飞瀑、西沼采莲、卧云烟雨、螺岭积雪;邛都六名

---

　　① 花志红. 凉山地方志中景观题名诗研究 [J]. 名作欣赏,2019(3):110-112,118.

胜为：泸川漱石、飞阁临江、凤浴寒潭、龙行甘雨、鱼洞安禅、天王引胜。

邛都八景之一　泸峰春晓

泸山春霭锁楼台，晓起晴窗向日开。
积雪消时僧种竹，杂花香处客衔杯。
云留野鸟随缘住，风约湖烟送爽来。
最好新年多士女，黎明觐佛上崔嵬。

邛都八景之二　碧浪朝阳

大风吹水向东流，旭日初升照嶲州。
匝海阳光红杲杲，连天浪影碧悠悠。
迎来朝气鱼龙舞，射入春潮蝳蝀浮。
浴罢扶桑仙路远，朝宗列派此源头。

邛都八景之三　古寺晚钟

邛城发蒙寺，有石名空青。中含径寸珠，浑浑如流星。
或云母怀子，宛尔胚胎形。日暮发奇响，珠跳疑振铃。
本无发音机，何缘动人听？寻声所由起，泸山钟勒铭。
唐时建兰若，铸钟悬殿庭，每晚十余叩，鞺鞳出林垌。
播入邛海面，水波何冷冷。水气连声浪，不碍城门扃。
惟兹一丸石，感应殊通灵。钟动石子动，钟停石子停。
鲸铿有余韵，宝母随东丁。验知无华伞，有耳斯共聆。
霜天复如此，佛性常惺惺。明清迭地震，坍毁香炉亭。
石破鲜凭信，传闻遂杳冥。征存古风物，歌咏传千龄。

邛都八景之四　邛池夜月

月出邛池夜，空明澈九霄。光涵莲叶渚，凉溢桂花桥。
蛙嶲青山净，鹅儿白浪摇。渔歌声渐远，隐隐听吹箫。

邛都八景之五　东岩飞瀑

螺髻山中，涧水潜通，汇流而东。势汹汹，喷出飞云洞。临岩下涌，匹练悬空，大激冲，压力千钧重。

光射长虹，声吼丰隆，气振寒风。想数千年陵谷变动，成此飞泷。愿民众，垦荒开卝，水电兴工。多劝董，供文明利用。

邛都八景之六　西沼采莲

郎去采莲叶，翠盖卷舒云叠叠；儿去采莲子，的的珠圆香出水。妾自采莲花，花心艳艳蒸红霞，采罢歌声出小艇，歌曰：邛湖西沼几渔家，十亩莲塘品味赊。子做饭叶作茶，花露浓浓渍藕芽，佐以蒜芹菱芡把拿。夏凉采采，烟水澹生涯。

邛都八景之七 卧云烟雨

邛湖南岸雨正分，泸岭绵绵接卧云。烟雨画成春掩霭，林泉滋卷气芬葟。

高坪邃谷重阴锁，细草幽花带露熏。太息沈祠荒废处，名区何日扫蛮氛。

邛都八景之八 螺岭积雪

岩岩螺峰，皎然雪亮。积自鸿蒙，坚冰十丈。霰集随时，消有限量。

云压重林，盘髻而上。峻极华巅，是寿者相。瑶台玉戏，银河波宕。

翕受三光，精含宝藏。金马碧鸡，牦牛云贡。四镇迎辉，环拱相向。

巂水资源，凉山风飏。云气芬葟，甘霖酝酿。

气化高寒，解兹炎瘴。泽遍邛州，万民所望。

邛都名胜之一 泸川漱石

邛湖宣泄下泸川，曲绕常安古寺前。

掩蔼门封山林密，玲珑石漱水波圆。

花村久息长征鼓，柳岸犹通梯运船。

十二河湾春色好，画中鱼鸟亦神仙。

邛都名胜之二 飞阁临江

会仙桥南山一角，飞来寺僧始开凿。

寺前断岸临孙江，劈石为梁起飞阁。

窗棂四辟多壮观，左右松篁引仙鹤。

人湿阁下行逶迤，楼柱半倚树交错。

凭栏俯瞰千尺潭，青冥潋滟涵碧落。

澄波倒泻浩无声，水气溶溶烟漠漠。

心境浩荡尘境微，信哉物由心造作。

老僧去浚历沧桑，岚光波影今犹昨。

薄暮坐此闻清钟，风尘梦醒忘哀乐。

画中人画画中楼，虚静好参禅定学。

邛都名胜之三 凤浴寒潭

凤凰桥南凤凰渡，凤浴江潭丹嘴露。

石岩锐角悬中流，长喙纤纤堪比傅。

上接甘泉灌顶来，酿作醍醐资饮漱。

清风激水鸣锵锵，群鸟相从不知数。

苍草纷披千文章，未见扶摇九霄蠹。

箫韶息响渺来仪，只今闷采昌州路，

凤兮凤兮吾感遇。

邛都名胜之四　龙行甘雨

青龙古寺镇邛湖，嫋嫋春风咏舞云。

万顷碧波光对照，千年乔木荫旁敷。

铁牌有验行甘雨，宝树无枝念古都。

片石浮来遗址在，蓝蓝灵气锁浮图。

邛都名胜之五　鱼洞安禅

巴洞之侧渔洞之前有古寺兮，以石传巨石如虎兮伏溪边。

虎口谽砑兮腹便便，青溪混混兮出源泉。

入口灌腹兮通大川，此石千年兮无变迁。山僧夜坐兮参上禅。

月皎皎兮在天，水澹澹兮生烟，松涛飔飔兮林外穿，群鱼泼泼兮弄溮湲。

水石相搏兮声阗阗，鼓钟相应兮韵铿然，光影清绝兮，游人不可以流连。

邛都名胜之六　天王引胜

佛耶星耶，山之灵耶。穆穆天王，镇西宁耶。

登崇丘之崔嵬兮，瞻祠宇之珑玲。古木森而回报兮，若翠盖之亭亭。

花鸟对而相悦兮，草树郁其葱青。佳气蔚为云霞兮，时卷舒于林坰。

表独立乎连冈兮，像猛虎之庞形。行人视为准望兮，据四达之所经。

路迢迢而同趋兮，示周行以为铭。天王天王颂，岁岁其执政兮，

穰穰乎岁熟民丰，而肸蟝昭乎德馨。

2. 杨学述《建南十景诗》

"建南十景"由西昌清乾隆三十三年（1768）戊子科举人杨学述定名，即：泸山苍翠、邛池映月、东岩瀑布、西沼莲香、渔村夕照、螺岭积雪、古寺闻钟、苍松挺秀、香泉烹茶、清池灵韵，并各赋五言律以咏之，题《建南十景诗》。《西昌县志·地理志》收入"名胜"条下。

泸山苍翠

半壁撑霄汉，宁城列画屏。云穿高阁白，鹤恋老松青。

石磴千层上，金钟万户听。南天真面目，隐几记曾经。

邛池映月

天空临皓月，海上最分明。境过银河界，人来水郭城。

龙宫悬宝镜，蜃市接蓬瀛，诗思因逾远，孤舟几度横。

东岩瀑布

谁凿高峰顶，奔来最上头。千寻飞素练，百丈下通沟。

溅雪喷如怒，穿云冷似秋。蟠龙惊欲起，不复在沧州。

西沼莲香

避暑就银塘，新荷袭远香。来饮君子德，宛遇好风凉。

翠盖迷烟柳，红衣映画航。城西十里外，乐在水中央。

渔村夕照

水上生涯乐，人家近海门。相看成锦句，返照入江村。

晒网堪追影，停舡尚负喧。待看炊晚饭，带月笑言言。

螺岭积雪

螺峰高万岭，晴日画中看。残雪千年积，深山六月寒。

诵经衣怯薄，觅路力俱殚。仙境谁能到，飞来鸟亦难。

古寺闻钟

夜半蒲牢吼，悠然感梵音。似传三藐法，顿觉万山深。

世道皆空象，诸天忽在心。怪来城西寺，石子听升沉。

苍松挺秀

锦川桥下路东有古松一株，垂荫数亩，旁有碑记，上刻"苍翠奇观"——魁麟书。

六诏天南路，孤松甚壮观。盘龙遮地角，驻鹤倚云端。

鳞甲千年古，风霜百战寒。亭亭垂荫普，应号大夫官。

香泉烹茶

城东七里许香泉村地涌清泉，味甘如醴。建城水之佳者此为第一。

一勺清冷水，香来十里东。烹堪桑苧用，酌与醴泉同。

甃井千家养，兴诗七椀同。争如夸玉女，符调有苏公。

清池灵韵

城南里许有泉，自地通出，其味甘。若遇旱，取水祈祷，每有灵韵。

何地涌清泉，城南古道边。乘龙曾降雨，饮马不投钱。

有味真如醴，未云或在渊。甘霖钦泽沛，用汲岂徒然。

(二)《越嶲厅全志》中的景观题名诗

顺治初，因明制，凉山为建昌卫。雍正六年（1728年）改为宁远府，以会理州隶属，并置西昌、冕宁、盐源三县，越嶲一厅隶之。光绪年间由马忠良修、马湘等纂、孙铿等续《越嶲厅全志》共计十二卷，其《艺文志》载有嘉庆四年（1799年）越嶲厅通判马如龙的《越嶲十景诗》，即：《凤尾孤峰》《雪山朝霁》《金马鱼洞》《红白交潭》《晒经文石》《云嵩圣泉》《石洞琼钟》《温泉春禊》《南天相岭》《鲸鲕封处》。又有举人李曰盛、教授聂汝俊同题和韵诗各十首。

兹录马如龙《越嶲十景诗》如下。

凤尾孤峰

三巴多秀气，直与此峰通。谁把岐阳鸟，来仪万仞宫。

雪山朝霁

凌云千尺白，照耀日初升。对此心如洗，何须夕饮冰。

金马鱼洞

紫府飞霞处，潜鱼出石淙。风云从得会，平地起蛟龙。

红白交潭

泾渭由来别，同流各有真。泮池分左右，文武合为斌。

晒经文石

名传三藏古，佛法悼希闻。果悟经中意，那须石上文。

云嵩圣泉

古刹云深处，神泉别有源。不逢青顾眼，谁识水能言。

石洞琼钟

疑是龟壶击，空山响远音。乘槎寻古寺，明月入深林。

温泉春禊

洁白源头水，清心云病根。殷盘朝夕御，曾否借泉温。

南天相岭

炎汉平蛮日，南箕始见天。白云飞不到，石屋有人烟。

鲸鲕封处

威烈壮千秋，将军尚在不？石碑风雨断，铁胆日星留。

（三）《冕宁县志》中的景观题名诗

有清一代，冕宁县有过五次修志，有乾隆、嘉庆、道光、咸丰、光绪诸本。而以冕宁县教谕李昭纂辑的咸丰本流传最广。《冕宁县志·艺文志》收录嘉庆年间冕宁知县蔡以成"冕宁内外八景"诗十六首。外八景为：《雪山开霁》《风硐来熏》《长河月映》《小海云蒸》《泮池活水》《萧寺寒灯》《神钟远闻》《虫树蕃盈》。内八景为：《相岭留题》《仙桥古渡》《响石韵幽》《温泉汤沐》《沙堆卜岁》《井汲为霖》《潭鱼跃镜》《岩麝怀香》。又收录冕宁岁贡生陈鹏举"外八景"《雪山开霁》《萧寺寒灯》两首。

蔡以成有"外八景"诗。

雪山开霁

雪山在县东三十里，上有积雪，至夏不消，每当开霁，城中望之莹洁可观。

晓来豁眼眺晴峰，积素浮光雪尚浓。
信是年丰消息早，开窗面面玉芙蓉。

风硐来熏

旧《志》谓风硐在县西嘉顺汛者非是。如泥其说，则邑中西风甚少，东风、南风、北风又将从何而至。总之，随处有风，并非指定一硐也。

> 谁家岩硐劈生风，阵阵喧豗聒耳通。
> 真个太平无一事，披襟长快大王雄。

长河月映

长河在县东二里许，中宵月皎，云影天光，爽人心目。

> 滔滔汩汩自东流，朗月团口在上头。
> 如此清光如此夕，阿谁乘兴再登楼？

小海云蒸

小海在县城西北和尚冲，曙色初开，上蒸云气。

> 扶桑初涌日重轮，云气蒸浮曙色匀。
> 莫道此间沧海小，为霖曾慰四乡人。

泮池活水

学宫泮水引自小海，水道随时启闭，四时不竭。

> 半亩萦洄绕泮宫，波流活活气葱葱。
> 盈科因有源头水，至理分明一鉴中。

萧寺寒灯

南山寺在城南五里，佛龛灯火，夜深明灭林表。

> 北窗翦烛坐寒更，山寺苍茫近接城。
> 万籁无哗僧入定，一龛佛火照前楹。

神钟远闻

城中向有鼓楼，悬钟一口，晨夕撞之，声闻三十里。今楼与钟俱毁。俗传明时夷匪猖獗，焚烧鼓楼，钟裂一缝，其声如雷，逆酋头痛皆遁去。

> 楼钟曾说靖边嚣，楼毁钟销事寂寥。
> 圣代即今习斗静，惟余僧磬自朝朝。

虫树蕃盈

树形如桂，枝叶蕃衍，放虫作蜡，利拟蚕桑。

> 枝叶扶疏绕郭青，取材落实幻奇形。
> 村庄未解蚕桑利，别订神农种树经。

蔡以成有"内八景"诗。

相岭留题

相岭关门外有石刻"今日山头"四字，姓氏不传。

丞相征蛮胜迹悠，到今四字勒山头。

编氓不记何年事，跬步犹传汉武侯。

仙桥古渡

冕山东北沙湾，距县治一百二十里，半山有石桥凌空突起。

石矴横亘跨山腰，缥缈凌空入望遥。

人已升仙留幻境，不劳司马更题桥。

响石韵幽

县南三十里西山之麓，有石高七尺，阔三尺余，扣之声如云板。

悬岩壁立色苍苍，小叩声清越以长。

万道流泉都不竞，隔溪响送月昏黄。

温泉汤沐

古路桥侧近有温泉，四时可沐。旧盖有亭，今圮。

云树萧疏透夕阳，温泉出峡自流香。

振衣好把尘氛浣，追步当年鲁士狂。

沙堆卜岁

松林（今漫水湾）北二里仓口滩上，沙积如粮，岁丰则细沙半坦，岁歉则粗石崚嶒，可验秋收。

溪湾层折水流沙，虫树轻飞两岸花。

仓口有灵征岁稔，篝车不待祝汙邪。

井汲为霖

俗名"水井坡"，在县西五里，岁旱祷雨，汲井泉为净水，颇有应验。

出云降雨本鸿蒙，井汲偏能夺化工。

非藉神农听讲力，蒙泉解泽理交通。

潭鱼跃镜

梳妆台在长若孙水交汇之处，千章倒影，一摩涵空，常有细鳞鱼随波冲激，游目骋怀，致足乐也。

洋洋逐浪下城南，在藻依蒲性所耽。

今日方知濠上乐，肯教鱼网集澄潭。

岩麝怀香

县西深山中有麝，脐中有香，为人所迫即自投高崖，举爪剔出其香，就絷犹拱四足，惜其珍也。

重冈复岭久深藏，过处能令百草香。

无怪奇珍多护惜，世途物色几精祥。

另有冕宁岁贡生陈鹏举，庚和"外八景"诗两首：

雪山开雾

雪岭撑天六月寒，东南玉笋出林端。

斜阳反照岷冈璞，好向晴空月里看。

萧寺寒灯

寒灯隐隐透疏林，萧寺烟岚绕万岑。

藉问山僧何不夜，玲珑一点照天心。

(四)《会理州志》中的景观题名

《会理州志》（同治本）成书于同治九年（1870 年），共计十二卷，体制完备，内容丰富，保存完好。志书中与会理相关的景观题名颇多，《封域志·图考》"名胜图"绘有：玉屏朝霞、金江夜月、北桥观柳、天竺涌泉、西岭泉琴、东岩瀑布、塔峰翠霭、秀气龙盘八处名胜。

"名胜"条下又有：玉屏朝霞、金江夜月、东崖瀑布、西岭泉琴、塔峰翠霭、莲沼风清、盘松张盖、天竺涌泉、奎阁晨钟、胜功泉水、灵岩虎踞、秀气龙盘、北桥观柳、龙泉唤鱼、普济苍松、皈依白塔、月鲁笔峰等名胜记载。

《会理州志·封域志·名胜》对景观介绍如下：

玉屏朝霞：即玉墟山朝霞辉映，辉映朗如玉屏。

金江夜月：即金沙江也，夹岸沙石皆作赤金色，日光映射不能逼视，夜则波光月影、万道金蛇，两岸寒星，真奇观也。

东岩瀑布：治东三十里，崖巅飞涛百丈，从云雾中喷薄直下，至岩半横承一石，激而倒卷，望之如白练翻空，折叠下垂，崖脚有隙地，大可半亩，循径可入，携樽小坐，恍身于水晶帘内也。

西岭泉琴：治西四十余里，有水自岭罅滴下，琮琤漱玉，琴韵冷然。

塔峰翠霭：即葛砧山，峰峦翠秀，万仞凌霄，上建文塔、奎星阁。

莲沼风清：治南二百里，黎溪驿有池，周广约数十亩，中多芰荷，花时烂若红霞，香闻数里，鸥鹭、野鸭时浴水面。（莲池周围广阔，形势天成，花放十里，艳丽非常）

盘松张盖：城西皈依寺旧有古松一株，不识何年所植，盘曲古傲，枝干纠拏，横铺满苑而高仅与檐齐。（明状元杨慎宦游会理，曾为此景题联：乱竹堆成世界，把茅盖住虚空）

天竺涌泉：小天竺即南无桥，亦即芭蕉箐龙塘也。邑绅马翊臣督府建有观音寺，寺内樟树七株，皆数百年物，下荫一池，池水汩汩自地中涌出，吐泡如蟹。

秀气龙盘：治东三里，山曰东山，迤逦而北绵亘数里，有石隆然兀起，绝似龙形，秀骨嶙峋，宛若鳞甲，风动云移势欲飞舞也。

北桥观柳：北桥即三元桥，距城三里许。旧有垂柳数十株，笼烟拂水不减灞桥诗思。

普济苍松：治东十五里，四宗村外普济寺有苍松数株，甚奇古。

皈依白塔：塔在皈依寺中，遥映西城内大水塘，俗谓之为玉笔点丹池。

月鲁笔峰：即月鲁山，峻秀如笔。（月鲁，山名。在今会理县南六十里处，峻秀如笔。原上有古城，为月鲁帖木儿所建，故名）

《会理州志·封域志·名胜》又记有"迷易所八景"。"迷易所八景"系乾隆三十年（1765 年）巡检陆蔚题名（陆蔚，字豹文，山阴人），八景为：玉墟积雪（题下自注：玉墟山在所之东，山峦高耸，长夏犹有积雪）、牧马松涛（题下自注：牧马山在所之南，上多古松）、黑龙彩瘴（题下自注：金花塘在所西，黑龙塘在所东，金花塘之云气一起直达黑龙塘则雷雨交作，黑龙塘云气亦然。每夏季彩虹竟天，五色俱备，先年山多瘴疠，人戒晓行，今则化为淑气也）、宁河渔唱、玉楼观涨、风流叠翠（题下自注：风流山在所之北，文峰耸峙）、澄池夜月、平阳晚钟。

《会理州志》中多处景观皆有同名题诗，也有相当数量的景观题名诗收录于《会理州志·艺文志》，尤以吟咏东崖瀑布、金沙夜月、玉墟春帐、普济苍松、胜功泉水、皈依白塔、月鲁笔峰为多。如胜功寺，在会理城北二里许，明指挥金事邓昂建。寺后有泉，味极甘洌，"胜功泉水"为会理州十景之一。

刘松曾作《游胜功寺》一诗。

白云深处有层楼，附壁攀岩选胜游。
一枕新凉方过夏，万山岚气早含秋。
生来不觉身心幻，望去须知世界浮。
试看一泓衣带水，潆洄端的有源头。

尤以吟咏《东崖瀑布》《金沙夜月》《玉墟春帐》《普济苍松》《皈依白塔》《月鲁笔峰》为多。

杨玉曾作《月鲁笔峰》。

城南山秀耸苍穹，万仞岩抽兔颖峰。
瑶草生香堪饲鹤，白云出岫每从龙。
根盘大地三千里，势并巫山十二重。
俊杰至今俱见用，采芝何处觅仙踪。

（五）《雷波厅志》中的景观题名诗

雷波古为西南夷地。汉武帝建元六年（公元前 135 年）设螳螂县，隶牂为郡，是为设治之始。在不同朝代其建置归属各有不同，至清雍正八年（1730年）置雷波卫，乾隆二十六年（1761 年）改卫为厅，设通判，属叙州府。光绪十九年（1893 年）的《雷波厅志》由通判秦云龙总纂，戊子科举人万科进纂修，是现存最为完备的雷波旧志。《雷波厅志·古迹志》载有"雷波十景诗"，诗名为：《锦屏耸翠》《龙头胜景》《海池清浊》《龙洞飞泉》《佛洞垂珠》《泰沙奏乐》《天生桥梁》《雷神古迹》《龙湖澄清》《海中孤屿》，贵州毕节县举人杨慎斋、乐山县岁贡生唐德钧各题诗十首。

兹录贵州毕节县举人杨慎斋十景诗，如下。

锦屏耸翠

锦屏山在北关外三里，山色苍翠，端正如屏，常有云气往来其上。

> 碧峰雾散净于揩，毓秀钟灵气自佳。
> 庐阜九层明锦叠，潇湘六幅画屏排。
> 生来云母围山郭，惯障风姨勒石崖。
> 知否清光最难得，嘉名莫负读书斋。

龙头胜景

雷波山此为最高，晴霁则见。山上有铜铅各厂，并产黄连、贝母诸物。

> 云中翘首望天门，瘴雾迷离任吐吞。
> 广大全教诸景备，老成终属此山尊。
> 宝烟满地宵能识，炉火漫空昼欲昏，
> 但使蛮琛同入贡，龙颜应慰九重君。

海池清浊

南关外有两池，相距二里，一清一浊。

> 一为廉士砺廉隅，一受污名纳垢污。
> 始信沧浪皆自取，顿教泾渭两悬殊。
> 江澄只爱波如练，海黑谁知水有珠。
> 转讶汪汪黄叔度。泉清泉浊未分途。

龙洞飞泉

泉自锦屏山半流出，瀑布飞悬，城内居民饮汲皆恃此水。

> 呈祥崖势走蜿蜒，忽涌清丝瀑布悬。
> 览胜何须夸鹿洞，锡名端合号龙泉。
> 一溪尽洗城中垢，万顷还滋郭外田。
> 为有源头来不竭，出山涓滴便成渊。

佛洞垂珠

即北关外之观音阁，崖水下滴清冽如珠。

> 谁将珠颗洒清渠，佛洞端宜大士居。
> 莲座澜翻流自在，杨枝露滴朗何如。
> 圆灵本可探怀里，智慧都争拾陲余。

不用招凉夸得宝，炎威到此早消除。

泰沙奏乐

在厅西南二十里，水石相撞，如音乐之声。

原来丝竹起沙汀，流水声中响不停。

高树时邀嘐鸟过，深潭能使蛰龙醒。

石钟镗鞳惊彭蠡，淑瑟悠扬爱洞庭。

特向荒洲奏山乐，似嫌村曲未堪听。

天生桥梁

在乌角汛地，两山相接如桥梁，石壁悬崖下有深溪，杳不可测。

天然结构仗神工，似恐溪云无路通。

桥岂鹊填偏利涉，梁非鼍驾自凌空。

尽堪经历千秋浣，不待营成十月中。

除却台州三石壁，生来绝景有谁同。

雷神古迹

即城东三里之雷神洞，洞在山峡中最为幽邃，足履其地如闻鼓声。

雷阳谁道竟无雷，神迹相传莫浪猜。

一震威犹千古赫，六丁荒为百蛮开。

峰头恰被车推过，石上曾经斧削来。

此日干戈如电发，好承精锐扫尘埃。

龙湖澄清

在城东九十里，即古之马湖也。

碧波无际接天长，应识龙宫此处藏。

前数百年腾赤骥，互三十里傍黄螂。

湖心月照珠成彩，水面风摇镜有光。

要得招堤柳桃李，依稀光景是钱塘。

海中孤屿

在龙湖内，俗名海包，上有庙宇并居民数十家。

芙蓉一朵自横波，倚傍全空插太阿。

望去神山犹可仰，飞来仙岛岂能多。

不须云路探青鸟，恰好冰盘拥翠螺。

从此登瀛欣得路，烟霞缭绕快如何。

乐山县岁贡生唐德钧"雷波十景诗"如下：

锦屏耸翠

锦屏高耸翠微横，山势嶙峋削不成。

岂为雷封资障蔽，可将云影验阴晴。

朝来霁色无边秀，雨后风光分外清。
凤尾龙头相映带，特开生面护仙城。

龙头胜景

片帆直指古戎州，转柁马湖江上游。
才见锦屏连凤尾，又看仙掌耸龙头。
角端日射金千缕，颔下月明玉一钩。
领袖群山原不愧，老成终向此闲求。

海池清浊

不是源泉别有渊，如何清浊两相悬。
浮沉久已分泾渭，左右居然辨圣贤。
廉让难邀流俗赏，激扬可悟用人权。
只因本色无华饰，留得芳名十景传。

龙洞飞泉

百尺晶帘峭壁悬，萦纡曲折绕城边。
清莹可备千家汲，灌溉能滋万亩田。
逝者如斯常汩汩，来而不竭此涓涓。
探源欲把元珠觅，只恐骊龙尚未眠。

佛洞垂珠

招凉美事夜光俱，古洞天然若画图。
突兀山腰谁凿壁，玲珑石乳似垂珠。
摩崖有客挥斑管，涤暑何人荡玉壶。
一滴杨枝甘露水，可能遍扫净龙湖。

泰沙奏乐

嫋嫋清风入杳冥，抑扬高下果谁听。
流沙有韵兼丝竹，大乐无声本性灵。
土鼓簧桴同节奏，石钟方响等玲珑。
空山一曲人何在，江上奇峰数点青。

天生桥梁

自古桥梁本建成，那知异境忽天生。
千寻雁齿凌空起，一路虹腰绝壑横。
未必化工施妙巧，暗教鬼斧纵经营。
罗浮风雨离还合，造物钟灵别有情。

雷神古迹

若谓风雷未有神，胡为百里响频频。
星飞电掣行何疾，洞老山空迹尚新。

片甲深潜屈蠖迹，六丁环绕蛰龙身。

么么小丑从兹绝，扫荡群邪广圣仁。

龙湖澄清

四顾山光接水光，碧波轻送晚风凉。

晶莹一镜平如砥，荡漾扁舟小若床。

队队游鳞清可数，迢迢神马迹能藏。

是湖是海凭谁定，记取嘉名赐上方。

海中孤屿

环三十里尽海洋，中有芙蓉一朵香。

峰岂飞来成独秀，堆疑滟滪还相望。

鸭头绿自波心腻，螺髻青凝水面妆。

好与君山齐入画，天生异景镇蛮荒。

二、凉山地方志景观题名诗中的文化资源

（一）景观命名反映凉山历史沿革

《邛都八景六名胜》《越嶲十景诗》《建南十景诗》称凉山为邛都、越嶲、建南，杨学述《建南十景诗》其一《泸山苍翠》有"宁城列画屏"之语，傅光逊《邛都八景》之二《碧浪朝阳》有"旭日初升照嶲州"之语，这些题名诗反映了凉山这一地域在不同历史时期的称呼。

邛都为西昌最古名，先秦时，西昌为西南夷邛都国地，汉武帝设治时遂以邛都为县名。西汉元鼎六年（公元前111年）武帝置越嶲郡，领邛都、灵关道、台登、定筰、会无、筰秦、三绛、苏示、阑、卑水、大筰、青蛉、姑复、潜街、遂久等15县，距今已有2100多年的历史。《史记·西南夷列传》记载：自滇以北君长以什数，邛都最大；此皆魋结，耕田，有邑聚[1]。西汉武帝元光五年（公元前130年）司马相如"通零关道，桥孙水以通邛都"[2]。

越嶲：南朝梁武帝置嶲州，以邛都县为越嶲郡。

建昌：唐懿宗咸通六年（865年）南诏占嶲州后立城，称建昌，大理沿用，元、明、清续作路、卫、厅名，建昌遂为西昌另一别称，明时称建昌亦曰建南。

宁远：明时西昌隶属建昌卫，雍正六年（1728年）改为宁远府，置西昌县，为附郭首县，宁远遂成西昌别称。

---

① 司马迁.史记［M］.北京：中华书局，1982：2991.

② 司马迁.史记［M］.北京：中华书局，1982：3047.

（二）景观题名诗中的传说

相岭的传说。相岭，又称小相公岭，传说为诸葛亮所开，故以相公名之。它北起大渡河，南迄安宁河，南北长约110公里，东西宽约30公里，为大凉山背部主要山岭，形势高耸。蔡以成《相岭留题》题下注"相岭关门外有石刻'今日山头'四字，姓氏不传"，诗云：丞相征蛮胜迹悠，到今四字勒山头。编氓不记何年事，跬步犹传汉武侯。《冕宁县志·古迹》记载：小相岭有石碑，刻"今日山头"四字，不著姓名①。《冕宁县志·政绩》记有诸葛亮事迹：五月渡泸，南征孟获，深入不毛，小相岭之名，至今传焉②。马如龙《南天相岭》云：炎汉平蛮日，南箕始见天。白云飞不到，石屋有人烟。

圣泉的传说。云嵩寺在越嶲厅北240里河南站后，今甘洛县境内。寺内有泉，传说诸葛亮南征，军饮哑泉之水，不能言，孟节指此水饮之，遂得解，后遂称此泉为圣泉。马如龙《云嵩圣泉》云：古刹云深处，神泉别有源。不逢青顾眼，谁识水能言？李曰盛《云嵩圣泉》：蜀相征南日，仙泉出异源，独凭心似石，真教水能言。聂汝俊《云嵩圣泉》：默默神无语，流川何处源。至诚天地动，岂仗水能言。

龟壶道人的传说。石洞琼钟在越嶲厅西北50里之瓦岩，半山有洞，岩边悬石一片，长五尺，阔四尺，厚四尺寸，击之有声铿然，谓之琼钟，传说唐龟壶道人在此洞修炼并得道。马如龙在《石洞琼钟》中写道：疑是龟壶击，空山响远音。乘槎寻古寺，明月入森林。《越嶲厅全志·古迹》记载：石洞琼钟，治西北五十里瓦崖，即今石崖。洞中可容十余人，南北崖旁有石板叩之声铿然，谓之邛钟。唐龟壶仙修炼于此，有诗载仙释志，此景于道光十年正月初九日露出石床、石棹、石龟，观者甚夥，遂将洞内石笋毁折。又《上南志》云：卫南三十里西山下，响石长七尺阔三尺八寸厚三尺，击之声如云板。《越嶲厅全志·仙释志》载他所题琼钟石诗云：北倚峨眉西阆峰，云间歧路去皆空。时融玉浪鸣幽谷，夜半钟声响太空。岚拥翠峰秋耸碧，云侵丹室晓舒红。九篇真诀无人识，谁信金元太素宫。

晒经石的传说。山有巨石即晒经处，地遂以石之名命名。今建关帝庙于上。晒经石在越嶲厅北360里，南北绵亘各10余里，山形浑厚，顶有巨石，传说唐时玄奘法师自天竺归来曾在此石上晒过佛经，故名。《越嶲厅全志·古迹》记载：治北二百六十里，旧志载唐三藏西天请经回，晒于此。马如龙《晒经文石》云：名传三藏古，佛法悼希闻。果悟经中意，那须石上文。李曰盛

---

① 李英粲. 冕宁县志 [M]. 冕宁县地方志办，校编. 冕宁县：冕宁县印刷厂，1996：32.
② 李英粲. 冕宁县志 [M]. 冕宁县地方志办，校编. 冕宁县：冕宁县印刷厂，1996：89.

《晒经文石》：圆寂空三界，真经不易闻。如何千载后，石上有遗文。聂汝俊《晒经文石》：西天真有佛，那避俗人闻。隐隐虚无意，痴看石上文。

（三）景观题名诗中的名物

凉山境内安宁河中下游一带盛产蜡虫，有蜡园无数，养售蜡虫成为这一带的重要副业。虫树为养殖白蜡虫之树。蔡以成《虫树蕃盈》题下自注：树形如桂，枝叶蕃衍，放虫作蜡，利拟蚕桑。诗云：枝叶扶疏绕郭青，取材落实幻奇形。村庄未解蚕桑利，别订神农种树经。

《冕宁县志·风俗志》记有虫会盛况，《西昌县志·礼俗志》亦有记载。

总的来说，凉山地方志中的景观题名诗，或叙景记胜，或吟唱风俗，于人于事皆关乎地方，保持着独特的地方特征和人文气息，是凉山地域文化的载体，有着鲜明的时代特征和浓郁的文化内涵，能为地方文化和经济的发展提供宝贵的资料。

第二节　西昌山水风光

文学先贤们题咏西昌山川胜景，赞美西昌丰富的物产，展示了这片土地的富饶与美丽。西昌美在山水，美在人文，美在历史的厚度，美在文化的生动。

西昌在春秋时期为"邛都国"：在司马迁笔下，云南以北的区域以邛都的势力最大，邛民们挽着高高的椎髻，耕种田地，聚居一方，怡然自得；邛都以南的民族叫"嶲"，嶲民们梳着发髻，过着游牧生活。汉武帝为了经略西南，开通南方丝绸之路，设立越嶲郡，西昌自然而然成为最早的行政中心。蜀汉时期，诸葛亮南征，翻过大、小相岭的崇山峻岭，来到安宁河畔的西昌，把西昌作为休养生息的场所，"五月渡泸，深入不毛"，七擒孟获的故事从这里开始。唐宋时期，西昌是川滇两地的交界，南诏国和大理国崛起，改越嶲郡为建昌府，元朝的铁骑忽至，设立军事要职罗罗斯宣慰司，统治边疆重镇，明代以建昌卫的卫所制度保卫着一方安宁，清雍正六年（1728年）始称西昌，延续至今。

古人所云"清风雅雨建昌月"，说的是古西南丝绸之路牦牛道上的三个古镇：清风，指的是大相岭南面半山上清溪古镇的风；雅安雨多；建昌月明。这是南方丝绸之路上的典型景观。"月出邛池水，空明澈九霄"，到了西昌，最不能错过的是西昌的月光。西昌地处高海拔、低纬度的安宁河平原，是亚热带气候，晴朗天气多，加上山林、湖泊对大气层的过滤，月亮又大又明，分外皎洁，因此人们又称西昌为"月城"。

赏西昌月的最佳地点是邛海、泸山，西昌月最具诗情画意的是松风水月。正如前人所歌咏的：松涛声，海涛声，声声相应；天中月，水中月，月月齐明。邛池湖水澄澈明净，与天上明月相得益彰，月光照在苍翠的泸山，明月与松涛动静有趣，这样的湖光山色令人流连忘返。西昌月文化包含两个层面，即自然月与人文月：自然月，是指西昌月的独特；人文月，西昌考古出土了数千年前的"月"礼器，这是对月的敬仰、崇拜，美丽的传说之一是说邛海是月光仙子沐浴之所，每逢月光朗朗之夜，仙子便降临人间，在邛海中尽情嬉戏。

清代诗人杨学述在《月夜泛舟邛海》中赞叹：天空临皓月，海上最分明。境过银河界，人来水廓城。龙宫悬宝镜，蜃高接蓬瀛。著名学者朱偰游历众多城市，是我国著名的古城研究大家，游过西昌，欣然感慨："我曾泛舟西湖、鼓棹洞庭、横绝太湖、登临鄱阳，觉得洞庭雄阔，鄱阳奇伟，太湖深秀，西子浓妆，邛池淡抹，各有千秋，邛池尤以恬静见胜。"

一、邛海

邛海之名，见于《汉书·地理志》：邛都南山出铜，有邛池泽[1]。《汉书》记载"邛都南山出铜"，下引《南山志》曰：邛都县东南数里有邛河，纵广二十里，深百余丈，多大鱼，长一二丈……[2]邛海是怎么形成的呢？在这个问题上，众说纷纭，影响最大的算是邛海地震下陷说了。关于邛海的形成，有口头传说、文字传说和地震文字记载：口头传说有"小青龙的传说""滚钟坡的传说""珊瑚树的传说""渔姑的传说"等等；文字传说有东晋干宝的《搜神记·邛都大蛇》、南梁李膺的《益州记》、宋代的《太平广记》《太平御览》；地震文字记载有《后汉书·西南夷列传》《西昌县志》《泸山碑记》、顾炎武的《天下郡国利病书》、周询的《蜀海丛谈》等。

南朝梁代李膺在《益州记》中曾有记载。

> 临邛郡下有老姥，家甚贫，孤独，每食辄有一小蛇，头上有角，在裈裆之间，母怜而饲之。后渐长大，丈余。县令有马，为此蛇吸之，令因大怒，收姥。姥云："在床下。"遂令人发掘，愈深而无所见。令乃杀姥。其蛇因梦于令曰："何故杀吾母，当报仇耳"，因此每夜尝闻风雨之声。四十余日，一夕，百姓相见咸惊，皆曰："汝头那得戴鱼"，相逢皆如此言。是夜，方四十里，一时俱陷为湖。士人谓之邛湖，亦曰邛池。其姥之故宅独不没，至今犹存，渔人采捕，必依止宿。[3]

---

[1] 班固. 汉书 [M]. 北京：中华书局，1962：1600.
[2] 范晔. 后汉书 [M]. 北京：中华书局，1965：3511.
[3] 孙琪华. 益州记辑注及校勘 [M]. 成都：巴蜀书社，2015：76.

清代何东铭地方文献《邛嶲野录》卷六也有相似记载。

> 邛都郡下有老姥，家贫孤独。每食，辄有一小蛇，头上有角，在袊之间，姥怜而饲之。后渐大，长丈余。县令有马为此蛇吸之。令因大怒，收老姥。曰："在床下。"遂令发掘愈深而无所见，令乃杀姥。其蛇因梦于令曰："何故杀姥？当报仇耳！"因此每夜常闻风雨之声。四十余日后，百姓相见咸惊，皆曰："汝头那得戴鱼？"相逢皆如此言。是夜，方四十里一时俱陷为湖。土人谓之邛河，亦曰邛池。其姥之故宅独不没，至今犹存，渔人采捕必依止宿。又方言此水清至底，犹时见城郭楼槛宛然。①

这两处记载与干宝《搜神记》所言大同小异。以神话传说来解释邛海的形成，大约以干宝始，后世遂相传，邛海的形成时间应在公元元年以前，因《汉书·地理志》记载元始二年（2年）全国地理状况，已有此湖。

邛海地震下陷说在多本书中都有记载。

《后汉书·西南夷列传》：邛都夷者，武帝所开，以为邛都县。无几而地陷为汙泽，因名为邛池。南人以为邛河②。

《华阳国志》：越嶲郡，故邛都夷国也。秦时尝通为郡县。汉武帝复开，以为邛都县。无几而地陷为污泽，因名为邛池，南人以为陷河③。

《宁远府志》：邛海，在府东南十二里，周围百里而遥。有鱼蛤之利，汉地理志邛都县有邛池泽，西南夷传邛都自武帝开为县，未几陷为汙泽，因名邛池④。

《邛嶲野录》：汉武帝元鼎六年（公元前111年），开邛都夷，以为邛都县，无几而地陷为汙泽，因名为邛池⑤。

另外，《泸山碑记》碑文也有记录：迨至嘉靖年间，地震坍塌，段氏所施之田，尽皆化为沧海。

邛海是西昌的标志，历来吟咏邛海的诗文甚多，诸如以下诗文。

李拔萃《龙赋》：西蜀之角，建昌之郡，有一海焉，名为邛池。是海也，水波不扬，赛三江之浩荡，瞬息可至，胜五湖之汪洋；纳众流于一隅，钟灵秀于八荒；鱼鳖随波而优游，虾蟹逐流而徜徉。钓之网之，堪适志也；取矣鬻矣，自繁昌焉。这段文字写出邛海的波澜浩阔与丰富的物产资源。

杨学述《建昌竹枝词》：行同镜里认邛池，向晚游观景更奇。昨夜月明千

① 何东铭. 邛嶲野录［M］. 影印本. 成都：巴蜀书社，1992：78.
② 范晔. 后汉书［M］. 北京：中华书局，1965：2582.
③ 常璩. 华阳国志校补图注［M］. 上海：上海古籍出版社，1987：204.
④ 佚名. 宁远府志［M］. 影印本. 西安：西安古旧书店，1960.
⑤ 何东铭. 邛嶲野录［M］. 影印本. 成都：巴蜀书社，1992：568.

顷碧，谁浮一叶赋新诗。这首诗描绘了邛池夜月。

书纶《西昌杂咏》：邛池非海水，绝底暗通潮。天影落虚净，山光随动摇。如何挟夏雨，遽乃漫秋苗。不道长河广，波澜渐渐消。这首诗写邛海的美景，也写夏雨季节时邛海有短期的水患。

陈光前《邛海棹歌》：桂花桥畔月如钩，倒影孤亭水面浮。十里芰荷香不断，推篷遥指沈家楼。这首诗选取了邛海几个有代表性的景致来展现山光水色，如桂桥赏月是西昌的一大景致。

邛海不仅景色绝佳，也给西昌带来了富庶，安宁河谷的冲积平原和阳光造就了除成都平原外的又一个天府，考古发现的大石墓和众多的耕作器具就是农业繁荣的产物。天府的概念在这里得到升华，除了平畴沃野的果蔬飘香，西昌人还拥有渔猎之乐。邛海渔业史可追溯到两千多年前，至今仍保留着在渔船上举行祭祀活动的"开海节"习俗。"开海节"民间俗称赶海节、祭海节，是一种千年渔文化的古老习俗，有祭海典礼、开海仪式、渔家风情表演、勇渡邛海、品味渔家美食等活动。

二、泸山

古人云"邛海水中月，泸山顶上松"，邛海、泸山相依相连。

汉魏朝时，泸山称为"蛙蟆山"，因状如踞蛙又位于嶲州而得名。

泸山，《西昌县志》云：在城南十里，邛池之南，雄深秀拔，由麓至顶约六七里，自下而上，刘公生祠等凡十五寺庙……泸峰在晋时为秀拔，而《水经注》则以为蛙蟆山，或以其踞水形状而名之也。（其水）泉水涓涓，流树底，触石，铿然有声，与钟声相应如闻乐[1]。

何东铭《邛嶲野录》介绍泸山，转引《四川通志》：在（西昌）县南十五里西，近古泸州，故名。山势雄伟，下临邛池。"《水经注》邛河中有蛙蟆山"即此。《邛嶲野录》卷六云：（泸山）在县南十五里，山势雄壮，下临邛池。邛河中有蛙蟆山[2]。

嘉庆本《宁远府志·山川志》卷六载：泸山，在府南十五里。《水经注》"邛河中有蛙蟆山"即此。峰峦秀耸，下临邛池，登临之下，豁人心目[3]。

从以上的记载可以看出，泸山的历史文化资源相当深厚。泸山之名始见于

---

① 郑少成. 西昌县志 [M]. 民国《西昌县志》重印本. [出版者不详]，2012：78.
② 何东铭. 邛嶲野录 [M]. 影印本. 成都：巴蜀书社，1992：78.
③ 佚名. 宁远府志 [M]. 影印本. 西安：西安古旧书店，1960.

《晋书》。据考证，古时曾称雅砻江为"若水"，其支流安宁河为"泸水"，蛙寓山位于泸水东岸，唐人因其名欠雅，其苍翠黛色如泸，且近泸水（安宁河古称），故改称泸山。

泸山南依螺髻，东临邛海，由麓至顶8公里，先后建有佛、道、儒三教寺庙15座。修建最早的是泸山第一寺，即隐溪寺，据考证始见于东汉；修建最晚的是刘公祠，建于清光绪初年。而今得以保存的有10座庙观，自下而上为：光福寺、蒙段祠、三教庵、文昌宫、观音阁、瑶池宫、玉皇殿、青羊宫、三清观、五祖庵。

泸山儒释道三教并存，光福寺、三教庵、观音阁由僧尼主持，祖师殿、瑶池宫、玉皇殿、青羊宫、青牛宫、三清观由道士主持，文昌宫、文武殿属儒教。武当、青城为道，峨眉、五台尊佛，各地孔庙敬儒，泸山的亮点为三教合一。三教教务活动互相支持，如儒家祭祀（农历十一月初四），道家的庵会（老君会、玉皇会、蟠桃会），佛家的弥陀会、大佛会、观音会（农历二月十九、农历六月十九、农历九月十九）都要互相朝贺。

从《西昌文史》的记载可知：由泸山、邛海组成的景区，被称为川南胜景。泸山有"半壁撑霄汉，宁城列画屏"的气势，泸山山形"大体环圆，上狭下广如覆钟"。泸山有"三奇"：蒙段祠前古柏（奇树）、三教庵"三教合一"寺观（奇教）、五祖庵泉水（奇水）。"三教并存"的奇妙景观诠释着泸山的博大与包容，五祖庵圣泉水润泽着这片土地的毓秀生灵，古老的汉柏承载着千年的历史，先贤留下的美好篇章给人们以美好的遐想，亮若明烛的月光洒满松林，鸟瞰邛海，会望见"月出邛池水，空明澈九霄"的盛景。

泸山"三奇"之一的蒙段祠古柏，承载着动人的传说。清光绪年间举人，在亮善、台登、泸峰等书院主讲的刘景松写过一首《蒙段祠古柏歌》：

苍龙天矫拏云起，欲上朝帝帝日止。
留与山灵作壮观，雨鬣风鳞半青紫。
霜皮驴迹印模糊，神女当年事有无？
蒙耶段耶谁辨此，惟觉云气时蟠纡。
泸峰蠢蠢荫嫌狭，邛海汤汤饮悉枯。
闭关下键防飞去，夜半雷电撼灵株。
我昔曾经梓潼邑，晋时柏在惟枯立。
又尝瞻拜武乡祠，柯铜根石觅不得。
惟兹神物久弥彰，沧桑历历记应详。
唐宋战争腥歊涤，圣朝休养泽流长。
柏乎！柏乎！大厦防倾须栋梁，万牛将尔贡玉堂。

诗歌以丰富的想象赋予这株古柏神奇的形象，记叙了有关古柏的民间传说，写出古柏得天独厚，历经沧桑，可以说是历史的见证。蒙段祠在泸山光福寺内，《西昌县志》称"盖唐宋时蒙氏段氏，割据此州，后人立祠以祀之也①。蒙段祠前的汉柏，是泸山奇观之一，闻名遐迩。这株古柏，虬枝盘错，苍叶疏落，树围8.5米，经鉴定是汉代所植。传说古柏树干近根处有段氏女赶驴飞升的印迹。《西昌县志》载：泸山光福寺有蒙段祠。昔段氏女事母行孝，好善守贞。常赶驴驮米送寺斋僧诵经。一日忽大雪，送米至古柏树下，将解驮，而驴已向空去矣，其女望之，亦飘然而去，只留仙骨不朽。其树上驴迹、石上足迹至今犹存②。

光福寺，原名飞梁寺，俗称大佛寺，由天王殿、望海楼、观音殿、大雄殿、蒙段祠、三圣殿组成。据史志记载于唐太宗贞观十五年建成（642年），据清光绪八年（1882年）《泸山寺本末源流志》记载：忆其创建自汉唐，培修在明清，中历元宋，其间佛侣仙僧荟萃称盛，彤墙峻宇，巍峨壮观，越千百余载以矣。弥勒殿大梁留有"唐贞观十五年建明万历二年重建"的字迹。至明宪宗成化元年（1465年）赐名"光福寺"，光福寺山门门匾原为明宪宗朱见深御笔，现为原中国佛教协会主席赵朴初题写。

清代大书法家何绍基曾登泸山，为光福寺题楹联：野炊几人游欲醉山中索酒郎，村居随处好又逢湖上望海楼。光福寺大雄殿西面山墙里的《泸山碑记》，是明朝永历年间立的，碑边有一对联：欲知蛙山胜迹，请看佛地遗碑。

望海楼石碑上有一首诗云：汉时宗臣问遗迹，唐家节度复雄边。苍茫古木荒城外，两度秋风思悄然。这首诗指出了泸山的深厚历史底蕴。

清朝同治年间西昌举人颜启华所作的《泸山赋》展现了泸山的整体风貌，文分四段。

第一段交代了泸山所处的地理位置。

> 半壁孤峰，千秋万古。豁我胸襟，扑人眉宇。障邛海之波澜，作郡都之门户。一览而众山皆小，别有洞天；千寻之绝顶难攀，何年积土？泸真可渡，写万里之长天；山不在高，听一楼之急雨。原夫巂州有泸山也，螺髻东环，马鞍南伏。西来之雪岭争妍，北去之锦江竞秀。名图览自地舆，古寺兴乎天佑。陟岑楼而望海，水静云平；背城郭以浮烟，晴初雨后。

第二段写泸山四时昼夜昏晨的奇丽景象。

---

① 郑少成．西昌县志［M］．民国《西昌县志》重印本．［出版者不详］，2012：78.
② 郑少成．西昌县志［M］．民国《西昌县志》重印本．［出版者不详］，2012：705.

若夫春花半涧，秋水一湾；荫迷松径，叶落禅关。领四时之佳趣，览万态以怡颜。横来几道虹桥，铺成白练；飞出半轮蟾魄，点破青鬟。手可扪星，直争辉于南斗；形还入画，讵竟爽于西山！高飞鸟道，曲绕羊肠。云霞出没，烟雾迷茫。古塔疏钟而外，危楼邃阁之旁。岚气千层，鸟将还而漠漠；涛声万壑，松欲暮而苍苍。还看杨柳渡头，依稀倒影；也似桃花洞口，仿佛生光。

第三段写爬山游兴和所见人文景观。

尔乃携酒狂歌，登林结伴。飞瀑布于危崖，坐卧云之旧馆。访孤僧于何处，云寺苍茫；看古木分无人，钟声续断。山腰之旧境如迷，山顶之斜阳欲散。句续升庵集后，五字诗成；夜归蒙段祠前，一轮月满。境隔尘寰，身偕云鹤。觅处士岩，探仙人药。抚胜迹以流连，觉幽情之洒落。欲问来时旧路，芳草斜阳；还看几处孤村，闲亭小阁。当前粉本，歌传十里渔樵；此际扁舟，指点万家城郭。

第四段写泸山景色不亚于四川省内其他名胜，以游者的感评作结。

彼夫峨峰翠郁，巫峡苍冥；云横相岭，雪压玉屏。非不嵯峨竞秀，翠辇成形。何若兹拔地千寻，作建南之保障；去天一握，钟邛部之精灵。看他欲笑容颜，开窗抱翠；伴尔甫来松柏，排闼送青！

光福寺曾有孤云、吟云两阁，因遭匪患，两阁遭毁，如今可从《西昌县志》主修傅光逊的《重修光福寺吟云阁记》中感受吟云阁的精彩与美妙。

《重修光福寺吟云阁记》第一段写道：光福寺据泸山中麓，北面邛海，五祠环拱，离合异势，以烟林丽属，回抱寺于苍霭中，而吟云阁适当其前。左飞阁，右高邱，若大鸟之两翼，蔽海东西渚，时于林隙见水光，若不可穷者。独东北隅水天辽阔，豁然无翳，其大观也。这一段写吟云阁位于泸山中麓，依山傍水，寺庙环拱，丛林相连，烟雨霏微，而其东面即是邛海，视野开阔，有着极佳的地理位置。

第四段写重修后的吟云阁：当夫夜雨朝霁，蚤起临轩，鸟语如簧，蘦卉之芳秀，爽然拂衣袂间。俄而旭日光景自东隅射入，遥见叠岫戴云，渔村拥翠，因蒙气之折光，皆摄远景倒映澄潭，魏波动之，激滟涵虚，远近异色，如金，如丹，如黛，如匹练，如碧玻璃，随鱼龙嘘气荡为回文，而轻烟一缕，若引孤线，联远舟人影与晴空飞鸟，迤逦接于水天之际。此其变态，岂孤云阁所得而同感者哉？若夫风涛雨雪，泉石花鸟，送远响，骋生态，悠然会于耳目，与夫四时朝暮可喜可愕可慕之状，莫不待其机尽其变，纷然而感触，以任览者之自得。该段最后一句"余知今而后跃然登、欢然饮、翩翩然然以舞以蹈、歌声琅琅若出金石者，踵相接、声相和也"能够看出作者的兴奋之情溢于言表。

三、卧云山

泸山光福寺东南约五里处有卧云山。卧云山又名云雾山、青云山，清嘉庆年间更名卧云山，是泸山邛海风景区的著名景点。卧云山上有沈家祠。沈家祠为沈氏家族所建。明代初年，江苏昆山籍沈华迁家建昌（今西昌）；传五世至沈恩，明代隆庆年间以云南同知归林下三十年，买卧云山建祠；又七世传至沈林（字鹤亭），其对沈家祠精心增葺扩建，遂成大观。所谓"沈祠以清幽胜，孤云以轩朗胜"，沈家祠乃泸山游览的最佳景点之一。

张义存的《沈家祠记》对沈家祠的景致作了详细描绘：

泸山之坳青云山，旧有祖茔，山如屏，海如镜，登者称胜观焉。壬午春，予随诸友历游其地，见其经营意匠，颇费精心。山之麓有路坊；宛转寻径而上，山之腹乔松万蠚，翠盖齐天；山之湾有碑亭，古帖可临。其西大石之下清泉潺潺，四时不涸，因结小桥，曲径通幽。中则茅亭一座，夏凉冬暖，仅容三五人。亭之外，石壁千尺，垒垒如天造地设。亭之旁，栏杆迤逦，奇花翠竹，落英缤纷。升石级得门而入，则奉先堂焉。堂之侧则思孝亭，凛然见双亲遗像。其左读书室，其右望海楼。大小渔村，烟里迷离，往来钓舸，波间隐约，气象万千焉。及谒茔园，见周围翠柏苍松，尤令人思培补之功，非旦夕所至。

这篇散文的作者张以存，字义门，西昌人。入盐源学，清代嘉庆六年（1801年）辛酉科拔贡。家居授徒五十余年，曾主讲于泸峰书院。《沈家祠记》中的这一段文字描写沈家祠的风景和建筑物，写出卧云山曲径通幽、奇花翠竹、苍松翠柏的幽丽景致，赞其为"胜观"。

关于卧云山沈氏宗祠，西昌本土文献记载颇丰。《西昌县志·地理志·名胜》载：（刘将军祠）又东五里，业植橙、橘、柠、榌、梅、栗、柑、李，岑嶜回折，曰沈祠。沈祠之先，在嘉庆中傍山建亭台槛榭，水木明瑟，为一郡雅观。名流至者，咸集于斯。道州何蝮叟有"野饮几人偕，快醉山中索郎酒；郊居随处好，又逢湖上沈家楼"题句，可想见其胜概矣。楼在癸巳（1893年）秋为利厄木呷夷作乱所毁，今谋重修未竟①。

西昌举人张联芳在《卧云山沈氏宗祠》中介绍了沈氏宗祠来历：沈氏，昆山人，明初有华一者任指挥，遂家建昌（今西昌）。五世名恩，字大川，隆庆中以云南同知归林下三十年，买泸山东境曰云雾山为祠，有徐举训志其德政。

---

① 郑少成. 西昌县志［M］. 民国《西昌县志》重印本.［出版者不详］，2012：79.

又七世至鹤亭名林，更号为青云山。又因聂蓉峰降乩望云阁，改号卧云。建燕翼堂，旁翼夹室，中敞以门，东辟长径，由门西折，北向营祠与客堂各三楹，祠南即阁。周绕回廊，其左折西行，因泉凿池，名以鉴心。东作茅亭，名以话雨。东北筑小亭，曰思孝。再由泉循西流，度以桥，曰咏归。竭十数稔之力而具。名士观者，题赠额联为盛。后又增置堂后三楹，东庑曰松爽轩，西曰敦诗山房，北曰总祠。浼萧心田大书"孝、弟、忠、信、礼、义、廉、耻"于壁，与城中沈氏药室"万病壹针"字并垂不朽。按此祠曲折，每转不测。前学使发落后即一游，故多蓉峰、暖叟笔迹。清末沈荣甫理之。卒扰于夷，岂五百年盛衰之候耶！文中介绍沈祠来历、布局，单从其中亭台楼阁名称亦可想见当年祠堂盛况。文末补叙：鹤亭为铜政房吏。部六房曰吏、户、礼、兵、刑、工。其总理铜政，有房无吏，吏每捐杂职，驻省嘉定、雅州，房书主运。鹤亭裱李际泰（字月岩，号亦了道人，诨名李闯王，西昌河东街人。善草书，宗怀素，行书亦佳。沈鹤亭的表亲）书，为佐二戴三锡所喜，遂赠之。戴升至宁守，甚相得。凡乌坡（今属昭觉）、金马名厂之铜，命鹤亭验收。所余耗铜分润，故葺山有资。适琦侯督蜀巡边，鹤善酬酢，戴府保至川督，即瓜代琦，旧传如此——而鹤亭好施，凡公益不吝①。这处补叙就把能修建如此恢宏祠堂的原因讲清楚了：一是经费来源（铜矿"余耗分润"），二是沈松其人秉性所致（乐善好施，"凡公益不吝"）。有力有志，方可成就一番作为。

由于卧云山风水灵秀，沈氏于明隆庆年间在山之凹建祠，又经后人着力修葺，此处亭台楼榭文气、雅致，沈家祠与卧云山构成了邛都八景之一——"卧云烟雨"景观，成为文人学子、名士雅客流连徜徉之处。

清代著名学者何绍基于咸丰四年（1854年）主持宁远府科考，曾游览卧云山沈家祠，与同行者畅饮美酒，饱览秀丽景色后，欣然在沈家祠题下对联：野饮几人偕，快醉山中索郎酒；郊居随处好，又逢湖上沈家楼。索郎酒为古代美酒，原名桑落酒，传说为河东郡民刘堕用黄河之水酿成。该联上联写畅游快醉，乃记事；下联赞西昌郊外处处美景，而尤以"湖上沈家楼"为最。妙在下联的赞美暗自补足上联的野饮之地，上联的叙事"野饮""快醉"也是景中之乐，暗含了下联的赞美。两联虽各有侧重，又珠联璧合，共同表现出卧云山沈家祠景色的优美。

民国时期编撰的《西昌县志》记载了邛都"八景"和"六名胜"，这些名胜几乎都集中在邛海及其周围景区，如"碧浪朝阳"与"大风吹水向东流，旭日初升朝嶲州"；"邛池夜月"与"月出邛池夜，空明澈九霄"；"西沼采莲"与"郎去采莲叶，翠盖卷舒云叠叠"。"龙行甘雨"说的是邛海边的青龙寺，青龙

① 郑少成. 西昌县志［M］. 民国《西昌县志》重印本.［出版者不详］，2012：82-83.

寺为邛海岸边一古庙。《西昌县志》称青龙寺为邛都名胜之四，并附西昌著名画家马骀国画一幅，画面上悬崖屹立，惊涛拍岸，帆舟破浪，寺隐山巅。随画配有一首诗：青龙古寺镇邛湖，嫋嫋春风咏舞雩。万顷澄波光对照，千年乔木荫旁敷。据清代同治元年（1862 年）的《公生明碑》记载，青龙寺创自明时……有前、中、后三殿，神像森严可敬，戏台亦巍峨壮观。说到青龙寺，有一个美丽的传说，说是很早以前，一渔民在邛海打鱼，经常看到一块五光十色的东西飘在海面上，时隐时现，见到它的那天捕鱼就能满载而归。渔人异之，便划桨近前一看，发现是一块石头，遂将其装入船舱上岸，欲抱回家中，却越抱越重，及至半山，堕地不能举，于是就在此建筑寺庙。《西昌县志·地理志·古迹》记有"青龙浮石"：相传邛海深处，古有石浮水面，渔者异之，畀之山半，坠地弗能举，因建寺以存之[1]。青龙寺位于邛海东岸，关于它的传说，西昌人早已耳熟能详。自然与人文相得益彰，使西昌景观更增添了几分灵秀与韵味。

山无水则不灵，水无山则不秀。邛海、泸山山水相伴，一南一北，一阴一阳，和谐完美，得天独厚，孕育了邛海、泸山的千年文化。邛泸景区与西昌城区毗连，形成国内不可多得的山、湖、城相依相融的独特景观和优美的人文环境。

四、螺髻山

螺髻山，因其形状似青螺、如玉髻而得名。奇峰、五彩海子、温泉、瀑布、古冰川构成了雄、奇、险、秀的螺髻山。螺髻山诸峰、螺髻山天池、螺髻山瀑布是诗人们常常吟咏的对象。

《西昌县志》记载螺髻山：山中冰化源泉，烟霏林箐，露零芳草，水磨奇石，百鸟飞鸣，群兽啸舞，鳞介潜渊，阳蒸荫郁，烟烟云云，静而成岚，动而成风，升而出云，降而作雨，朝霞暮露，洋洋育万汇而成变化者，举于此神隩焉见之。其景物之佳，宝藏之富，形势之雄，苞奇孕灵，蕴精闳采，太始以来未之发也[2]。

《邛嶲野录》卷六记载：在县东南四十五里，其山高耸，顶如螺髻。上有螺髻寺，四时积雪。螺髻山仙矣，最难得见，故谚有"隐去螺髻，始现峨眉"之谣[3]。

---

① 郑少成. 西昌县志 ［M］. 民国《西昌县志》重印本. ［出版者不详］, 2012：87.

② 郑少成. 西昌县志 ［M］. 民国《西昌县志》重印本. ［出版者不详］, 2012：31.

③ 何东铭. 邛嶲野录 ［M］. 影印本. 成都：巴蜀书社, 1992：78.

《西昌县志·地理志·山脉·螺髻山》载：螺髻山，为县境中南部特起之高山，支脉分向各方，惟南北二支最长……（螺髻寺）东，隔沟为青龙、大箐诸山，寺西五里，隔窑沟。沟右即寺之中干。纵行六七里，抵邛海岸。转西曰白云山，沈家祠在其东麓。沟左灵峰崛起，大体环圆，下广上狭如覆钟，而顶作圆锥形，稍下成叠圆，俗称纱帽顶，即泸峰最高处。巘巘尊尊，厚重庄严，汉代名蛙寓山，《晋书》曰泸山。山阳有香水岭，东有窑沟，皆蛮夷出劫必由之唯一要道，险隘无比。昔拓殖公司亦曾于香水岭建营寨碉楼，设丁防守，自岭而下即纱帽顶。越岭为干海子，为门坎山，为五祖庵，自此以下历十五寺观至大草坝，抵邛海岸而止。此为泸山之阳（阴），东与白云山相联。西起余脉即鹿葱山、马鞍山也。泸山为螺髻山全体之结顶，县城之屏岸，万木森森，苍翠雄秀，各寺院景物与白云山沈家祠同称名胜[①]。

杨学述的《建南十景诗》之六《螺岭积雪》写道：螺峰高万岭，晴日画中看。残雪千年积，深山六月寒。诵经衣怯薄，觅路力俱殚。仙境谁能到，飞来鸟亦难。螺峰，即螺髻山。这首诗歌描绘了螺髻山高峻挺拔、残雪千年、六月深寒的奇特风光，螺髻山仿佛天上仙境，连飞鸟也难以到达。

《建南十景诗》之三《东岩瀑布》写道：谁凿高峰顶，奔来最上头。千寻飞素练，百丈下通沟。溅雪喷如怒，穿云冷似秋。蟠龙惊欲起，不复在沧州。这首诗歌描写了螺髻山上的瀑布，写螺髻山悬岩高处的瀑布飞泻直下，如千寻素练从天而降，溅起的飞沫如怒雪飞扬，气势威猛，似乎要惊动起水中的蟠龙。何钟英《螺髻山瀑布》则写道：石壁高千仞，银河下九天。上下三银汉，东西两玉虹。晶帘长不卷，叠叠翠微前。合分因地脉，起伏亦天工。这首诗歌描绘了螺髻山瀑布依山飞泻，犹如银河下九天，又如晶莹的长帘挂在青翠的山巅，写出螺髻山瀑布气势雄伟的壮观景象。

清代举人颜汝玉《游螺诸峰，时白云遮满》写道：好酒如名士，乐与诗人谯。好山如处女，羞与外人见。茂林帷幄张，隐隐螺髻现。我来访仙踪，痴云竟遮遍。蜡屐心徒雄，攀萝力已倦。岂是桃花源，问津空眷恋。安得携巨灵，手握吴猛扇。为我挥痴云，一会青山面。诗人用奇特的想象和新巧的比喻，写出了螺髻山独特的韵味。

螺髻山上有大小冰川湖泊 30 多个，色彩各异，天池为其中之一。天池位于海拔 4 000 米的驼峰山麓，呈暗红色，旧名黑龙塘。作者朱偰在螺髻山探胜游览，其《螺髻山探胜记》中写道：庐山有天池，因王阳明之诗而得名；天目山之有天池，因郭璞之诗而得名。然庐山天池逼窄，天目山天池淤浅，皆无螺髻山之天池气象。朱偰的《螺髻山天池》描写螺髻山上的天池：天池非海水，

① 郑少成.西昌县志［M］.民国《西昌县志》重印本.［出版者不详］，2012：30-31.

绝顶暗通潮。云影落虚净，星光随动摇。骊龙时出没，鱼鸟共漂潇。我欲浮槎去，蟾宫探寂寥。

据民国时期《西昌县志》记载：西昌城南仙人洞为螺髻山七大名景之一，为邛都八景之一，名"幽深奇观"，并誉为"蜀西南第一奇洞"。螺髻山自汉武帝开西南夷之后，遂有南山、紫薇山、白头翁山、帽盒山、帽髻山等名字的演变，至唐时南诏第十一世王蒙世隆承建主峰附近的佛教密宗——大小螺髻寺，螺髻山之名便延续至今。

曾任云南路益州知府的西昌人马中良写有《游螺髻山记》，其中就有"谚曰，螺髻山开，峨眉山闭"的赞誉。

颜汝玉曾作《螺髻山赋》，称赞螺髻山。

境或异夫峨嵋，名可齐乎姑射。悬崖峭壁，蝉垂翼分鬈轻；峻岫崇巅，雁刷翎分额窄。凝形象于古今，想风姿于朝夕。梳来奚自，一弯之新月高悬；栉去何由，万里之长风是惜。恰好山云出岫，云髻初添；恍凝翡翠为屏，翠螺远积。是宜探异地于东南，望遥岑之隔绝。真造化之安排，迥尘埃之朗澈。天公戏玉，入眼晶莹；仙女散花，当胸点缀。冬山如睡，睡时而髻影低垂；秋山如妆，妆罢而髻形高洁。万缕之柳丝缭绕，鬘恰如丝；四时之严雪婆娑，头真似雪。

民国时期《西昌县志》曾记载邛都八景之八"螺岭积雪"。

岩岩螺峰，皎然雪亮，积自鸿蒙，坚冰十丈，霞集随时，消有限量。云压重林，盘髻而上，峻极华巅，是寿者相。瑶台玉戏，银河波宕，翕受三光，精含宝藏。金马碧鸡，牦牛云贡，四镇迎辉，环拱相向。隽水资源，凉山风飏。云起荔荔，甘霖酝酿。气化高寒，解兹炎瘴，泽遍邛州，万民所望。

这段文字展现了螺髻山胜境。

第三节　凉山地方志胜景举隅

一、泸沽湖

据《盐源县志》记载，泸沽湖被称为勒得海，在县西百里，亦曰鲁枯湖。中有三峰，谓之三岛。与云南丽江府接壤。

《盐源县志》记载了泸沽湖美丽的风光和湖中盛产的鱼类，称：左所有巨泽，周七十里，曰鲁枯湖，俗称勒得海子，奇境也。汪洋澄碧，中峙三峰如岛。夏月萍花浮湖面，红紫相间，大若牡丹。土官寨在中岛之上，往来以大舟。湖产鱼二种，一鳞粗皮厚，大可余斤；一无鳞，如鳅，俗谓筒筒鱼。滨湖夷民，豕畜无须豢饲，放之湖畔，恣啖虾蠃之属，至易肥茁。文中"左所"系泸沽湖所在地的旧称。

摩梭人生活在泸沽湖畔，"摩梭"称谓最早见于晋朝常璩所著《华阳国志·蜀志》，后有摩挲、摩些、末西等音同字不同的写法。南朝刘宋时期范晔所著《后汉书·志第二十三·郡国五》校注"定笮"条载曰：渡泸水，宾冈徼白摩沙夷有盐坑，积薪，以齐水灌而焚之，成白盐①。"定笮"系盐源县的古称，置于西汉元鼎六年（公元前 111 年）。

清盐源县人曹永贤在《三岛停帆》写道：祖龙求神仙，三山渺何处？不知汉武皇，开凿南来路。灵鳌鼎足蹲，飘渺疑飞渡。莫载俗人俱，恐为风引去。

三岛，指泸沽湖，位于盐源县西北与云南省宁蒗县交界处。泸沽湖有五个孤岛，其中三个三足鼎立，被誉为"蓬莱三岛"。《盐源县志》记载：岛在左所勒得海中，三峰鼎峙。矗立巍然，停帆远眺，墉影横天，蓬莱仙境如在目前。

《三岛停帆》前四句用传说故事和历史事实表达出对泸沽湖的赞美之情。秦始皇东寻海上仙山而不得，汉武帝开发西南，意外得到了，原来传说中的三神山就在这里。五六两句对泸沽湖的三岛进行了描写，三岛鼎列是因其下有灵鳌托起，它们仿佛在漂浮移动。最后两句生发遐想，三岛既是神仙所居，那就不是凡夫俗子可以去的地方，表明自己的超凡脱俗。

明代诗人胡墩赞美泸沽湖：泸湖秋水间，隐隐浸芙蓉。并峙波间鼎，连排海上峰。倒涵天一游，横锁树千里。应识仙源近，乘槎访赤松。

二、马湖

据《雷波厅志》记载：相传，昔人以牝马系于湖岸，湖中龙出与交，后产异马，因得名龙马湖，后称马湖。据《马湖府志》说，龙湖四围峻崖，长二十里，广七里，中有堆如螺髻。去大江二里。其水与江水同消长，日夕作潮。相传曾有龙马见于湖。《叙州府志》亦有相似记载，相传有龙马，昔人以牝马系湖岸，龙出与交，屡产异马。

马湖为我国已知的第三大高山深水湖泊，在今雷波县马湖乡与黄琅乡之间。围绕马湖景观众多，比如马湖上的海龙寺原建于明万历十七年（1589年），清乾隆四十八年（1783 年）重修。马湖周围寺庙众多，历史上黄琅文化在清朝达到鼎盛时期，反映在寺庙建筑、人物塑造及雕刻艺术等方面。最负盛名的是海龙寺内的孟获殿，又叫蛮王殿。殿里有三尊菩萨，孟获、孟优、摩体。

---

① 范晔. 后汉书［M］. 北京：中华书局，1965：3512.

明代刘戳《龙湖夜月》（龙湖即马湖，也称龙马湖）一诗写了马湖月夜下神奇美妙的景致。

> 龙眠湖净碧于苔，一片寒辉飞下来。
>
> 天地有心光化宇，山河分影入金杯。
>
> 鹊桥波跨秋寥廓，牛渚槎乘夜往回。
>
> 几度醉归堂府静，南楼独倚发诗才。

三、小相岭

小相岭位于喜德、冕宁、越西三县的交界之处，绵延数百里，因而在县志中有较多记载，相传因其为蜀汉丞相诸葛亮所开，故得名。《越巂厅全志》《冕宁县志》《宁远府志》等都有对小相岭地理位置、名字由来、环境氛围、历史传说的详细描述，之前章节已引用过相关原文，这里不再赘述。小相岭山势险峻、沟壑纵横、景象万千，自然景观引人入胜，同时又与历史人物相关联，因而是一处集山水、名胜、人文为一体的风景名胜区。汉代御使司马相如出使西南夷，过零关，桥孙水，直指临邛，在小相岭留下"逢山开道，遇水架桥，施恩泽于山民"的美好传说。三国时期蜀汉丞相诸葛亮南征"五月渡泸，深入不毛"，就是经零关道过小相岭入云南的，他率部在小相岭与孟获部激战后书下"今日山头"四字立碑于主峰，以纪念南征。

《冕宁县志》记载：小相公岭，在县东二百里，相传为诸葛武侯所开，故以相公名之。冕宁、越巂分界处，自登相营循麓渐上，去巅五里螺旋而登。乾隆二十八年（1763 年），邑令同尉捐修石路一千四百丈，巨壑横嶂苍翠可观，石级萦纡，行不棘足，惟冬春冰雪积冻难行耳。岭即凉山北境，为野夷出掠之所，今于其地设汛①。

清代文人钟骏声感叹小相岭的雄奇险峻和风云的变幻莫测，留下七绝一首：登高一望何雄哉，万山合沓风雨来。日脚终古照不到，四时无夏多阴霾。

清代冕山县丞幕僚陈九德路过龙潭沟，看到沟内峰回路转的景观，写下：仰望云梯步步难，飞泉叠嶂出林端。天连相顶千峰合，第地接龙潭六月寒。

四、金马山

越西县城南七公里处的古南方丝绸之路"零关道"旁，有一山，名金马山，山上林木葱茏，苍翠欲滴，越西著名的文昌祠就修建于此。传说许多年

---

① 李英粲.冕宁县志［M］.冕宁县地方志办，校编.冕宁县：冕宁县印刷厂，1996：22.

前，山上有一金马，每天早晚都在山脚下奔跑，后金马被文昌帝君收降，载帝君腾空而去。

据《越西县志》记载：相传，文昌帝君于晋太康八年（287年）降生于此，七十一化后，乘金马而去，金马山便由此得名。后人修文昌祠，以志圣迹。

《越嶲厅全志·山川志》记载：金马山，治南二十里，十景之一。《南中八郡志》云：卫南十五里金马山，文昌帝君降生处，有祠焉。即《化书》所称诞于越嶲之间也①。

《越嶲厅全志·古迹》"文昌胜迹"云：治西南二十里金马山，《化书》：晋太康八年（287年）帝君降生于此，后人建文昌祠②。

《宁远府志·山川志》"金马山"条云：在府北三百五十里，文昌帝君故址③。

厅举人李凤翔有《登金马山感怀》一诗。

我来金马游，到院日刚午。下视村落间，景象同一俯。石立水自流，云飞山若舞。因感动静机，逐逐何太苦。世有大丈夫，风教赖与主。浮华等浮云，行藏惟中矩。出为天子臣，勤劳期报补。苍生入我怀，时泽以霖雨。功立名不虚，始信儒非腐。书生志愿惬，归来赋解组，寄傲在林泉，重理图书府。天伦庆团圆，知心诗酒伍。革薄而崇忠，俾世快争睹。动静不失时，寸心可千古。相期在相符，加鞭力更努。

诗人由金马山之景受到启迪与感发，悟出一番人生哲理。

明代建南兵粮储督学道顾汝学曾写《金马山》一诗。

紫薇星灿照龙泉，栋宇宏开敞法筵。山结金胎佳气绕，水分仙窟庆源绵。主持喉舌扶皇运，管领图书启后贤。从此民风看丕变，临祠仰止思依然。

金马鱼洞为越西十景之一。《越嶲厅全志·关隘志·古迹》记载：金马鱼洞，治南三十里金马山下万斛泉涌，鱼自洞出④。明万历四十三年（1615年）举人王自诚见金马山景观，又见之泉涌，写下两首《题金马山泉涌》抒发"仁者乐山，智者乐水"的志趣：避俗探玄静日阴，青山常与白云深。岫屏览尽烟霞色，一派流泉智者心。

鸣琴石下响春滨，流水高山得趣真。听罢游鱼情若跃，子期何处觅知音。

① 马忠良.越嶲厅全志［M］.影印本.［出版者不详］，[1906].
② 马忠良.越嶲厅全志［M］.影印本.［出版者不详］，[1906].
③ 佚名.宁远府志［M］.影印本.西安：西安古旧书店，1960.
④ 马忠良.越嶲厅全志［M］.影印本.［出版者不详］，[1906].

五、玉墟山

龙肘山古名玉墟山，《会理州志·名胜》称其有"朝霞辉映，朗如玉屏"的美妙，有"群峰案列，翠叠云横"的壮观，有"嵯峨万仞，四时积雪，宛如玉屏"的美景，令人向往。

明代文士邓仪《游玉墟山》写道：鸟投巢去难栖树，樵出林来始见天。

《会理州志·封域志·山川》介绍玉墟山：由螺髻山发源入梁山，一岔入黄柏箐，一岔至仙人田。仙人田有水数塘，四时不干，由梁山至黑羊箐过三岔河有马鹿塘，塘宽七八尺，中有一物似鱼而四足隐现，无常，殆神物也。其水不可饮，饮之即癫[①]。《邛嶲野录·名胜》说此山"春日晴晖，烟霞笼罩，俨如帐帷"。

玉墟山顶有玉墟龙塘，塘侧多产奇花卉草，遇旱，祀之即雨。

明代会川人杨玉的《玉墟春帐》从不同角度描绘玉墟山春雾，情景交融，展现玉墟山之妙境无穷：青山一带画难成，朝夕烟光远近横。练拂画屏迷望眼，纱笼翠黛快吟情。弥漫林壑春风霁，缭绕村园夕朝明。好逐庆云天上去，共为霖雨济苍生。

清代会川人余锡恩游玉墟山后留下《游玉墟山》一诗：巍峨挺峙五云边，华泰虽高想并肩。绝顶有湫常带雨，下方无处不含烟。鸟投巢去难栖树，樵出林来始见天。春日浮蓝笼翠帐，巧妆图画在南川。诗人按照游玉墟山的顺序，先写远观玉墟山巍峨高耸的雄姿，再写玉墟山的气候特点，山顶多雨，麓脚含烟，最后写玉墟山林中之景。

六、会理东岩瀑布

应该说，在会理城郊的各大景致中，最负盛名的要数东郊的东岩瀑布。据清乾隆《会理州志》载：东岩瀑布在治东三十里，崖顶瀑泉直下，望之俨如白练长拖。传说，此处崖壁半腰上有块凸出的巨石，瀑泉从崖顶上流下后冲击在石上，爆开了，因此它又叫东岩爆布。此传说载入了后来的同治《会理州志》：治东三十里，岩颠飞涛百丈，从云雾中喷薄直下，至岩半横承一石，激而倒卷，望之如白练翻空，折叠下垂，岩脚有隙地，大可半亩，循迳可入。携樽小坐，恍置身于水晶帘内也。

题咏东岩瀑布的诗歌数量较多，如：

明代文人侯国弼作《东岩瀑布》。

---

① 邓仁垣. 会理州志 [M]. 影印本. 成都：巴蜀书社，1992.

越壑穿林不暂停，奔流直下挂岩扃。

垂成匹练千寻白，界破遥山一段青。

寒气逼人毛骨爽，怒吼入夜梦魂惊。

苍天不惜银河水，倾向边陲洗甲兵。

明代会川诗人马昂作《东岩瀑布》。

东岭巍巍欲插天，源泉流下翠微巅。

遥看白练悬苍壁，却讶银虹饮碧川。

夜静寒声鸣佩急，雨余飞沫溅珠圆。

潺潺不息归沧海，好作恩波遍八埏。

清会川人严尔譲作《东岩瀑布》。

才入空林爽气清，朦朦微雨湿罗衿。

如虹如练鲛人泪，疑竹疑丝叔夜琴。

满目天花拈苊笑，随风玉屑助豪吟。

庐山面目须端的，不比桃源无处寻。

明贡生刘琰作《游东岩》。

一望遥山四辟幽，劈开青嶂瀑泉流。

斜拖匹练依云幌，直挂冰帘待雾收。

响遂松涛淅邃谷，冷将山月映寒湫。

忻从石上银虹起，乐向桃源一度游。

清举人吴道馨作《东岩瀑布》。

飞来瀑布挂崖东，曲径幽林景不同。

幸有仙源滋地脉，惜无人力补天工。

千寻玉练悬丹壁，一段银河泻碧空。

洞底未知深几许，应知其下有蛟龙。

七、盐源公母山

公母山在盐源县南五公里许。公母山何人发现，兴盛于何时，无文字记载可考。

《盐源县志·舆地志·古迹》记载：公母石，在县南新庄，双向相倚，两俱无猜①。《盐源县志·舆地志·山川》谓：连理山俗名公母峰，四周为盘谷，户重掩乎洞天，一石凌霄，下岐上合……行人皆循径入穴，如穿珠蚁，如出龙洞。龙盖真箭笀天门，桃园地势矣②。

---

① 辜培源. 盐源县志［M］. 影印本.［出版者不详］，［1898］.
② 辜培源. 盐源县志［M］. 影印本.［出版者不详］，［1898］.

谢继由《公母山歌》一诗收录于《盐源县志》，写得极具人文色彩。

> 太极初分阴阳后，天地开辟先夫妇。东华真气王公受，西华妙气
> 降王母。大父大母本乾坤，公母之名从此有。乾坤六字男女奇……天
> 外三峰各鼎峙，争似此山骈体合抱为最亲。一而二之二而一，宛然淑
> 女君子成令四。雨为沐兮风为栉，幕天席地宜家室。诸峰罗到皆儿孙，
> 二老终古犹促膝。堪笑骈头且比肩，晨夕依依未曾眠。两情缱绻复缠
> 绵，中分一字走云烟。伉俪不特虚名扬，毓秀钟灵发育长。人怀小石
> 入闺房，施梦熊罴叶弄璋。以故祷拜频来往，益信嵩生岳降非荒唐。

清嘉庆举人、盐源人陈震宇的《公母山得句》二首描绘了公母山周遭环境，对公母山二石进行描绘和咏赞，赞颂二石"磊落昂藏品亦尊"、天然无饰的朴实美。

> 山置偏隅迹久沦，奇观终许壮乾坤。
> 西来爽气迎眉色，南望清流绕足根。
> 骨岂孤寒空倚傍？峰无向背尽儿孙。
> 莫疑此处窥天小，磊落昂藏品亦尊。
>
> 一重一掩极幽遐，入胜应教放眼赊。
> 路斜直疑通竹栝，山深惜未种桃花。
> 生成秋骨无妨傲，阅尽浮云总不遮。
> 远赏倘知真面目，那从丹粉觅烟霞。

无独有偶，在凉山境内，今德昌县永郎镇一带也有一对公母石，称"永定公母石"（永定，旧称永定营）。清代会川人万正魁有《永定公母石》一诗，借咏石来歌颂美好的爱情。

万正魁《永定公母石》：

> 天地不生无情物，纵尔无情情亦足。
> 冥顽至石复何言，犹自多情成眷属。
> 会无之北锦川旁，朝朝相伴学鸳鸯。
> 重言名利轻言别，红尘翻笑旅人忙。
> 我闻飞有比翼鸟，未必能如石不老。
> 又闻开有并蒂莲，耐久终让石姻缘。
> 壁络珠联有时散，织女牵牛隔银汉。
> 石家伉俪情何深，屈指情场风流冠。
> 望夫山上影偏孤，静夜如闻语呜呜。
> 对此饶他增惆怅，斜风细雨泪痕枯。
> 粲然儿女绕成行，一片情浓特自狂。
> 指天誓地同偕老，田妇农夫引兴长。

八、喜德公塘子温泉

据县志记载，早在明清时代，喜德公塘子温泉就曾为冕宁县外八景之一，名"温泉汤沐"，明末清初福建籍冕宁知县蔡以成有《温泉汤沐》一诗赞颂此温泉：云树萧疏透夕阳，温泉出峡自留香。振衣好把尘氛浣，追步当年鲁士狂。

明代左督刘缤西征时曾路过该泉，并在此驻扎，在岩上镌下"明左督刘率男昭勇将军刘文昭征蛮过此"。

清光绪三年（1877年）吴映乾来此任职，曾在该泉筑浴室三间，在岩边立碑明志，碑题为《修建温泉浴室碑序》。

九、凤凰嘴

凤凰嘴山，是德昌县城东北一座秀丽的小山峰，形似凤凰之首，而城中有上翔街、下翔街等古街，全城似一只展翅飞翔的凤凰，故德昌又名"凤凰城"。凤凰嘴山为道教圣地，峰顶有仓圣宫、字库塔等古迹，山腰有亭台楼阁，并有凤浴寒潭、鱼背石、白沙滩、天然太极图等景观。这些景外有景、景中有景、景景相依的奇景，是古往今来德昌人出游人气指数最高的景点之一。《德昌县志》云：德昌安宁河由来久矣，自冕越溪谷流汇泸沽，逶迤三百里，龙蛇奔放，注入下邑之区。邑东隅上旅北道，置渡船，通其往来。其潭深百尺。潭边突壅一坞，高逾数十丈，毛羽菁茵，势如凤扑，嘴如凤衔，上接清流哕哕而鸣。顶建圣阁，昭丽文风，都人士乐赏玩之。昼间树影响歆潭，游鱼戏叶，丝纶垂岸，呷鸟忘叽；夜静波恬，风含细乐，鱼灯泊照，恍若星沉，俨然月涌。美哉画景！

清代诗人李云的《望江楼凤凰嘴》也是写德昌凤凰山的：百尺危楼水一方，青山绿水绕回廊。洲边词客无鹦鹉，台上清音有凤凰。隔岸荒村成散落，大江去浪感兴亡。琼筵宴罢游人醉，螺髻峰头尚晚妆。

在西昌安宁河至德昌凤凰嘴山的山峰下，水流回旋，形成奇景，古称"凤浴寒潭"。"凤浴寒潭"为德昌名胜，有《凤浴寒潭》一诗凤凰桥南凤凰渡，凤浴江潭丹嘴露。石岩锐角悬中流，长喙纤纤堪比傅。上接甘泉灌顶来，酿作醍醐资饮漱。清风激水鸣锵锵，群鸟相从不知数。花草纷披千文章，未见扶摇九霄翥。箫韶息响渺来仪，只分阆采昌州路。凤兮凤兮吾感遇。

十、梳妆台

据《冕宁县志·舆地志·古迹》记载：梳妆台，距泸沽里许。俗传鲍三娘梳妆于此故名。汉末鲍三娘勇力绝伦，廉康贼欲娶之，不屈，与战，破之。后关索来攻，遂以城降，同为汉室讨贼，盖女中之知大义者也。台系土山，正方而平，高广约数十丈，孤峙临河，长、若、孙水皆会于此，上建有庙，民居树水参错，台下一桥，飞跨河浒，秋水澄空，怡爽心目①。梳妆台为冕宁古迹名胜之一，古往今来不少雅士登临凭吊，留下了诗歌作品。

清道光年间进士，曾任冕宁知县的书纶写下《梳妆台》一诗。

> 松风谡谡水泠泠，乱石危桥带一亭。
>
> 问讯梳妆人在否？远山依旧照眉青。

清咸丰年间冕宁文士陈九德也有名为《梳妆台》的诗。

> 高阁临虚构，宫门抱水开。脉从干嶂落，汽挟万山来。
>
> 雀噪僧归寺，钟鸣月上台。书声惊客梦，丹桂满庭栽。

十一、泸沽峡

泸沽峡指的是泸沽孙水河流域地段。据《冕宁县志·舆地志·山川》记载：泸沽峡，《通志》称"中峡，南北长五里，两山壁立，深百余丈，阔不盈寻，孙水流其中，淙淙有声。"今按：峡路蛇蟠蚓屈，回旋上下，长十余里，观音岩正当其中，缘崖架阁，即潮音寺也。登阁遥瞩，一水涌潮，漱石欲奔，山回麓转，草石幽秀。庙之上供观音像，回廊客舍阶墀级削成，浑如置身空际，缥缈欲仙。庙曾毁于郁攸，道光四年（1824 年）重建。寺前孙水关，咸丰四年（1854 年）新建②。

清道光书纶纂修《西昌县志略》"台登"条注：明洪武二十四年（1391年），景川侯曹震开河道，谓路之险者，莫甚于泸沽县。于是架阁凿崖，更辟新道。即此也。这段峡谷地带水流湍急，石峡深险，峡谷中的石崖被急流冲刷成奇形怪状的景致，清代咸丰年间，宁远知府史致康从小相岭过此，曾赋联曰：相岭孤松东南西北风债主；泸峡怪石春夏秋冬水冤家。

陈九德曾作《泸沽峡》二首。

> 建属称雄镇，泸沽第一关。双峰疑立壁，两岸欲沉山。
>
> 鸟道悬岩畔，茅篷挂路湾。潮头归足下，日夜水潺潺。
>
> 峭壁悬千仞，雄岩壮建关。峰连云补壑，岸断水分山。
>
> 石阻来溪曲，江横去路湾。青青林下鸟，日唤水潺潺。

---

① 李英粲. 冕宁县志 [M]. 冕宁县地方志办，校编. 冕宁县：冕宁县印刷厂，1996：31.

② 李英粲. 冕宁县志 [M]. 冕宁县地方志办，校编. 冕宁县：冕宁县印刷厂，1996：24.

书纶曾作《泸沽峡》。

> 两山如渴龙，共来饮于涧。蜿蜒奋鬐鬣，峭蠹孰能嫚？
> 自古荒裔区，高标阻鸿雁。建炎事邛笮，万夫荷锄铲。
> 谽谺蛮天开，屈曲连梯栈。孙水自天落，激波响珠串。
> 石奔身屡欹，云驻目千幻。仰窥日车侧，俯惊坤维绽。
> 仆夫怨崖危，思欲树篱栅。焉知造物异，发地擘双瓣。
> 迩来余嗜奇，历险已习惯。相岭视康庄，泸峡增顾盼。
> 披萝造幽顶，缘源下断岸。却望莽青苍，层螺耸疑屵。

十二、龙潭沟

陈九德在《龙潭沟》中写道：

> 仰望云梯步步难，飞泉叠嶂出林端。
> 天连相顶千峰合，地接龙潭六月寒。

龙潭沟在冕山分县东北（今为喜德县境），北接相岭关，南通登相营，为当时西昌通往成都的要道，因有潭名龙潭，有沟乃名龙潭沟。高崖深壑，极为险要，《冕宁县志》称其"一夫荷锸，千骑辟易"。

十三、文笔山

文笔山在《越嶲厅全志》中有记载：文笔山，治北大树堡后小相岭馀脉，名曰脉露顶，与清邑（清溪，今属汉源县）笔架山对峙。果勇侯杨芳建笔于上。杨芳为清乾隆时贵州松桃人，字诚村，曾随杨遇春与川黔及两湖一带军事，累官湖南提督，封一等果勇侯，加太子太保，卒谥"勤勇"[1]。

清恩贡生、越西人张昭明曾作《登文笔山》。

> 七十二峰环，云霄咫尺间。不知身在顶，只觉眼无山。
> 红日穿涛出，青天拨雾攀。登高今造极，俯视晒经关。

十四、观音岩

观音岩，在越嶲厅北二百里，在今甘洛县坪坝乡境内，地名深沟，唐时为清溪关。因其岩上有飞观音，下为观音寺而得名。观音岩颇受文人青睐，其地岑楼高出，虽浅而幽，其地名胜，寺亦闲雅，最为留题处。《越嶲厅全志·山

---

① 马忠良.越嶲厅全志 [M].影印本.[出版者不详]，[1906].

川志》记载：上为悬岩，岩似刀截……羊肠一路。

清代诗人郑成基曾作《观音岩》。

> 路转溪回岚翠昏，峰峦如削劈双门。
> 藤萝绕树熊黑立，乱石堆岩虎豹蹲。
> 野鸟避人冲渡口，群猿惊客下山根。
> 香龛一礼慈云像，水月无边是法源。

清代文人周灿曾作《观音岩》。

> 世界摩宫顶，寰区接室边。画成一叶梵，瑞现几千年。
> 日月灯光照，旃檀海气连。化身孤白岭，漏色大红天。

十五、凉山境内著名河流

据《西昌县志》称：考古邛河流见于史册者。曰孙、曰若、曰绳、曰嶲、曰浅，五水。顾历代郡县军州卫所，疆城数变，乃今多异于古所云然者①。

安宁河，文献中多有记载。《邛嶲野录》称：安宁河，一名孙水，一名白沙江，一名西泸水，一名长河，出冕宁西徼外。卷六引《明一统志》：长河自宁番卫流经建昌城西，又曰有泸水，在司城南十里。又谓安宁河，在卫西十五里瑶山外，源出宁番卫，流合打冲河，如金沙江。引《宁远府志》：在县西十五里，出小相岭，南由九盘白石诸堡桐槽，过泸沽峡与长泸二水合流。一名安宁河，又曰白沙江，即古孙水也。自冕宁县北发源，南流经冕宁县东，又南至西昌县，又南经会理州西合若水②。《冕宁县志·舆地志·山川》称：安宁河，在泸沽里许。凡邑中之水，如长、若，如孙水，如呷瓜河，皆至泸沽梳妆台而汇则名安宁河，又南经沙子塘、漫水湾、仓口、松林入西昌县界，南经宁远府城、德昌，至会理州之迷易所入于打冲河③。

若水为今雅砻江的古水名，古时也称泸水。《水经注》"又东北至犍为朱提县西，为泸江水"条称：禁水又北注泸津水，又东径不韦县北而东北流，两岸皆高山，数百丈，泸峰最为杰秀，孤高三千余丈。是山于晋太康中崩，震动郡邑。水之左右，马步之径裁通，而时有瘴气，三月、四月，径之必死，非此时犹令人闷吐。五月以后，行者差得无害。故诸葛亮表言：五月渡泸，并日而食，臣非不自惜也，顾王业不可偏安于蜀故也。《益州记》曰：泸水源出曲罗嶲，下三百里，曰泸水。两峰有杀气，暑月旧不行，故武侯以夏渡为艰。泸水

① 郑少成.西昌县志［M］.民国《西昌县志》重印本.［出版者不详］，2012：38.
② 何东铭.邛嶲野录［M］.影印本.成都：巴蜀书社，1992：84.
③ 李英粲.冕宁县志［M］.冕宁县地方志办，校编.冕宁县：冕宁县印刷厂，1996：26.

又下合诸水而总其目焉，故有泸江之名矣①。据《冕宁县志·舆地志·山川》记载：若水在县西南源出牦牛山徼外，分三支，一东南流，一东流，一东北流、至小村而合，自西而东，经木刺、瓦尾、哈哈等口至县城东南观音岩，与长河会，合流至泸沽入安宁河②。

孙水在《汉书·地理志》"台登县"条有记载：孙水南至会无入若，行七百五十里③。据《冕宁县志·舆地志·山川》记载：源出小相岭龙潭沟，经九盘、白石，南流至冕山，有红水河来注之，至泸沽会长、若二水，合流为安宁河。河较长、若，少狭，而建瓴之势过之。按此二书说法今万宁桥，即孙水桥旧址也，由此以达邛笮为正路，孙水所经也④。

书纶在《重修万宁桥记》（题下注"万宁桥，即孙水桥"）中对孙水多有介绍。《汉书》云：相如使略定西南夷……桥孙水，以通邛、笮。《水经注》云：孙水亦名白沙江，沇出台高县，即台登县，南流迳邛都。《志》称：泸沽峡，两山壁立，峡深百余丈，阔不盈寻，孙水流其中，淙淙有声。今按：孙水源出小相岭，流达泸沽。距岭四十里为阎王碥，万宁桥横焉。相传为相如故迹，与难蜀父老梁孙原文言合。县桥之古，莫是若矣⑤。

① 郦道元.水经注［M］.北京：中国工人出版社，2016：172.
② 李英粲.冕宁县志［M］.冕宁县地方志办，校编.冕宁县：冕宁县印刷厂，1996：25.
③ 班固.汉书［M］.北京：中华书局，1962：1600.
④ 李英粲.冕宁县志［M］.冕宁县地方志办，校编.冕宁县：冕宁县印刷厂，1996：25.
⑤ 李英粲.冕宁县志［M］.冕宁县地方志办，校编.冕宁县：冕宁县印刷厂，1996：142.

第四章 / *CHAPTER 4*

从地方志看凉山物产

　　歌曲《西昌是个好地方》提到西昌有好风光、好物产，比如"西昌是个好地方，泸山邛海好风光，四季太阳满春光，鱼米之地瓜果香"。

　　物阜民丰，物产丰富，人民生活安乐，幸福指数就会很高。关于西昌的物产，《西昌县志·产业志》称：溯邛都立国，即邑聚耕田，迨孙水既桥，汉民相率来兹，农工商业，悉仿外省，物之产自人力者，实不后于人，而邛池之鱼，始昌之马，备载汉书，乌坡金牛金狮等厂之铜，太守兼办以充国用，天然物品，复照耀古今，且藏于地而未宣，待加工而出品者，犹未可量……①这一段提到了西昌的渔业、建昌马、铜矿业等产业。

　　凉山矿产丰富，据《邛嶲野录》记载：西昌、盐源俱产金，西昌、冕宁、盐源俱产银，西昌出铜，泸沽出铁，西昌、冕宁俱产白铅，西昌出水银等。据《华阳国志》载：台登县山中有砮石，火烧成铁。台登，西汉置，治所在今冕宁泸沽镇，这说明泸沽的铁矿在汉代即已发现、开采。

　　《西昌县志》提到西昌以农作物为主，副产物次之，其为特产者，则有马、骡、鸭、白蜡虫及杉板②。我们知道了西昌物产丰富，植物、动物、矿物种类多。西昌竹枝词也有不少描绘西昌特产的诗篇。

　　《盐源县志》提到盐源商贸兴旺、"日日市"的景象。盐米市每隔三四日即开市，商人"朝往货而夕归""黄昏之客货牛马至者万蹴，羊豕肉数千斤"。场内交易商品种类繁多，当地出产物品山则黄金、银、铜、铅、铁、硫黄、焰硝、虎、熊、雉、鹿、杉板、松香、茯苓、香薷，水则井盐、海鲷、石花、江碧。其食酥油御麦，其衣火浣氆氇，皆中国恒无其不有者，每逢场市日，街面热闹非凡，沿街踣跼，南北迷，左右顾，不胜其欲，不知所为。忽不意逢熟人，互相径醉其归也。其聚空谈新闻，誇罕见，述星命之灾祥，状梨园之怪幻，围炉听者张目支颐，且羡且问，倦犹索语不休，明日方忆忘买时宪书③。

---

① 郑少成. 西昌县志 [M]. 民国《西昌县志》重印本. [出版者不详], 2012：103.
② 郑少成. 西昌县志 [M]. 民国《西昌县志》重印本. [出版者不详], 2012：103.
③ 辜培源. 盐源县志 [M]. 影印本. [出版者不详], [1898].

第一节　诗文中的奇珍异宝

凉山古诗文中记载的奇珍异宝主要有：火浣布、建昌马、白蜡虫、杉板、蘑菇、篾帽等，我们来一一认识。

一、火浣布

火浣布是石棉布的古称，指用石棉纤维纺织而成的布，因可以用火燃烧去除其污渍，故名之。我国古籍《山海经》上已有相关记载。由于具有不燃性，在火中能去污垢，所以中国早期史书中常称之为"火浣布"或"火烷布"。

古籍中对火浣布的记载颇多，大多写了这种布的神奇性。据《列子》记载：火浣之布，浣之必投于火，布则火色，垢则布色，出火而振之，皓然凝乎雪。大体意思是说火浣布遇火不燃，只会变得通红，布上若沾染污垢则不变色，将其从火中取出后，抖一下，反而更加白净，如雪一般。

关于这种布是如何做成的，说法较多，有人说是火鼠毛，有人说是一种树木的树皮，有人说是一种矿物。其中不乏充满神秘色彩的记录。比如周密《齐东野语》说：东方朔《神异经》所载，南荒之外有火山，昼夜火然。其中有鼠重有百斤，毛长二尺馀，细如丝，可作布。鼠常居火中，时出外，以水逐而沃之方死。取其毛绩织为布，或垢，浣以火，烧之则净①。这段话是说，东方朔撰写的书中写到南方的荒郊有一座火山，山上一直有火在熊熊燃烧着。山里有一种老鼠，有一百多斤重，鼠毛有二尺多长，毛细如蚕丝，可拿来织成布。这种老鼠长期栖身在火山中，偶尔才会到山外。在老鼠爬出山时，用水去淋它，它就会死去。然后取下老鼠的毛皮织成布匹，布匹若是脏了，在火里面烧一烧，就跟新的一样洁白。人们就称这种布为火浣布。

《齐东野语》对"火浣布"记录较详细，对此奇异之物有自己的见解。文中说，十洲记云："炎州有火林山，山上有火鼠，毛可织为火浣布，有垢，烧即除。"其说不一。魏文帝尝著论，谓世言异物，皆未必真有。至明帝时，有以火浣布至者，于是遂刻此论。是知天壤间何所不有？耳目未接，固未可断以为必无也。又举出自己目睹的火浣布一事：昔温陵有海商漏舶，搜其橐中，得火鼠布一定，遂拘置郡帑。凡太守好事者，必割少许归以为玩。外大父常守郡，亦得尺许。余尝亲见之，色微黄白，颇类木棉，丝缕蒙茸，若蝶纷蜂黄

---

① 周密．齐东野语［M］．北京：中华书局，1983：223．

然。每浣以油腻，投之炽火中，移刻，布与火同色。然后取出，则洁白如雪，了无所损，后为人强取以去①。

火浣布在《马可波罗行纪》中也有记载，文中说欣斤塔剌思州中有一种矿脉，可以用来炼制火鼠。这种火鼠并不是像我们所认为的那样，是一种动物，而是一种开采自地下的东西。

关于火浣布，有一个比较有趣的故事。汉桓帝时，当时权倾朝野的大将军梁冀得到一件用火浣布制作而成的衣服。梁冀很喜欢这件宝衣，想炫耀一番，但自己不便明说，便以举办宴会为名，邀请了很多公卿大臣。在宴会上，梁冀和别人喝酒时假装把酒盏打翻，酒泼洒了一身，梁冀接着假装非常生气，把衣服脱下来，丢在地上，对仆人说："烧了！"正在大家觉得气氛尴尬之时，那件沾了酒的衣服在火中并没有化为灰烬，只有沾了酒的位置有火焰腾起，等酒烧光之后，衣服依然完好无缺，梁冀再让仆人取出衣服，衣服就如崭新的一样。梁冀的这一系列举动成功地把宝物秀了一番。

如此神异的稀世之宝，清代的乾隆皇帝爱新觉罗·弘历听说它竟然产于中国本土，而且就在越嶲厅，在他亲自检验了这一传闻并非虚妄后，高兴极了，写下一首题为《火浣布》的诗，此诗收录于《越嶲厅全志》卷一"宸翰"，题名《高宗纯皇帝咏火浣布》。《越嶲厅全志·方物志》有过下面这段记载。《大清一统志》宁远府土产下，"空青"：越嶲厅山石中出不朽木，越嶲厅海棠堡出，土人以为灯心既烬不灰之。二物者皆不可谓非越嶲之方物也。查空青石出越嶲跑马坪山后夷地中，每大雨后此石多流出者……又不朽木亦云不灰木或以为即火浣布之本质②。

爱新觉罗·弘历曾作《火浣布》。

闻有火浣布，出蜀越嶲厅。取视勑督臣，随献言情形：
"番地五蛮山，草根石缝生，又号不朽木，其性纯阴精。
绩以织为布，穷檐日用恒。油渍或致污，投火烈焰明。
焰息布如洗，因以数段呈。"试之如所言，火浣诚副名。
初非奇特物，未见斯疑惊。耆薄尔雅疏，大秦汉书评。
艳称异域珍，耳食传虚声！

我们先来解释一下诗中的一些字词。五蛮山，不可考，应当包括越嶲厅出产火浣布之地在内。"草根石缝生"此句疑为火浣布乃是以一种石缝中所生的草根制成。穷檐即贫穷百姓之家。息同"熄"。初即始，原。耆薄是传说中的古国名，《尔雅·释鱼》"火龟"即火鼠，并引《山海经》郭璞注云：今宏天南

① 周密. 齐东野语 [M]. 北京：中华书局，1983：223 - 224.
② 马忠良. 越嶲厅全志 [M]. 影印本. [出版者不详]，[1906].

东有耆薄国，复五千里许有火山国，其山虽霖雨，火常燃，火中白鼠时出边求食，人捕得之，以毛作布，名之火浣布是也。大秦是古国名，是古代中国史书中对罗马帝国的称呼。《后汉书·西域传》说大秦国有火浣布。耳食即得传闻之事而不辨真伪就相信。

这首诗首二句先用一"闻"字领起，写明火浣布产自蜀地越巂厅。三四句写欲"取视"，敕、献、言表示一连串的君臣行为关系。接下来的十句，是督臣所言，介绍火浣布的特性。后两句"试之如所言，火浣诚副名"由"闻"而"试"，证明传言不虚。自"初非奇特物"六句发表议论，说此物过去传为异域珍宝，应是误传误信，中国本已有之。末尾属议论，也是抒情，其间有一种强烈的自豪感①。

二、建昌马

建昌马是西南地区的名马，因主产于建昌而得名。据史书记载，自宋太宗雍熙二年（985年）起，这里的马就成了献给朝廷的贡品，非常名贵。

至民国三十年（1941年），当时的军政部特在此地的袁家山（位于西昌市南郊）设"种马所"，将建昌马与国内外名马合牧，以改良品种。《西昌县志》云：军政部特于民国三十年（1941年），设种马所于县之袁家山，将以国内外名马与建马合牧，改良其种，种马所之设，其功当在汉安帝置苑之上②。

建昌马的特点是体质结实，体形小，负重力不强，但脚力甚佳，尤善行山路，能耐劳苦，特别适应山地的生态环境，适于驮、乘，并可长途托运。据民国《宁属调查报告汇编》记载，宁属之马约15万匹，每年外销6 000～7 000匹，人市交易无不乘马，民家可无一牛，但必有一马。

《西昌县志·产业志》说：建马之名噪古今，以其长于登山也，故又称山马，惟躯干不及西宁之伟③。

李调元《雨村诗话》云：川马产建昌，亦呼建昌马，小马驴，磔蹼善行，但不胜重载，亦犹朝鲜之"果下马"也。余尝重价购一马，枣榴色，惟鼻有白色直道，名"银针"。祝芷塘德麟至余家，爱之，即连鞍相赠，并作诗《建昌马》。

> 我有川驹子，银针世未闻。同心蒙见顾，回首忆离群。
> 鼻嘘三冬雪，蹄轻万嶂云。知君无所换，空自谢殷勤。

① 蒋邦泽，武谊嘉.凉山州古诗文选释［M］.成都：四川大学出版社，2007：71-72.
② 郑少成.西昌县志［M］.民国《西昌县志》重印本.［出版者不详］，2012：118.
③ 同②

诗歌写作者将自己喜爱的马赠与好友祝芷塘一事。首二句说这匹叫"银针"的建昌马乃世间罕见的良驹。三四句说此马自从与己为伴以来,甚有感情。五六句写马的特性:善鼻嗅、擅足力。末两句扣"赠"字,对友人风趣而深情地表示不望回赠。全诗写出作者爱马情深,爱友之情谊①。

三、白蜡虫

白蜡虫,俗称蜡虫。从事与蜡虫有关活动的人分为两类,一类是专门种植蜡树和女贞树的园户,另一类是专门养殖蜡虫的挂户。据《西昌县志·产业志》载:西昌境内蜡虫盛产区域较广,遍布北山、东河西河两岸、安宁河谷地带,以及德昌部分地区。虫园分高山虫园、中山虫园和浅山平原的虫园——火口(因浅山平原气候干燥,虫壳不红润,故曰"火口"),其中以中山虫园的质量最好。繁殖蜡虫,要靠虫树,即冬青树,也叫女贞。每年芒种前于嫩枝上放虫种,待至来年立夏前后,蜡虫即挂满枝头,届时摘取出售,嘉州客商也来购买。蜡虫是西昌一大财源,蜡虫养殖户很多,到处是虫山、虫园(也叫蜡园),安宁河中下游一带盛产蜡虫,有蜡园无数。《西昌县·产业志》对白蜡虫的形态、生殖、优劣、害虫、蜡业状况有详尽的介绍。

《西昌县志·产业志》:在高岭者曰高山虫园,在山半者曰中山虫园,浅山近平原者曰火口②

安宁河谷的蜡虫产量很大,究竟产量多少?据《西昌县志》载:蜡虫之生,未考始于何时,盛产区域,则有县城北山、东西两河及安宁河以西诸山,以及德昌锦川一带(注:时属西昌县域),尤以南路为多,常有一园,岁摘百挑者,昔年每岁可出六万余挑,每挑价值(银币)百元左右,诚县中一大富源也③。"六万余挑"每挑约合现在96斤,这是个不小的数字。颜汝玉在《蜡虫记》中记载:虫重四百三十二铢为一包,纸包之积,六十四包为一挑,筐挑之,岁丰通可得二万挑。盛况如此,且经久不衰。

有关蜡虫交易,《西昌县志·产业志》记载:蜡虫在宁属,惟西昌出产较盛,摘取于春余夏始(立夏前后),朝摘夕售,蜡虫诸商,来自四川嘉眉各属,购归放蜡④。西昌的虫会一般在每年立夏的前后十余天,因为蜡虫都来自山上的虫园,"非日暮不能抵市",交易均在日落至二三更进行。泸沽保哨局在孙水

---

① 蒋邦泽,武谊嘉.凉山州古诗文选释[M].成都:四川大学出版社,2007:77.
② 郑少成.西昌县志[M].民国《西昌县志》重印本.[出版者不详],2012:129.
③ 郑少成.西昌县志[M].民国《西昌县志》重印本.[出版者不详],2012:127.
④ 郑少成.西昌县志[M].民国《西昌县志》重印本.[出版者不详],2012:130.

关设卡征税，每挑蜡虫收税五贯钱，每年可收五万贯。

蜡虫是西昌一带的名优特产，也是这一地区的主要财源之一。白蜡古人多用来制烛照明，现在已成为某些工业原料，由蜡虫分泌而成。由于气候等原因，西昌、德昌一带利于蜡虫的繁殖，然而这一带蜡虫产蜡，无论在数量和质量上都赶不上乐山、峨眉、洪雅等地。于是，早在明清时期，这两个地区就自然地结成了经济联合，一种互利、互赖、互补的经济联合，即所谓"邛都虫子嘉州蜡"：在邛都（西昌）繁殖出蜡虫，售至嘉州（乐山）产蜡。

西昌古诗文中有不少涉及白蜡虫的。

书纶作《西昌杂咏十四首》（之八）：烟火千幢铸，虫园万户齐。

胡薇元作《和书硕农丈西昌杂咏十四首》（之八）：隔岸渔灯小，远山虫树齐。

周光镐作《孙水》二首（之二）：蜡树连山碧，蛮花夹岸红。

养售蜡虫为西昌重要副业，经济收入颇丰。安宁河中下游一带盛产蜡虫，有蜡园无数，每年腊月前于嫩枝上放虫种，待繁殖满枝，摘取出售。至于蜡虫的交易，其盛况更为壮观，每年立夏前后，《西昌县志·礼俗志》记载：洪雅、夹江、峨眉市虫之客，千百成群，宁雅大道，旅店充塞，大小商人，旅馆力夫，均希赶集虫会，作一岁生计[①]。由于虫子来自山间，摘取后立即赴市，故为市鲜在日中，大都自日落至二三更时，持炬交易，盖自山间摘来，非日暮不能抵市，而又不能延搁[②]。清光绪西昌贡生颜汝玉在《蜡虫记》中描述西昌西街一处虫市盛况时说：辟庙门，市晚开也；狭院落，蓝乱推也；夜光焰，火炬排也；语音殊，商人来也；评价值，声喧豗也；精遴选，意迟回也；权衡定，事已谐也；旅邸归，漏相催也。若时十余日，市乃毕。

蜡虫交易不惟西昌县城，就连村镇市场也有交易，范守己在《建南杂咏》四首之一中就有"虫果佥权村有市"的句子。

当时交通不便，蜡虫又须尽快运回嘉州放养、产蜡，嘉州虫客于虫市购得蜡虫之后，立以双层皮纸包之，每包一斤，每六十六包为一挑。价昂之年，每挑售银百两[③]。包好之后，立即结队出发，挑回嘉州。由于白蜡虫价格昂贵，商贩们往往雇佣护卫沿途保护，防止掠盗。那长长的挑夫行列蜿蜒在崇山峻岭间，杂以荷枪实弹的兵丁，那场面又是一番景象。

清乾隆举人、曾在福建安溪作知县的西昌文士杨学述有《建昌竹枝词》二十首，其第十五首云：年年养种上高枝，商贾怀金待摘时。全仗弓依联小队，

① 郑少成．西昌县志［M］.民国《西昌县志》重印本．［出版者不详］，2012：281.

② 郑少成．西昌县志［M］.民国《西昌县志》重印本．［出版者不详］，2012：130.

③ 同②

能防劫掠盗奚为。这首建昌竹枝词写了建昌人养售白蜡虫、贩运蜡虫以及武装护送虫商的情形。

清代西昌文士、道光二十九年（1849 年）贡生颜启芳（字桂山），曾写有一首题为《蜡虫》的诗，对蜡虫的生产、交易、作用等有详细的描述，其间亦杂有个人的诸多感慨。

天地之大无不有，石亦能飞山可走。

鲸长千里蟒百围，无补于人空狞丑。

蜡虫之生何其微，有足可缘羽可飞。

纷纷喙食跂行外，别有人间造化机。

西蜀由来古天府，物产于今犹沃土。

试看万里桑麻内，一种奇功天可补。

虫生蜡树谁最多，越巂以南生山阿。

邛都虫子嘉州蜡，如虹化玉龙腾梭。

正当三月四月期，蜀南虫客纷奔驰。

穿岩越岭人如蚁，正是虫生得意时。

稻草成窠女手编，如蚕在箔粟在田。

去年挂向冬青树，今岁收从朱夏天。

终年岩壑饱风霜，酝酿还如蜂在房。

生灵万亿群峰寄，世界三千一粟藏。

缘枝附叶疑钟乳，点点斜阳乱深坞。

老蚌胎从树上生，火珠齐向云间吐。

两郡遥遥千里违，虫树还从蜡树飞。

金钱十万挥来尽，邛崃九折荷将归。

荒虫走尽蜡虫伏，撼树蚍蜉遍山谷。

初如枫叶满林红，终似庾梅开萼绿。

白露为霜八月秋，蜡虫垂蜡照山陬。

忽如秋岭生微雪，道是天公玉戏留。

九转功成蜡烛光，照来离馆并欢场。

化生更作银盘戏，再造还为蜡凤凰。

我思生物各有益，蜂蜜蚕丝两奇特。

薪传火尽蜡有功，重明继照虫之力。

元宵灯火遍尘埃，凤辇鳌山九陌开。

君看一片光明烛，试问飞从何处来。

虫会是凉山境内一大盛事，《冕宁县志·风俗志》记载了虫会盛况：虫会者，建昌之大会也。邑民率植冬青树放蜡虫，等桑蚕之利。自二月起，即有洪雅、夹江各处客人，采买虫园。立夏前尽摘挑归，乘凉疾行，至宿店辄风晾，盖热则虫出故也。以一斤为一包，值银一二钱。先是他处未有蜡虫，惟邑有之，每包值银五六钱，近因西昌之树多于冕宁，而蜡又滞销，价乃减。是时，商贾辐辏，皆在虫园摊卖货物，买虫者，复多持银钱、绸布、瓷器、杂物至城市贸易，名曰"赶虫会"①。《会理州志·风土志》有"虫会"记载：虫会自二月起，商贾云集设摊卖货，货卖毕采买虫子，于立夏前摘下，乘凉疾行挑出，盖热则虫出故也。虫子以一觔为一包，每挑六十六包，名曰赶虫会②。

四、杉板

杉板为建昌名产，闻名遐迩，故又名建板。其产地以西昌北山、鱼水、普格，以及德昌巴洞、茨竹沟、麻栗、米易普济、麻陇等处为最。建板是西昌一带的又一稀世珍宝。

它是一种极其特殊的杉木材料，《西昌县志·产业志》记载：由数千年前之杉林，因地壳变动，埋没土中，经水冲出而制成者，其芳香致密经久，无与伦比③。它的名称奇特、多样，曰困杉、陈乔、阴沉，又因乃建昌特有，故又名建板。从色彩分，它有红油、紫油两种。从花纹分，它分蝴蝶花、麻雀花、云雾花等多种。其中以红油云雾花为上品。此材初由土中挖出时，有直径丈余，长二三十丈者，共被覆泥土，浅深不一，有浅至丈余者，有深至十余丈者，浅者易淘而小，深者难淘而大，以深而仅剩心材者为佳，以其香气剧烈，油汁丰富，且甚耐久故也，此种香杉花板，县人运往各大都会售卖，价值最昂贵④。此物长期埋藏地下而不朽，不见天日，独秉太阴之精，其性之清凉，固宜"为枕相赠"。但不知何时人们发现了它的另一用途，因为材料珍贵，若制作成棺椁之类售价极高，各地富贵奢侈的人家纷纷车载马驮，竞相购买，如此世间罕见的奇珍异宝重又被埋入土中。

清代诗人颜启芳所作的《车载板》就表达对杉板用途的叹息，生发不平之气。

> 车载板，杉木百围建昌产。
> 搜岩别壑深锄铲，工师得之匠人断。
> 麻雀翅，梅花丁，香气拂拂黄膘精。

① 李英粲. 冕宁县志 [M]. 冕宁县地方志办，校编. 冕宁县：冕宁县印刷厂，1996：104.
② 邓仁垣. 会理州志 [M]. 影印本. 成都：巴蜀书社，1992.
③ 郑少成. 西昌县志 [M]. 民国《西昌县志》重印本. [出版者不详]，2012：138.
④ 郑少成. 西昌县志 [M]. 民国《西昌县志》重印本. [出版者不详]，2012：139.

> 千磨万刮晶光生，载之专车世人惊。
>
> 借问此板将何用，万里风尘车马送。
>
> 朱棺漆椁富儿坟，珠襦宝带豪家赠。
>
> 出诸地内内地中，百产金华愁渐空。
>
> 山腹凿榾地无力，地媪上诉天公泣。
>
> 我思汉文重节俭，樊崇之祸独能免。
>
> 银海金凫终见收，不必更言车载板。

杨学述的《建昌竹枝词》之十六写了西昌百姓背板、贩蘑菇的情形。

> 杉木冬蘑出建昌，沿途贩运比琳琅。
>
> 背菇获利如背板，可养穷黎饿肚肠。

杉板与蘑菇是西昌外销特产两大宗，尤以杉板名贵。

据姜先杰、刘弘所著的《安宁河谷古代经济开发史》研究，杉板加工业是在安宁河谷发现杉板基础上产生的产业，也是安宁河谷具有地方特色的产业之一。杉板用深埋于地下的铁杉树（即阴沉木）加工而成，具有木质坚硬、气味芳香经久、花色斑斓、能防白蚁蛀蚀等优点，是名贵的棺椁用材，颇受达官显贵、豪绅巨贾的青睐。清末以重量计价，杉板在成都、昆明每斤的售价约为 2～3 两白银，在成都每副毛板值银圆 800～1 000 两，故价格极其高。因其产量低，输出数量也少，清代未见其统计数字，但民国二十六年（1937 年）有记载，杉板输出 800 副，价值白银 80 万～100 万两。不仅如此，西昌还成立了杉帮以管理杉板贸易①。

五、蘑菇

前面那首杨学述的建昌竹枝词已经提到蘑菇，蘑菇确乎是西昌的一大特产，其味鲜美，实为佐餐佳肴，也属菌类中的上品之一。要说凉山的菌类，简直是丰富多样，白木耳、黑木耳、蘑菇、青菌、松茸，等等。改革开放以来，菌类不仅在国内市场非常畅销，名声甚大，而且由于现代科研证明它们有防癌效用，国外市场逐年看好，西昌野生菌类的出口量随之大增。

西昌野生菌类中，有一种珍品历来受人称羡不已，本地人称之为"鸡棕""鸡枞"，它的别名很多，也称鸡脚菇、鸡松、蚁枞、鸡菌、伞把菌、鸡肉丝菇等。

明万历年间任建昌兵巡梁储督学道的范守己写了四首《建南杂咏》，第三首写道：

---

① 姜先杰，刘弘. 安宁河谷古代经济开发史［M］. 成都：四川人民出版社，2019：221.

建南好，小阁绿阴中。浅水稻田寻蛤菜，夕阳山路采鸡棕。载酒醉西风。

词中的"鸡棕"即鸡枞。《邛嶲野录》卷十四介绍：从地中野生，形象雨伞，土菌类也，夏秋淋雨，野生蔓草中，始奋如笠，既如盖，渐则批纷如鸡羽，故曰鸡；以其从土中出，故曰枞。气味较菌美，且无毒①。《冕宁县志·物产志》云：鸡埈，俗名伞把菰。诚斋云：伞不如笠，钉胜笠盖，愈嫩愈美，风味过余他菌。又有紫菌、白菌②。《盐源县志·物产》云：鸡菌尤奇，云南名菌曰鸡埈③。

范守己诗中提到的蛤菜也叫蚌蛤，是西昌一带盛产的美味佐餐食品，这一带的人也很爱吃蚌蛤，多于稻田中养殖，农副结合已成久习。

六、篾帽

篾帽又称纸帽，是笠帽的一种，它编为双层竹篾，中夹油纸，既可遮太阳，又可遮雨，以德昌所产为佳。清代西昌文人颜启芬在《西昌竹枝词》中写道：遮羞纸帽竹皮筐，知是谁家未嫁娘。杂把拿来街里卖，迎风一路水芹香。诗中所写的纸帽为西昌特产。《西昌县志·产业志》称：其最足表现建昌之工，为德昌篾帽（就形呼名曰胡椒眼帽）戴至成都等地，见者辄曰"建昌人"④。其做法为以细黄篾纵横斜组，作六角小孔，顶尖，中夹棕皮，剪倭缎若如意形，分四角包边，且蒙外顶，内坠帽碗，曰胡椒眼笠。戴以乘骑，过风不落，晴雨两用。穿心堡妇女以细篾密组，中夹油纸，缘垂近寸，顶圆中空，内蒙以布，微凹，作帽碗，妇女用之，晴雨皆宜⑤。

凉山的奇珍异宝很多，我们这里仅介绍这六种，算是抛砖引玉吧！想了解更多西昌的奇珍异宝，不妨到西昌看看，到文史典籍、古诗古文中去读读。

第二节　竹枝词中的物阜民丰⑥

每一地都有其独有的自然环境和民情风习，生活在这一地域的人们自然会

① 何东铭．邛嶲野录 ［M］．影印本．成都：巴蜀书社，1992：144.
② 李英粲．冕宁县志 ［M］．冕宁县地方志办，校编．冕宁县：冕宁县印刷厂，1996：121.
③ 辜培源．盐源县志 ［M］．影印本．［出版者不详］，［1898］.
④ 郑少成．西昌县志 ［M］．民国《西昌县志》重印本．［出版者不详］，2012：141.
⑤ 郑少成．西昌县志 ［M］．民国《西昌县志》重印本．［出版者不详］，2012：285.
⑥ 花志红．地域特色下的清代西昌竹枝词 ［J］．名作欣赏，2018（1）：46-48.

对这一风土有特殊的感情。竹枝词有着鲜明的地方特色、浓郁的乡土气息，以吟咏风土民情为主要特色，因而极具地域文化色彩。清代凉山竹枝词以清新质朴的语言、情韵悠长的笔调为我们展示了这一地域的气候、地质、环境、景观、民情与习俗，成为后人了解清代凉山地区的资料宝库。

西昌竹枝词主要写作于清代，而作家都是西昌本地人。

清代西昌本土诗人杨学述、颜启芬、颜汝玉创作了一定数量的西昌竹枝词，这些竹枝词记述西昌风物，描绘城市风貌，展现地方民情，具有朴实可贵的文化价值，是人们研究清代西昌社会生活的宝贵材料。

一、清代西昌竹枝词创作

之前的诗文列举中，曾提及杨学述、颜启芬、颜汝玉的名字，的确，这几位作家算得上是西昌本土作家的翘楚，他们诗作产量丰富，领域宽广，是西昌的代表性作家。

杨学述，清西昌人。《西昌县志·人物志》将其归入"名宦"，嘉庆戊子举人［此处有误，应为乾隆三十三年（1768年）戊子科举人］，大挑二等，授筠连县教谕，调监锦江书院，兼署彭山县学教谕，分发福建署安溪知县。工诗文，各体皆有风韵①。《西昌县志·艺文志》中收录其《建昌竹枝词》、七言律诗《泸山》。《西昌县志·地理志》"名胜"条下录其《建南十景诗》，建南十景由杨学述定名，这十首诗概括了西昌的十处名胜，并各赋五言律以咏之。

杨学述作《建昌竹枝词》。

> 水郭山垣绕建城，关门锁钥自天生。
> 要知山水清佳处，二百年来享太平。
>
> 人烟辐辏货堆排，填满东西两道街。
> 高唱一声桥上去，卖花童子着花鞋。
>
> 平分两界东西乡，勤读勤耕处处忙。
> 好是迟迟春日里，男儿播谷女求桑。
>
> 泸山翠秀似庐山，望海楼前水叩栏。
> 记取三春流览日，澄江练里列层峦。

---

① 郑少成. 西昌县志［M］. 民国《西昌县志》重印本.［出版者不详］，2012：674.

行同镜里认邛池，向晚游观景更奇。
昨夜月明千顷碧，谁浮一叶赋新诗。

海滨村落半闲人，终日醺醺为惜春。
若问酒钱何处觅，无庸播种但垂纶。

楚语吴音半错讹，各乡场市客人多。
日中一集匆匆散，烧酒刀头马上驮。

招魂初罢日升东，吹角高歌复夜同。
巫教果能疗杂病，竟教医药莫争功。

仲春八日是良辰，野鬼无常可骇人。
最是挂镫求福者，不知亏体是亏亲。

年来皆熟夏为秋，郭外青黄麦气浮。
山下数家才动手，海滨一带已全收。

少妇谁家美日长，出门趁伴学栽秧。
田间竞唱巴娘曲，相劝工夫各自忙。

种豆为箕剧可怜，除其非种分当然。
谁家跣足携锄妇，褓负儿郎背上眠。

如塘秋稼尽芃芃，整顿霜镰西复东。
共庆今年输轴易，来年可似今年丰。

不似海田例候潮，亦无火井听商消。
南人但识私盐利，争羡豪家灶几条。

年年养种上高枝，商贾怀金待摘时。
全仗弓衣联小队，能防劫掠盗奚为。

杉木冬蕈出建昌，沿途贩运比琳琅。
背菇获利如背板，可养穷黎饿肚肠。

夏日炎炎鱼跃渊，渔人相贺得丰年。
绿波声里呼围网，渔妇村庄竞拢船。

连乡火把照天红，六月为期问土风。
一自平蛮回辙后，至今人念武侯功。

种落滋延扰建昌，依山阻水各为王。
自从共凛王章后，无复吞噬似虎狼。

独超黑骨擅威名，辫发拖裙安凤英。
任你仇家消不得，只身排遣气能平。

颜启芬，清西昌人。幼年聪敏好学，无书不览，目下数行，艺兼数人，淡泊名利，不求仕进，以增生终。《西昌县志·人物志》将其归入"隐逸"，吾学不止文章，取士不止科目，能立于其外者，识趣高而成就大，其家之秩如怡如也，谓有郑子真梁伯鸾之风[1]。《西昌县志·艺文志》中收录其《西昌竹枝词八首》。

颜启芬作《西昌竹枝词八首》。

碧桃红杏最初春，正拜年时约比邻。
试向泸峰高处望，上元灯里遇游人。

风筝时节近清明，儿女家家尽出城。
春色未知何处好，踏青先上北山坟。

蒙段祠边望海楼，海门桥跨海西头。
过桥便是登楼路，十里梨花遣客愁。

小渔村接大渔村，茭笋春来绿到门。
妾自捞苔郎撒网，朝朝相伴到黄昏。

水田百里带桑麻，儿女农时也作家。
小妇携锄随大妇，插秧歌里夕阳斜。

---

① 郑少成.西昌县志 [M].民国《西昌县志》重印本.[出版者不详]，2012：702.

　　　　　婚嫁遥遥接两乡，花开陌上好风光。
　　　　　东乡女子西乡妇，蚕豆黄时又别郎。

　　　　　遮羞纸帽竹皮筐，知是谁家未嫁娘。
　　　　　杂把拿来街里卖，迎风一路水芹香。

　　　　　招魂心切盼鸡鸣，邻母相邀晓入城。
　　　　　羞涩怜他新嫁女，避人多处暗呼名。

　　颜汝玉，清西昌人。《西昌县志·人物志》将其归入"师儒"，称其幼承家学，讲说文解字，朱子小学，期于文行并进。十三能赋，善考据，试辄冠军，由廪生选拔，严躬有威，笃爱桑梓，力图公益，而不以声利自私。游县中名山水殆遍，赋诗作记，生而别开。主讲泸峰书院，教授有法，阅课卷严正字体。制艺外，歌行赋颂记叙，常以乡邦文献命题，及门之士，知县志之宜急修也，汇稿多件，为本志所取资①。颜汝玉著述颇丰，有《趋庭蠡测》《桂山府君年谱》各一卷、《四馀书屋杂着》四卷、《虫吟诗草》四卷等。《西昌县志·艺文志》收录的诗文有《螺髻山赋》《星回节泸山观火炬吊古四十八韵》《建城竹枝词》三十首，另有《雪中游眺》《寒食》《游螺髻诸峰，时白云遮满》《过晒经关观唐三藏晒经石》《梦回忆内》《吊杨升庵夫子》《出都感赋》《除夕前二日至都门，次日大雪偶成》诸诗。
　　颜汝玉作《建城竹枝词》三十首。

　　　　　城外街坊尽市廛，城中宅第等云连。
　　　　　门楣是处皆春色，帖遍花钱挂酒钱。

　　　　　堂下珠帘隔玉阶，烟筒茗碗巧安排。
　　　　　邀来姊妹谈天罢，消遣春光斗骨牌。

　　　　　红柬相延共举觞，筵开春酒四邻香。
　　　　　腊鸡腊鸭浑常味，可口群推韭菜黄。

　　　　　唤得渔舟住碧浔，载将同伴过湖心。
　　　　　金丸缀遍蛙山麓，知是人家橘柚林。

① 郑少成.西昌县志［M］.民国《西昌县志》重印本.［出版者不详］，2012：627.

回首林腰夕照红，归舟一叶坐春风。
层层楼阁浑如画，都在苍烟翠霭中。

炫眼圆光几十层，参天木曳四长绳。
黄昏约向鸡心石，坐看人家立树灯。

幻成水国失山城，虾蟹龙鱼眼底生。
应是邛湖容不得，齐来街市放光明。

兰闺娇女悄焚香，约伴双双俯案旁。
正看灯时神下降，满庭齐唱七姑娘。

宝盖幢幡列两行，莲花坐拥百花香。
优婆夷胜优婆塞，怪得如来作女妆。

不事流觞不握兰，重三令节等闲看。
却凭绮语标风趣，道是芙蓉嫁牡丹。

九子粘蒲玉粒香，好随艾酒共称觞。
中间夹个怀儿粽，看是何人兆弄璋。

当年一死胜奇男，此日松明播美谈。
引尔蛮中双烈妇，唐时慈善与阿南。

等高佳节菊花香，落帽风来扑面凉。
旧酿已空新稻熟，家家造酒趁重阳。

报到王侯腊及期，满城烟火正晨炊。
食贫休讳双弓米，今日谁家肉不糜。

花猪屠宰遍闾阎，岁暮争将腊肉腌。
巧把红松明造出，先从翠釜焰青盐。

投诚灶疏语精工，润色曾劳书硕农。
笑彼灶科兼灶马，儿童唤卖闹残冬。

松毛铺作大蒲团，除夜香灯彻夜然。
辞罢年时无一事，与儿迎岁辫金钱。

梁西南裔万山兜，四塞奥区千古留。
襟带三江通两藏，咽喉六诏蔽三州。

城西门外校场存，马射争观宝骑奔，
城内校场呼作小，阴磷夜聚老西门。

滴水岩前号石坪，岩头石面水流清，
此间已是林泉境，悲壮偏闻鼓角声。

庙分府县祀城隍，神鬼狰狞肃两廊。
孽镜尘封难照胆，刀山剑树总茫茫。

古寺唐初建发蒙，经楼此日压城墉。
传闻石子炉中跃，正是泸山撞晓钟。

中营米市左营柴，尖担园箩两地排。
记自会川城告警，西门冷却一条街。

龟蛇锁水镇西方，束口微松气不藏。
斗大孤城从未破，邛池为有赦文张。

荞麦高粱酿酒多，无论粳稻是嘉禾。
怪它大曲饶香烈，择地偏宜马水河。

城西三里耸高亭，立石争将德政铭。
谁是清官无愧色，雪樵后有武云汀。

城东河水绕城南，城右西河带远岚。
城左香泉推第一，城前龙眼井泉甘。

北山为镇众山环，前是泸瑶帽盒山。
东有青龙蟠海上，牦牛西卧白云间。

城东五里有姜坡，坡上松高鹤作窠。

不见苍梧两道士，空留石洞在山阿。

渔妇相邀放棹来，红虾捞罢又青苔。

大湾风起晚潮阔，装得满舱菱角回。

二、竹枝词中的凉山产业

(一) 农业

书纶，曾任冕宁知县，三任西昌知县，以廉能著称，书纶熟悉西昌，他的《西昌杂咏》就写到西昌果蔬满园、水利便利、稻花飘香，一派安居乐业的太平景象：绕屋园蔬密，随田野水通。墙承仙掌露，径飚稻花风。小市新添织，荒庵遍训蒙。安居同上国，何更赋哀鸿。

西昌所在的安宁河中游河谷是整个安宁河谷最为宽阔平坦的地带，还有邛海相邻，这种环境十分利于农耕经济的发展。因此从距今 4 000 多年前的新石器时代开始，直至清代末年，安宁河谷一直是传统的农业区，其经济项目以农业为主体，其他经济项目的发展都是以农业经济的发展为基础，西昌成为安宁河谷的经济中心，其基础是建立在发达的农耕经济之上的。

西昌农作物丰富，《西昌县志》称：西昌一农国也，其物产以农作物为大宗，分夏季作物冬季作物两项。夏季作物水田以水稻为主，荸荠、席草、灯草、蓝靛、叶烟等为辅，旱地以玉蜀黍为主，高粱、黄豆、向日葵、落花生等为辅。冬季作物以胡豆、小麦为主，豌豆、大麦、苕子菜等为辅。若农时则因地别高下水判温凉而分迟早，故水稻播种，早者惊蛰，迟至清明，插秧则自谷雨至立夏，薅则在芒种前后，至秋分则迟早俱获矣，玉蜀黍等于二三月下种，五月薅草施肥，六月则早者已熟，七月至八月则高下均收获矣，胡豆、小麦于九月前后下种，立春前后灌溉，次年三月收获……①

杨学述曾作《建昌竹枝词》其三：平分两界东西乡，勤读勤耕处处忙。好是迟迟春日里，男儿播谷女求桑。这首诗写出人们田间耕种、播谷求桑的情景。关于西昌的粮食作物，何东铭所著的《邛嶲野录》卷一四《方舆类·物产》记载，在清代安宁河谷种植的稻谷有属于早稻的白早稻，麻早谷；属于晚稻的黑谷、白谷、红谷、麻谷、飞谷、斑鸠谷、盖草黄、香谷；糯谷有金糯、白糯、鸡血糯、青秆糯、麻酒谷等；麦有小麦、大麦、燕麦、莜麦、青稞；还

---

① 郑少成. 西昌县志 [M]. 民国《西昌县志》重印本. [出版者不详]，2012：103 - 104.

有糯粟、蛮粟、灰粟米等粟类（小米）作物和高粱。

杨学述曾作《建昌竹枝词》其十。

> 年来皆熟夏为秋，郭外青黄麦气浮。山下数家才动手，海滨一带
> 已全收。

这首诗歌写了由于山地气候的差别，西昌冬暖夏凉，四季温和。麦收季节，城外海滨一带已经收割完毕，而高山之上才动手开镰。由于这种特有的气候特点，西昌农产品特别丰富多彩。

颜启芬《西昌竹枝词》其五也展现了妇女们栽秧治桑麻的景象。

> 水田百里带桑麻，儿女农时也作家。小妇携锄随大妇，插秧歌里
> 夕阳斜。

（二）酒业

凉山旧志中诗与酒相辅相成。凉山竹枝词诸如《西昌竹枝词》《建昌竹枝词》《建城竹枝词》等，有体现酒与节令礼俗、休闲生活的关系，农家自酿酒、城乡酒市繁荣的篇章，我们可以发掘其中有关酒的生产与消费的资料，对于回顾和总结酿酒史和饮酒史，以及相关文化演进历程，有积极意义。

少数民族酒文化独具风情，主要见于凉山旧志中的《夷族志》《夷歌志》。彝族酒文化独具特色，在彝族人民政治、宗教、民俗、审美等活动中发挥着巨大的功用。研究彝族酒文化，也是发掘彝族文化遗产的重要课题之一。

民国时期凉山酒业发展兴旺。民国时期，凉山制酒工艺开始成熟，生产数目和作坊数量不断增加，酒类品种日益丰富，酒类品牌得以成长和发展。

凉山酿酒业与粮食生产关系密切。民国时期，酒业的发展促进了粮食生产，提高了农产品的附加值，提高了土地利用率，部分地区促进了农民饲养业的发展，酒业与农业大体上是一种良性的依存关系。

蜀人好酒。《华阳国志》提到：川崖惟平，其稼多黍。旨酒嘉谷，可以养父。野惟阜丘，彼稷多有，嘉谷旨酒，可以养母[①]。西昌地区的酒文化非常繁荣，颜汝玉在《建城竹枝词》中展示了这座城市的饮酒习俗。

有的写春日饮酒：红枣相延共举觞，筵开春酒四邻香。有的写端午饮酒：九子粘蒲玉粒香，好随艾酒共称觞。有的写重阳造酒：登高佳节菊花香，落帽风来扑鬓凉。旧酿已空新稻熟，家家造酒趁重阳。从"旧酿已空"可知用酒数量是相当可观的。有的写酿酒业的经营：荞麦高粱酿酒多，无论粳稻是嘉禾。怪它大曲饶香烈，择地偏宜马水河。这首诗赞美一种西昌马水河所产的粮食

---

① 常璩. 华阳国志校补图注 [M]. 上海：上海古籍出版社，1987：5.

酒，这种酒主要用玉米和高粱酿制而成。

杨学述在一首建昌竹枝词中描述乾隆年间西昌民习：海滨村落半闲人，终日醺醺为惜春。若问酒钱何处觅，无庸播种但垂纶。这首诗是说，海滨村落的渔民生活安逸，常年有酒喝，是因为打鱼收获颇丰。杨学述在另一首建昌竹枝词中展现了乡下集镇因酒而导致的热烈场面：楚语吴音半错讹，各乡场市客人多。日中一集匆匆散，烧酒刀头马上驮。这首操着南腔北调的人们来赶集，买着自己心仪的物品，市集散去，又有驮酒而行的客人将西昌的自酿酒"烧刀酒"驮向远方。西昌自汉设郡县，历史悠久，除土著居民外，外籍人口众多，"楚语吴音"并不奇怪。《西昌县志·礼俗志》称凡湖广闽浙滇豫陕燕各省人民，或以游宦，或以商旅，寄居斯土者，恋邛泸之清奇，羡土壤之肥沃，往往世其家焉①。

《西昌县志》云：至满清而县属东西两乡，生齿较繁，农隙负贩，由县境之北而炉城，而上下川南各乡镇，或由南行而滇之迤西，州邑村间，足迹殆遍②。从西昌竹枝词能看到清代西昌乡间市集的热闹。

颜汝玉对当地风土物产十分熟悉，在《建城竹枝词》中说到酿酒业的经营：城东河水绕城南，城右西河带远岚。城左香泉推第一，城前龙眼井泉甘。又提出了自己的看法：荞麦高粱酿酒多，无论粳稻是嘉禾。怪它大曲饶香烈，择地偏宜马水河。

下层劳苦民众饮酒多为消解一天的辛劳，清乾隆年间曾任盐源县令的王廷取在《盐源杂咏竹枝词》中写"蚁聚蜂屯豹子沟，砂丁沽酒更椎牛"，描写了生活异常艰苦的矿工们"沽酒""椎牛"的情形，对于矿工们平时的生产和生活境况，诗人有"费尽工夫石益坚，葱汤麦饭亦艰难"的描述。

清人李瑜在道光、咸丰年间曾经在绵州等州府任地方行政长官、幕僚。他的《雷波竹枝词》写了当地饮酒的情形：箐林风静月轮高，醉拥氍毹弄宝刀。木碗劝郎斟椰酒，愿郎莫作石飘飘。作者原注：石飘飘，夷地名。

凉山地方志所提到的酒类型丰富，比如《邛嶲野录》卷一四物产记载的酿造品有醋、黄酒、曲酒、烧酒、甜酒等。

（三）盐业

据《华阳国志·蜀志》记载，李冰穿广都盐井③，张若于成都置盐铁市官

① 郑少成．西昌县志［M］．民国《西昌县志》重印本．［出版者不详］，2012：273.
② 郑少成．西昌县志［M］．民国《西昌县志》重印本．［出版者不详］，2012：143.
③ 常璩．华阳国志校补图注［M］．上海：上海古籍出版社，1987：134.

并长、丞①，可见当时四川的盐业已经相当发达了。

《后汉书·卷八十六·西南夷列传》有"地有咸土，煮以为盐"②的记载。

《汉书·卷二十八·地理志》载各地盐官 35 处，也包括当时凉山境内。

《西昌县志·产业志》称：县民食盐，系仰给于盐源县之盐池，西昌境内唯北山天星桥旁有盐井……又普威三坡桥附近河岸上有大石，石下有井，井水含盐质颇富③。

西昌人所食之盐，主要是盐源县盐井所产之盐，此种盐由人工熬制。西昌与盐源往来运盐全靠马驮人挑，来回往返 10 天左右，若遇雨季雅砻江水涨，船渡停开，运输受阻，盐价上涨，正常情况下 1 斤盐价值相当于 7～8 斤米的价格，涨价时相当于 15～20 斤左右。西昌河西场是当时西昌与盐源两县的要冲，也是食盐的集散地，有盐铺 10 多家，每日有驮马 200 匹左右来回运转。西昌城区仅西街就有 10 多家盐铺。西昌川兴场也是食盐运转地。

清代杨学述在《建昌竹枝词》中描写建昌制盐业，描绘了商人谋求私盐之利的情形：不似海田例候潮，亦无火井听商消。南人但识私盐利，争羡豪家灶几条。

清代颜启芳在《穿盐井》中写了盐业生产情形：穿盐井，蜀中产盐异他省。井中汲水鬴中煎，煎成课运凭官引。当其取盐穿井时，陟冈降原物土宜。井口五寸深千尺，补塞澹水钩沙泥。井成斩竹分筒绠，编以盘车系马颈。鼓声为节马驰骋，筒出声停马不逞。取筒泻鬴烈火熬，鬴中喷欲翻银涛。烟痕匼帀干青霄。山中翔羽无霜毛。我闻西北盐收池水冷，东南盐挹海潮猛。不如蜀中之盐味渊咏，富顺更有自流井。

由于产盐，凉山一带腌制品丰富。颜汝玉在《建城竹枝词》中写过西昌另一特产——腊肉。诗中写道：花猪屠宰遍间阎，岁暮争将腊肉腌。巧把红松明造出，先从翠鬴焰青盐。西昌腌腊制品丰富，得益于盐。过年杀猪称为"杀年猪"，一般人家都会将一半猪肉用盐腌制，慢慢享用。在西昌，鸡、鸭、鹅都可以用盐腌制，所谓"腊鸡腊鸭浑常味。"（颜汝玉《建城竹枝词》）

道光举人陈震宇曾在《井灶浮烟》中说到盐的生产：伏流滋白泉，熬波能出素。朝烟夹山岗，昏烟兼市雾。愿烟不化云，散作天浆注。扫地若成盐，和气生处处。

说到盐业，盐源县为盐一大产地。清人曹永贤在编撰《盐源县志》时，对县名涵义作了这样的诠释：盐之云者，于食货重富民之政，源之云者，为若

---

① 常璩. 华阳国志校补图注［M］. 上海：上海古籍出版社，1987：128.

② 范晔. 后汉书［M］. 北京：中华书局，1965：2858.

③ 郑少成. 西昌县志［M］. 民国《西昌县志》重印本.［出版者不详］，2012：137.

绳。(若,指若水,今雅砻江;绳,指绳水,今金沙江。)

盐源盐业的历史,《汉书·地理志》已有明确记载:定筰出盐。步北泽在南①。《三国志·张嶷传》中记载:定筰,旧出盐铁及漆②。《华阳国志·蜀志》云:有盐池,积薪,以齐水灌之,而后焚之,成盐③。盐源县境内现仍有多处与盐井有关的旧时地名,如白盐井、黑盐井、天赐井、黑盐塘、小盐池、盐水坪等。显然,盐井卫、盐源的治地名称与本地的盐矿资源和盐业贸易有关。盐源境内有不少与盐相关的水资源,根据《盐源县志·舆地志·池塘》记载,兹录如下。

黑盐井:在县西中所壤内,昔名腊汝窝,山形如人,下有二井,早晚有鹦鹉成群翔朝井络。

白盐井:在县西南四十里,井有二:一卤水,一硝水,早晚有群鹰飞舞以朝其井。

步北泽:《汉志》有定筰县出盐,步北泽在其内。《华阳国志》定筰县有盐池步北泽。《寰宇记》在昆明县城中邑民取盐先积薪以火烧之,以水浇灭即成黑盐,炼之即白。此邑川陆有盐铁之利,尤为邦邑之繁会。

小盐井:有二,一在白盐井西五里,一在城南二十里。由潮水而出,夏秋水涨,井隐河中,秋冬水落,附近居民扫而煎之,形如白糖,但味较白盐井稍淡。

硝水塘:在左所黑地河旁有三井均出硝水,较盐水味淡,无论汉夷男女遇人有微疾,饮此水以疗之④。

道光《盐源县志》有开山姥姥的传说:开山姥姥,塌耳山夷女。少韬晦,不自修饰,誓不适人。年及笄,唯司牧羊之役。羊饮于池,迹之,见白鹿群游,尝其水而咸,指以告人,因掘井汲煎,获盐甚佳,即今之白盐井也。后无疾而逝,身有异香,至今祀之。

据清《盐源县志》载:明嘉靖年间,按察司副使朱篑巡视建昌道时,曾督修建打冲河(即雅砻江)索桥,事后,题下"闰盐古道"四字,刻于道边石壁上,这也是"闰盐古道"名称的由来(也写作"润盐古道")。《盐源县志》记有禄马堡道旁摩崖"金生丽水,闰盐古道"是其手书遗迹。

闰盐古道从西昌经盐源、宁蒗到丽江,是川滇盐道中重要的一支。《盐源县志·食货志》记有较为完整、规范的"盐法"。

① 班固.汉书[M].北京:中华书局,1962:1600.
② 陈寿.三国志[M].北京:中华书局,1959:1053.
③ 常璩.华阳国志校补图注[M].上海:上海古籍出版社,1987:210.
④ 辜培源.盐源县志[M].影印本.[出版者不详],[1898].

清乾隆年间曾任盐源知县的王廷取曾作《盐源杂咏竹枝词》，其中有关于当地盐品贸易的内容。"冕宁哨接西昌哨，只论盐斤不论钱"记述的是买、卖盐的情形。"只论盐斤不论钱"的情形，曾经是相当普遍的。盐被作为一种可以充当一切商品等价物的特殊商品。再如"冲河水涨未归槽，波浪如山雪作涛。隔岸马嘶人意冷，两边盐米价齐高。"记叙了由于涨水，交通不便利，盐、米价格跟着水涨船高的情形。王廷取《盐源竹枝词》也有表现盐井取盐的内容：圣世恩波井不枯，穷民无告尽欢呼。分班但取腰牌看，蓝本东坡调水符。（题下作者注云：盐井，贫民汲水三斗煎盐一斤度活，而强攀有力者夺去，则贫民难聊生。余乃定以腰牌，不致冒领，且沾实惠多矣。）

《会理州志·封域志·古迹》"盐水井"条目下是这样介绍的：治南一百里，水味极咸，人饮之可以消疾①。

《会理州志·物产·货之属》称：《统志》会川县出盐，今盐水河亦出盐②。

清道光、咸丰年间曾经在绵州等州府任幕僚的李瑜在《雷波竹枝词》中写了彝族女子负盐的情形：帕帽笼头赤两跌，六环缀耳贯蕉珠。负盐驼笋羼提劫，也曳腰裙学汉妹。雷波厅属叙州府，在今四川雷波，属大凉山地区，所谓"也曳腰裙学汉妹"的"负盐"女应是彝族女子。"羼提"，佛教语，意为忍辱。

（四）渔业

西昌鱼类资源丰富。据《西昌县志·产业志》载：邛海盛产鲤鱼、鲫鱼、白鱼、条鱼、鲢鱼、乌鱼等；邛海及河流中均产鲤鱼，有重至百余斤者；细鳞鱼、青鱼产于安宁河；桃花鱼产于山谷溪流。《西昌县志》介绍安宁河渔业概况：县境中部之安宁河，自北南流，入会理界，与金沙江汇，其中盛产鲤鱼及细鳞鱼，又每岁二月，金沙江中之青鱼，常数十成群，上溯至安宁河中产卵，渔者均以网或钓饵钓之，每日可得鱼数百斤③。《西昌县志》介绍邛海渔业概况，说邛海盛产鱼类，海岸居民，每日渔其中者，约三四十人，其方法或用网或用竹笼，若遇百余斤之鲤鱼，则用有钩之铁叉，平均每日可得鱼二千斤。每年三四月，条鱼常至浅海有水草处产卵，渔人即乘机昼夜工作，制为鲞鱼，于阴历六七月间售卖，计此种鱼每年可得鱼万余斤④。

① 邓仁垣. 会理州志［M］. 影印本. 成都：巴蜀书社，1992.
② 邓仁垣. 会理州志［M］. 影印本. 成都：巴蜀书社，1992.
③ 郑少成. 西昌县志［M］. 民国《西昌县志》重印本.［出版者不详］，2012：125.
④ 郑少成. 西昌县志［M］. 民国《西昌县志》重印本.［出版者不详］，2012：125.

邛海水质佳、鱼类丰富，海岸居民以捕鱼为业，鲤鱼、鲫鱼、白鲦鱼、青鱼、虾、菱角等是邛海主要特产。邛海边村民的生活常成为诗人吟咏的对象。清代西昌诗人李拔萃的《咏渔户》就展现了邛海边大小渔村的渔民生活：大小渔村福自然，深潭绿水有根田。不用犁锄收获早，醉饱无忧白昼眠。在诗人笔下邛海边村民的生活是富裕幸福、惬意舒心的。安宁河流域气候优越，物产丰富，旱涝无妨，两岸居民生活较富裕。平日里他们种田捕鱼，生活平静而无忧，即便安宁河涨水，不可捕鱼了，就当清闲几天。《邛嶲野录》的作者何东铭在《宁河观涨》中表达了对渔民此种生活的羡慕：羡杀渔家光景好，停桡云外动清讴。这两句写渔民们在安宁河涨水之时停下小船、讴动山歌的清闲。

竹枝词中有多首诗展现了邛海渔业。

海滨村落半闲人，终日醺醺为惜春。
若问酒钱何处觅，无庸播种但垂纶。
——杨学述《建昌竹枝词》

夏日炎炎鱼跃渊，渔人相贺得丰年。
绿波声里呼围网，渔妇村庄竞拢船。
——杨学述《建昌竹枝词》

小渔村接大渔村，茭笋春来绿到门。
妾自捞苔郎撒网，朝朝相伴到黄昏。
——颜启芬《西昌竹枝词》

渔妇相邀放棹来，红虾捞罢又青苔。
大湾风起晚潮阔，装得满舱菱角回。
——颜汝玉《建城竹枝词》

不惟邛海，整个凉山境内水域丰富，渔业兴盛。《会理州志·物产·鳞之属》中提到的鱼类有：鲤、鲫、鲢、鳟、鲩、鲭、鲻、金鱼、龙眼鱼、细鳞鱼、鳝、虾、箐箐鱼、黄蜡丁、石扁头、鲹鱼、白条鱼、鳗鲡、马鱼等等。

道光举人、道光十六年（1836年）九月补冕宁知县并在任三年的知县陈初田用诗歌写了冕宁人民请官打鱼的情形。

陈初田作《打水围》。

冕宁南沙湾，为众流交汇之所，潭深百尺，产细鳞鱼，民呼为“官塘”。冬至后，鲲鲕齐出，乃请官打鱼，名曰“打水图”。渔具毕陈，船如梭驶，并纵鸬鹚数百，泅水而拴之，顷刻得鱼无算，皆献之官。然后听民渔钓，终岁而罢。余爱其俗，颇有“私豵献豜”之义”，作长歌纪之。

水深不见底，鱼从何处悬？山高不见路，人从何处缘？
忽惊宾僚冠盖至，群蛮出洞鱼出渊。
大鱼卤莽不畏祸，飞跃直上黄瓜船。

小鱼戢戢窜且伏，从流上下空流连。

鸬鹚十万齐奋勇，蹴浪如马腾平川。

拴到鳞鬣伸长颈，各认其主头昂然。

小鱼吞之大鱼吐，终日枵腹谁惜怜！

借汝长颈观我朵，官租足额民垂涎。

更有巨物衔不动，一鸟退后群鸟前。

渔网凭空攘夺去，物力费尽人贪天。

两岸观者叫快事，搜狩顷刻罗珍鲜。

借口东津援为例，自问却愧荒游畋。

人乐得鱼鱼不乐，试听哀湍怒漱濑今夜鸣溅溅。

（五）蚕桑与丝会

据咸丰《冕宁县志》记载：蚕桑之利自二月起。每年初夏新丝上市，洪雅、夹江等地的客商云集泸宁采买土丝（大车丝），形成盛极一时的"丝会"。民国后，"因夷匪猖獗，桑园颓废"（《西昌县志·产业志》）。

颜启芬《西昌竹枝词》有"水田百里带桑麻，儿女农时也作家"的描写。

凉山良好的生态资源、地理资源使这片土地富饶，凉山丰富的物产资源滋养了这方百姓，岁月的痕迹没有湮没这座城市的安宁与闲适。陶渊明笔下"土地平旷，屋舍俨然，有良田美池桑竹之属。阡陌交通，鸡犬相闻。其中往来种作，男女衣着，悉如外人。黄发垂髫，并怡然自乐"的景象在凉山是看得到的。清代凉山竹枝词数量虽不为多，但表现出新鲜生动的地方风土气息，它们叙民情，描世态，内容朴实无华，文辞清新活泼，具有可贵的文化价值。

第五章 / CHAPTER 5

从地方志看凉山风情

第一节　地方志中的凉山风俗

凉山山川景物、风土人情，往往问之居民莫悉其详，一经文人学士搜寻访证汇编成书，遂令开卷游览者得神游于某山某水，以备识乎民风土俗。此邑志所由贵也。地方志是记录风俗民情的主要载体，具有鲜明的时代特色和地域特色。地方志中涉及的"风俗志""礼俗志"大多涉及一个地方的婚丧嫁娶、节日礼俗、穿衣戴帽、方言土语等等，以风土人情、社会风物为主，因包含了丰富的历史文化信息，往往具有社会史料价值。

兹将凉山境内有代表性的风俗选录如下。

一、《西昌县志》中的风俗

《西昌县志·礼俗志》有如下记载。

方舆类编云，建昌卫俗厚民醇，重儒敬佛，敦习诗礼，业农务本，布衣蔬食，不事声容，此俗至今未革。士贞廉磊落，行直质而薄文饰。

清代三年一院试，取秀才三十六名，与试生常二千余名，分考盐源学者弗计焉，故其时城乡静夜书声琅琅不绝。废科举，兴学校，旅省学生尚有百余人。以后民生凋敝，不惟旅省学生日益少，乡间寓城学生亦日稀，书声犹罕闻。

青年妇女不轻踰阃。居城市者，经纪家事有度。居乡村者，督工畎亩不倦。俾男子专心外事，致力所业。

县中谷粟丰盈，民足衣食，地产良马，农蓄畜牧。

民风朴素，不尚奢靡，家虽殷实，嫁衣多布素，华服一袭，终身衣之。男子无论平民仕宦，长短缎褂红缨冬帽凉帽必备。

生活稍裕者，乐宴亲朋。春日备帖延宾曰饮春酒。冬至后刲豕酗宾，曰腊饮。婚娶后，请新旧姻娅戚族聚酗，曰会亲。家塾延师，请名儒陪燕，祀先师，主人行延师礼，然后行弟子礼，春日上学酒，冬日下学酒，宗老初度，共祝之，酬以寿酒。宗子始生，咸贺之，设满月酒。

二、《邛嶲野录》中的风俗

《邛嶲野录·卷十三》"风俗"有如下记载。

嶲州：尚骨卜，刻木为信，火葬而乐送，以鼓吹为送终。木耳夷死，积薪烧之，烟正则大杀牛羊相贺以作乐；若过风烟旁散，乃大悲哭。

建昌：土广人稀，有青草黄茅之瘴；俗陋性刚，与黎州相似。

宁远府：重儒敬佛，相见之礼长跪不拜。金珠富，产谷粟丰盈，民足衣食，牛羊盐马毡布，通商货殖。竹篱板舍，不事修饰。

西昌县：地处边末，汉夷杂居，人情狡悍好讼，习尚朴俚少文，迩来民风渐归淳雅。士习渐端，民风近朴；农耕而女不织，工拙而商，倍劳。饮食衣服去奢而崇俭，冠婚丧祭多质而寡文。

三、《冕宁县志》中的风俗

《冕宁县志·风俗志》有如下记载。

士习：朴而不浮，质而知耻；饶隆文学，渐饬廉隅，守分力田，怀刑尚礼。

民风：邑地土高水深，性多淳厚，恪尊化导，士人知礼，妇女轻生，力农务本，椎鲁少文。

节令：度岁。前数日，广插松树二株，高有寻丈，名曰"万年青"，又曰：万岁长春。中堂多铺松毛。上元，街中置灯棚、灯坊，初十日，名曰"试灯"，龙、狮、竹马、游耍成行；锣鼓铙吹，震耳喧哄，午夜乃罢。十五日为正灯，十六日灯阑，始理农事。春分至清明，以香烛牲酒上冢，男女同行，祭扫已，插纸钱一束于冢，名曰："旺山钱"，聚饮而归，曰踏青。又有宰割羊冢，邀亲谊饮宴终朝，名曰"纳山"，则大祭也。端阳节，男女绕城垣而行，曰"游百病"。

会场：每月二月初八日，圆通寺大佛会；三月二十八日东岳会；五月十一日城隍会。而大佛会为盛。自二月朔日起，汉女番妇，妆饰入城，献花进香，口宣佛号，手击铙鼓，俯伏蒲团，竞诵经卷。观者云集，市香烛者万计，还愿饰扮功曹鬼卒者千计。至初八日，大佛出，游巡四角，高桩遐举，旗帜横飞，盈溢闾巷，男女混杂。六月二十三日三圣会，祀关帝、火神、马王。七月七日，城乡皆作土地令。谚云："一方有个人，一方有个神。"故土地小庙为多。七月十五日盂兰会；十月初一日牛王会；十一月十九日太阳会。

民间咸喜养马，多数者数十匹，少者数匹，为驮柴、驮粪、运米粮之用。牧人于早饭后，吹角数声，各家马、牛、羊、豕，一时俱出，随行至草山上，听其自饮自食。申酉间，复行吹角，立即相随下括，各识其家。家中并不喂料，故不嫌其多。

四、《会理州志》中的风俗

《会理州志·风土志》有如下记载。

> 民风尚俭，性情质直。
> 男勤稼穑，女习布缕。

元旦夙兴拜神明祀祖先，长幼以次称寿，亲戚邻里更相庆贺，至初四初五乃止。元宵节竞于外首各立灯架列炬辉煌，或妆演故事或舞狮灯笼灯欢逢达旦。立春日妆扮故事高台异行，迎春东郊。清明扫墓折柳枝插门左右。（注云：清明前家家扫墓，邀亲朋饮于墓侧）

端阳节制角黍、饮蒲酒、簪艾叶、插朱符。中元荐祖考三日焚钱纸包袱，各寺庙作盂兰盆会。中秋置酒夜饮，爇香烛炉拜月（糕饼铺前半月即搭灯棚，各种酥饼山积）。重阳登高、饮菊花酒、插茱萸，自朔一日至十日竭诚作九皇会，不茹荤酒（民间换卖重阳糕）。除夕易门神，贴五色利市纸钱今则纯用红色贴金，悬祖先像于中堂，长幼环集守岁，比户爆竹相闻，前数日各制面食果品互相馈遗。度岁前数日比户多插松树二株，高丈余，多铺松毛，取万岁长春之意也。

五、《越嶲厅全志》中的风俗

《越嶲厅全志·风俗志》有如下记载。

清明前十日，富宅杀猪宰羊，挈担提盒，邀请宾亲男女持香帛告墓，猜拳行令，尽一日之会而回，墓上树长大纸钱一树。谓之，旺山钱。贫者亦以香帛酒醴扶老携幼至墓酬奠，亦出旺钱一树，谓之，挂素钱。

正月初三日至初九日有拜香者，无论男女幼壮，旧称父母有疾，许愿拜香。或三五一路，或六七同途，请善唱者锣鼓香灯，手捧小木橙插香，沿途礼拜，十余步跪拜一次，遇庙门睁灯、灯杆皆拜，且行且昌不惮远行，至天王寺或报恩寺、或梓潼宫。各神前倩庙祝喃喃诉说，满案烧香乃去。

俗信鬼神，老年婆妇聚积钱米，或四五十人或六七十人将被服搬入庙，倩众僧诵，昼夜拜，礼约一月余，名曰修因会，又曰做好事。其子弟亲戚有送米面饼食者名曰打斋。

又有走阴者，男妇皆有。往告病家，言病者见在阴司，其家备香烛冥楮酒醴盘飧，即三数十里外皆倩，走阴者入城隍祠烧香，所备盘飧诸乞儿一抢而空，乃沿途叫魂，用一人应之，谓之上钱会班。

上元夕将门外桃符一切取下焚烧，俗语云：火烧门前纸，各人寻生理，大的打土块，小的捡狗屎。亦世代相沿勤农之意。

端午日无论男妇遍游城垣，乡村则游郊外，谓之游百病。春分日备酒醴盘飧饮食已，闲空一日不理农事。清明前后或男行或女伴约聚盘盒逐伴郊游外一日，谓之踏青。

六、《盐源县志》中的风俗

《盐源县志·风俗志》中有如下记载。

居民性安朴实，皆知勤于本业。

《盐源县志·风俗志·汉俗》有如下记载。

教化渐通风俗日异，土地肥美。

《盐源县志·风俗志·岁时》有如下记载。

仲春之月公母山牡丹盛开，妇女沓来祈子于观，模石怀之。公母山今名连理山。

清明前数日各家操豚跋载清酒折柳挂钱以上墓。有草焉，茸茸然素色而黄英，寒食而生，土人曰黄花草亦曰清明草，撷而杵之以作清明饼。

五月五日四民竞渡并踏百草浸菖蒲以饮，悬艾叶以禳，又采杂药为浴汤。

六月二十四为观莲节，以莲子馈赠，此古俗也。今夷俗以此日祭其先而汉民亦燃火树，曰火把会。汉元封间楪榆茜长曼阿娜为汉将郭世忠所杀，其妻阿南有婆色，忠欲妻之，南曰："能从我三事乎？一作幕次祭故夫；一焚故夫衣易新衣；一令国人遍知礼嫁。"忠如其言。明日娶，国人张松幕置火其下，阿南抽刀出令，火炽乃焚夫衣，引刀自断扑火中。时为六月二十五日，国人哀之，故每岁以是日燃炬聚会吊之，名曰星回节。

中秋日土人以为盛节，月饼交相馈遗，夜则举家欢宴瓜果中庭，拜月光待月华，以人月同圆为庆。

九月自重阳前日日斋以禳灾，然后采茱萸登玉柱诸峰为菊醉。除日多采松叶铺堂，上元日客来不布席以是为松毡，又家家植两松于门外，一以志岁寒，一以祝眉寿也。

七、《雷波厅志》中的风俗

《雷波厅志·风俗志》有如下记载。

汉夷杂居，言语各异，汉则纯而有礼，夷则朴而易治，多尚谨厚，不事繁华。

山多田少，宜种包谷，其最高者宜洋芋、荞麦，男女通力合作，齐事耕耘，暇则入山采樵鬻之于市，时或为人背运货物。

春秋致祭，罕建祠堂，四时节序生卒之辰或祀主于家，或展拜墓门以伸孝思。

八、《宁远府志》中的风俗

《宁远府志·风俗志》有如下记载。

士习渐端，民风近朴。农耕而女不织，工拙而商倍劳。饮食衣服去奢而崇俭冠，婚丧祭多质而寡文。

九、少数民族风俗

凉山境内少数民族多，仅以《冕宁县志》"倮罗"为例。

好尚：倮罗有黑、白骨头二种。黑骨头贵，白骨头贱（黑呼白曰：娃子；白呼黑曰：世长）。其俗则同。男女俱喜饮酒。

服食：倮罗椎髻竹簪，挽于额上（近日，熟夷亦有剃发汉服者），内穿蓝衫，外披黑灰毡衣，蓝白裤，赤足，甚寒乃著毡袜、麻鞋。蓝布裹头圆如帽，或戴毡帽，夏戴草帽，毡笠顶仰如莲房，甚异致也。女，花布包首，与男同著蓝白布衫，亦披毡衣。曳地细褶白布裙，无裤而跣足。男女自幼皆不靧面澡身，以盥洗为贱，衣垢不浣，俟不可穿再制。居板土室，高不逾寻，即地而卧。饮食以乳酪、酥油为贵，以荞面、糌粑为常。或不火食，或半生熟食之，其就锅庄煮肉，菜、粮杂煮其中。肉则割分，菜用木勺团坐舀食。甚敬礼客，客据上座，鸡、羊、豕属牵至客前，跪称云：无异物示敬，以此为献。客甫辞，已将木棒捶杀矣。洗剥毕，任客意作食，已，食其余。客若贻之烟、茶、盐、针之物，值百钱，大喜不胜，敬客之礼倍谨。六月二十四日，杀牛、羊饮食，名曰：过小年。

丧葬：倮罗有衣无棺，以绸布裹死者置室中，羊、豕祭献。延倮罗和尚诵经毕，同堡男女哭送。女归家，男举火焚，熄尽始归。次日，即地以土石掩之。又三日，堡中家备牲酒，同往祭奠悲哀。先其家，后堡众，既毕，共食而回。二三年后，请和尚诵经超度。

第二节　诗文中的风俗

风俗习惯具有非常显著的地域特征，是表现地方文化的重要标志，它渗透于人们的衣食住行、礼节习俗之中。凉山地方志中记录的礼俗丰富详尽，同时，凉山古诗文记述民情，描画世态，以朴实的语言记录了这一地域之下人们的生活。将地方志与古诗文两相对照，对礼俗的认知会更全面。

一、《西昌县志·艺文志》中的节日礼俗[①]

《西昌县志·礼俗志》记载：西昌自汉设郡县，以至今兹，凡湖广闽浙滇豫陕燕各省人民，或以游宦，或以商旅，寄居斯土者，恋邛泸之清奇，羡土壤之肥沃，往往世其家焉。汉族繁兴，垦辟荒野，邑植嘉禾，春社冬腊，燕享昏丧，融各省乡风，采历代典制，以成习俗，古礼虽革，饩羊犹存，有足记者，志礼俗[②]。《西昌县志·艺文志》存有不少记述西昌礼俗的篇章，今与《西昌县志·礼俗志》对照阅读，解读其中蕴涵的礼俗文化。

（一）春节礼俗

《西昌县志·礼俗志·岁时记》记载：正月元旦，夙兴盛服，铺松针于庭，张灯烛，礼祖祢，祀门尉，爆竹声通宵达旦。幼者拜长者曰叩年喜，长者给幼者钱曰压岁钱[③]。清西昌文人颜汝玉用诗歌记录了西昌人的除夕礼俗。

> 松毛铺作大蒲团，除夜香灯彻夜然。
>
> 辞罢年时无一事，与儿迎岁辨金钱[④]。
>
> ——《建城竹枝词》其十七

---

① 花志红. 地域特色下的清代西昌竹枝词 [J]. 名作欣赏, 2018 (1)：26-28.

② 郑少成. 西昌县志 [M]. 民国《西昌县志》重印本. [出版者不详], 2012：273.

③ 郑少成. 西昌县志 [M]. 民国《西昌县志》重印本. [出版者不详], 2012：286.

④ 郑少成. 西昌县志 [M]. 民国《西昌县志》重印本. [出版者不详], 2012：911.

诗歌记叙了除夕夜铺松毛、焚香点灯的礼俗,于庭内铺松毛,取万岁长春之意。诗中记录的除夕之夜彻夜点灯、燃放爆竹、幼者给长者拜年、长者给幼者发压岁钱的礼俗一直保存至今。

上元节是西昌人非常重视的节日,《西昌县志·礼俗志·岁时记》记载:十五日上元,放灯三日,始于李唐。县俗:自破五后,于三官庙或灵官庙,悬红灯笼数十对于三四丈之高竿(德昌街灯数,上应诸星,周应列宿,礼星赞斗),绳升降之,光照里馀,曰立树灯。排灯十馀盏于长方灯架,高与檐齐,曰排灯。乡村以纸竹扎山及八仙像,五彩炫烂,曰鳌山灯。灯棚盖松针,棚内鼓乐以为和。又云:元旦后,城南十五里泸山香会甚盛。邻县来朝者,络绎于道。旅馆山寺,齐宿常满①。西昌正月十五上元节有放灯三日的习俗,这一习俗始于唐代。按照旧俗,自破五后,当地人就会在三官庙或者灵官庙内,用三四丈高的竹竿悬挂许多灯笼,举行灯会。灯笼的灯光照耀余里,人们把这种灯笼叫做立树灯。除了立树灯以外,还有排灯,排灯是在长方灯架上高挂灯笼十余盏,让灯笼与屋檐一样高,一眼望过去,一排排灯笼列队整齐,故而称作排灯。另外,乡村地区别出心裁,还用纸竹扎成鳌山和八仙像,内置烛火,做成五彩绚烂的灯笼,当地人把这种灯笼叫鳌山灯,灯棚覆盖松针,棚内敲锣打鼓以增添节日气氛。

> 碧桃红杏最初春,正拜年时约比邻。
> 试向泸峰高处望,上元灯里遇游人②。
>
> ——《西昌竹枝词》其一

清西昌文人颜启芬这首《西昌竹枝词》展现了西昌初春拜年以及上元灯会的情景。在杏红桃碧的初春佳节,大家相互拜年,约上邻居好友一起游泸山、赏灯,游人如织,一派热闹景象。

颜汝玉曾作《建城竹枝词》其六。

> 炫眼圆光几十层,参天木曳四长绳。
> 黄昏约向鸡心石,坐看人家立树灯。③

这是一首描写正月十五元宵灯会的诗歌,展现了上元节西昌城市居民在鸡心石观灯的情形。"炫眼圆光几十层"此句用夸张的手法写出了元宵节灯会上花灯的高度和亮度。支撑这个高大花灯的是"参天木",固定它的是"四长绳"。到了黄昏华灯初上看灯之时,大家相约去往鸡心石,坐在那里悠闲地看制作花灯的工匠是怎样把"几十层"高的花灯立起来的。

---

① 郑少成.西昌县志 [M].民国《西昌县志》重印本.[出版者不详],2012:286.
② 郑少成.西昌县志 [M].民国《西昌县志》重印本.[出版者不详],2012:909.
③ 郑少成.西昌县志 [M].民国《西昌县志》重印本.[出版者不详],2012:911.

上元节，西昌除了举办隆重的灯会活动以外，在附近乡镇，还有上元节迎天官神像巡市活动，以及迎神、送神游戏等。西昌本土文人颜汝玉就用诗歌为我们记录下了这一传统习俗。

颜汝玉曾作《建城竹枝词》其八。

> 兰闺娇女悄焚香，约伴双双伏案旁。
>
> 正看灯时神下降，满庭齐唱七姑娘①。

关于上元节迎神、送神礼俗，《西昌县志·礼俗志》记载：乡村灯宵，有请背笺扁担七姑娘神诸游戏者。神降，背笺扁担能自转动。幼女七人，天然舞蹈，旁人唱曲歌，声转变，舞势随之，神采意趣，愈出愈奇。送神，人物顽然不动，问幼女，亦不自知其所为②。

西昌乡村的上元节灯会还有迎神、送神游戏。迎神时，人们提前准备好背笺、扁担等游戏道具，烧香祈祷神灵降临。神灵降临时，背笺、扁担就会自动转动。此时，七个小姑娘翩翩起舞，旁边的人则唱歌，当歌声改变，舞蹈随之改变，非常神奇。送神时，所有人全都岿然不动，舞蹈也瞬间停止，当人们询问小姑娘为何舞蹈时，小姑娘也不知道自己为何舞蹈，为何停止。

（二）清明礼俗

颜启芬曾作《西昌竹枝词》其二。

> 风筝时节近清明，儿女家家尽出城。
>
> 春色未知何处好，踏青先上北山坟。③

颜启芬这首《西昌竹枝词》主要描写了在风清气明的时节，西昌人在清明节前踏青、上坟，举行春祭活动的过程。

《西昌县志·礼俗志·祭礼》记载：新丧，于春分节前，拜扫茔墓，墓插纸花，陈设酒食，举哀行礼。葬已三年，春分节后行之，名曰上坟。富者延宾野酌，豪饮而归。虽赤贫亦必于清明节前墓祭，心始愉快。大族公祭，曰上公众坟。各宗祠则于春分后集族人，豕一羊一，行三献礼，进帛读祝，奏乐，毕，酒脯言歌，此春祭也④。

清明节，又叫思亲节，或者叫春祭，西昌当地俗称上坟。西昌地区的清明祭拜是非常重要的礼俗，有新丧、旧丧之分，还有上坟、上公众坟之分。不同的祭拜，时间不同，祭拜物也不同。如新丧，祭拜时间是春分节前；旧丧（指

---

① 郑少成．西昌县志 [M]．民国《西昌县志》重印本．[出版者不详]，2012：911.
② 郑少成．西昌县志 [M]．民国《西昌县志》重印本．[出版者不详]，2012：286.
③ 郑少成．西昌县志 [M]．民国《西昌县志》重印本．[出版者不详]，2012：909.
④ 郑少成．西昌县志 [M]．民国《西昌县志》重印本．[出版者不详]，2012：279.

去世三年及以上的），祭拜时间则在春分节后。新丧、旧丧祭拜时间不同，但都俗称上坟。除了上坟，还有上公众坟。所谓上公众坟，指的是大族、望族进行的公祭。各家族在春分后聚集族人，准备祭拜物，祭拜祖先，祭拜结束后，还要奏乐宴饮。

清明前一二日，为寒食节，这天有吃冷食的习俗。《凉山州古诗文选释》收录颜汝玉《寒食》一诗。

> 千门万户敛炊烟，瞥眼云阴满市廛。
>
> 冷雨冷风挑菜节，轻寒轻暖卖花天。
>
> 已从马上寻诗料，更向囊中数酒钱。
>
> 春色二分今日尽，一杯惆怅落红前①。

相传，寒食节是为了纪念介之推，相沿成俗。寒食、清明正是春游好时节，虽"千门万户敛炊烟"，不生烟火，但诗人游兴未减。

西昌的清明节，除了踏青、上坟，更为重要的是会举办各种活动，如蜡虫会、放风筝、插柳、蹴鞠、荡秋千等。

明代万历年间任建昌兵巡粮储督学道的范守己就用词记录下了西昌清明蜡虫会的盛况曾作《建南杂咏》。

> 建南好，乘兴踏青行。虫果偬权村有市，蜡花开遍庙无灵。春会
> 托清明②。

建南，明时西昌为建昌，亦称建南。词中所写"虫果"，虫，即蜡虫种。蜡虫是清代西昌地区的特产，为西昌主要经济来源之一。《西昌县志·礼俗志·风俗》记载：四山产蜡虫，春夏之交，洪雅夹江峨眉市虫之客，千百成群，宁雅大道，旅店充塞。近山乡镇，固多虫市，即城外西街，夕阳西下，售客拥挤，川庙设虫秤，灯光灿烂逾夜半。大小商人，旅馆力夫，均希赶集虫会，作一岁生计③。

清代西昌文人颜世儒作《风筝谣》。

> 春日晴，杨柳生，春风好，放风筝。风筝起，儿童喜。麻线长，
> 半空里。半空风力匀，风筝稳稳可煞人。可煞人，风莫乱，若乱时，
> 麻线断，吹起风筝落天半④。

这首《风筝谣》以儿歌的形式，形象地描述了清明前后西昌放风筝的民俗。歌词通俗易懂，明白晓畅，把放风筝活动写得生动有趣。

---

① 蒋邦泽，武谊嘉.凉山州古诗文选释［M］.成都：四川大学出版社，2007：226.
② 郑少成.西昌县志［M］.民国《西昌县志》重印本.［出版者不详］，2012：885.
③ 郑少成.西昌县志［M］.民国《西昌县志》重印本.［出版者不详］，2012：281.
④ 郑少成.西昌县志［M］.民国《西昌县志》重印本.［出版者不详］，2012：881.

（三）其他节日礼俗

1. 端午节

《西昌县志·礼俗志·岁时记》记载：五日"端阳节"，采门悬蒲艾，饮菖蒲、雄黄、独蒜酒，食角黍。艾煎汤浴体，以除疮，午游古庙，晚游近郊，曰"游百病"[①]。

颜汝玉曾作《建城竹枝词》其十一。

> 九子粘蒲玉粒香，好随艾酒共称觞。
>
> 中间夹个怀儿粽，看是何人兆弄璋[②]。

诗歌写出了西昌人端午食九子粽、饮艾酒的情形。

2. 重阳节

《西昌县志·礼俗志·岁时记》记载：九月九日重阳节，昔年士人多登高吟醉，以后各校，每于是日登泸峰，作秋季旅行。民家煮糯米酿酒，为重阳酒。宾朋烹鲤鱼菊羹，畅饮联诗，谓之赏菊[③]。

颜汝玉曾作《建城竹枝词》其十三。

> 等高佳节菊花香，落帽风来扑面凉。
>
> 旧酿已空新稻熟，家家造酒趁重阳[④]。

诗歌展现了重阳赏菊、酿重阳酒的习俗。

总的来说《西昌县志·礼俗志》大多涉及西昌这一地域的婚丧嫁娶、节日礼俗、穿衣戴帽、方言土语等，因包涵了丰富的历史文化信息，往往具有社会史料价值。《西昌县志·艺文志》中不乏与礼俗相关的诗篇，两相对照阅读，能进一步了解西昌的风土人情、社会风物。

二、地方志中的风俗诗歌

《冕宁县志·艺文志》载有《竹枝词五首》。

土俗

> 岭外平原别一天，冬青树里隐村烟。
>
> 野夷出入称相识，共说主人几十年。

苏州坝

> 一语劝郎休作玩，家中骡马半年闲。

---

① 郑少成.西昌县志［M］.民国《西昌县志》重印本.［出版者不详］，2012：288.
② 郑少成.西昌县志［M］.民国《西昌县志》重印本.［出版者不详］，2012：911.
③ 郑少成.西昌县志［M］.民国《西昌县志》重印本.［出版者不详］，2012：289.
④ 郑少成.西昌县志［M］.民国《西昌县志》重印本.［出版者不详］，2012：911.

晴时不到沙鸡去，直待雪堆咱耳山。

妇女栽秧

鬟插山花巧样妆，山歌遍野插青秧。

田中浊浪权当镜，笑影横波水自狂。

信巫教

堪叹幺儿病太多，朝朝市镇请巫婆。

端公堂里丢刀卦，先要赎魂后送魔。

城隍庙叫魂

郎家许久染沉灾，备办三牲又纳财。

今日城隍殿上去，声声只唤阿郎回。

诗歌第四首《信巫教》的招魂习俗在旧时凉山地区比较普遍，颜启芬所作《西昌竹枝词》中有"招魂心切盼鸡鸣，邻母相邀晓入城。羞涩怜他新嫁女，避人多处暗呼名"的描述，杨学述所作《建昌竹枝词》中有"招魂初罢日升东，吹角高歌复夜同。巫教果能疗杂病，竟教医药莫争功"的描写。

《越嶲厅全志·艺文志》有《沬江竹枝词》四首。

鸣蝉髻子凤头丫，一络青丝护晓霞。

摹出新妆宫样巧，梅花额上点梅花。

系胸牢前解得无，如环压领映花肤。

风流女貌观音样，项下横拖一串珠。

家住泸江江水头，一家一个旧渔舟。

纵横水面田千顷，收得鱼苗半是秋。

丁字棒才三尺长，阿郎辛苦阿奴忙。

待他住拐还家日，赶个残冬腊月场。

先来看下重点词语。

沬水：今名大渡河，全长 1 062 公里（一说 1 050 公里），中游流经甘洛县境北（清时属越嶲厅）。

宫样：宫女的妆样。泸江：泸水。泸江江水头：大渡河。

前两首咏大渡河边女子的妆饰习俗，包括发式、头额项饰及衣装，别致而美丽，加之她们"晓霞""花肤"般的容颜，更令人疑为宫女或观音。第三首写大渡河边渔民的生活，优越的自然条件让居民一年的生计有一半靠渔业收入。第四首写长途背运的苦力，男人四季常在外辛苦，女人在家也一样辛苦，年终才得团聚休息几天，诗以女人口吻写出，尤其深沉感人。

凉山一带的女子大多衣着朴素，生活简朴。据《越嶲厅全志·风俗志》记载：妇女无艳妆簪环奇巧之饰，衣服不尚花边镶滚，簪花亦取朴素，无珠围翠绕之奇，不矜各样妖淫艳冶之色，或有用之者不过胸矜、领袖①。

清人杨国栋《峨边竹枝词》中的"蓬松双髻乱盘鸦，也解刀耕也绩麻"写出女子辛苦劳作、发饰随意、不注重修饰的生活状况。

另外，由于是多民族地区，汉族的服饰对以披毡着皮裘的四川各少数民族服饰的影响十分明显。道光时李瑜曾作《雷波竹枝词》：帕帽笼头赤两跌，六环缀耳贯蕉珠。负盐驼笋羁提劫，也曳腰裙学汉姝。阿家生小林湾。贴体毡毯扣百环。诗歌不仅勾画了少数民族穿着打扮的服饰特征，也描述了少数民族学习汉族服饰的情况，故才有"也曳腰裙学汉姝"，这体现民族间服饰文化的互相交流。

第三节　地方志中的火把节

火把节是彝族、白族、纳西族、基诺族、拉祜族等民族的传统节日，有着深厚的民俗文化内涵。不同的民族举行火把节的时间虽不同，但大多是在农历的六月二十四日，主要活动有燃火把、斗牛、斗羊、斗鸡、赛马、摔跤、歌舞表演等。火把节还有一个充满诗意的名字，叫星回节。"星回"一词，《礼记·月令·季冬之月》上有记载：是月也，日穷于次，月穷于纪，星回于天，数将几终。岁且更始。孔颖达解释说：谓二十八宿随天而行，每日虽周天一匝，早晚不同，至于此月，复其故处，与去年季冬早晚相似，故云星回于天②。

凉山是彝族聚居区，这里沿袭了彝族火把节的传统习俗。

一、火把节的由来

据《西昌县志·礼俗志·岁时记》记载：二十四日，过街梁迎川主神像巡街，观会者多自远而至。同日向晚，全县市村，燃火炬无数，大者高及丈，小者五六尺。相传杨升庵诗云：老夫今夜宿泸山，惊破天门夜未关，谁把太空敲粉碎，满天星斗落人间。可想见其胜概。考汉元封间，楪榆酋长曼阿娜为汉将郭世忠所杀，其妻阿南有姿色。忠欲妻之，南曰："能从我三事乎，一作松幕祭故夫；一焚故夫衣，易新衣；一令国人遍知礼嫁。"忠如其言，明日，聚国人张松幕。置火其下。阿南抽刀出，俟火炽，焚故衣，引刀自刎，扑火中。时为六月二十四日。国人哀之，故每岁是日燃炬聚会，曰星回节。面持炬游田间

① 马忠良. 越嶲厅全志 [M]. 影印本. [出版者不详]，[1906].
② 阮元. 十三经注疏 [M]. 台北：艺文印书馆，1976：348.

者，焚除害虫，有益农事不小也①。

这则记载记叙了"星回节"的由来，其来源跟汉时烈妇阿南的传说有关。从记载可知，川主会往往与彝族的火把节混在一起。星回节是彝族少数民族的火把节，上述记载的回星节来历正是彝族火把节来历的内容。因此在此地，汉族的川主会与彝族火把节一起度过。

《盐源县志·风俗志·岁时》也有相似的记载，其内容与《西昌县志·礼俗志·岁时记》大同小异，指出"火把节"亦称"星回节"，其来历与悼念节妇"阿南"有关，但又指出"火把节"与汉民"观莲节"时间相同，"六月二十四为观莲节，以莲子馈赠，此古俗也。今夷俗以此日祭其先而汉民亦燃火树，曰火把会。《盐源县志·风俗志·岁时》还录入了云南火把节的情况：云南鹤庆有妖物居山洞中，出则风雹损禾……令居民乘夜燃火击鼓以助声威，遂除其患。今犹燃火把以禳雹也。南诏以十二月十六日谓之星回节，日游于避风台。

汉族风俗"川主会"与少数民族的"回星节"混淆，是汉民俗受到了彝族风俗的影响。

《西昌县志·艺文志》记叙类收入何成瑜《火把记》一文，叙述火把节之由来，全文如下。

> 宁俗每年六月二十四日傍晚，城市乡村各户外，悉树火炬，明耀如白日。世俗讹传，以为土主为神，乡人迎之，遂成风俗。其说不经。闻之故老，又谓武侯平蛮回辙过此，土人喜之，日夕昏暗，以火把迎送。皆无根据。

> 按赵损之《火把树注》，火把节亦名星回节。汉元封间，楪榆曼阿娜为汉裨将郭世宗所害，并欲得其妻阿南。南约以三事：一设幕祭夫；二焚故夫衣，易新衣；三大会国人，俾遍知以礼娶。郭如其言，于六月二十五日聚会国人，大张松幕，置火其下。阿南祭夫毕，俟火炽，焚故衣，遂跃入死焉。国人哀之，每岁于是日燃火炬，谓之"吊阿南"。

> 其后唐开元间，有邆睒诏者，六诏一也。南诏欲并五诏。建松明楼，因星回节，召五诏会饮，邆睒妻慈善，止夫勿行，不听，乃以铁钏约夫臂而别。比至南诏。酒酣，王火其楼，五诏王死。后诏人寻尸，皆不可识。独慈善以铁钏故，得其夫骸以归。南诏异其慧，以币聘之，善以夫未葬为辞。既葬，乃闭城自守。南诏以兵围之三月，食尽，善盛服端坐饿死。南诏既有其地，旌其城曰"德源"。

> 二事尚有书传可稽，皆吊节妇。今滇俗六月二十四五日，比户扎松为燎，高丈余，入夜争燃，用以照田祈年，以炬之明暗卜岁丰歉，

① 郑少成. 西昌县志 [M]. 民国《西昌县志》重印本. [出版者不详]，2012：288.

咸友聚会，杀生饮酒，夷汉同之。亦间有知两烈妇故事者①。

火把节起于何时何由，历来说法甚多。《大理郡志》记载了阿南的故事，明人杨慎在《南诏野史》中记载了慈善的故事，清乾隆年间赵文哲写了《火把树注》。据此，民国年间西昌人何成瑜《火把记》虽题为记，实乃叙火把节的由来。何成瑜是西昌本地人，子玉阶，生卒年不详，毕业于四川高等学堂。民国十四年（1925年）西昌修县志时，他是修志局主管人员之一，后来，民国二十六年（1937年）、三十年（1941年）又两次参与修订县志。

根据何成瑜的《火把记》可知，火把节的来源有四：迎土神说、迎武侯说、吊阿南说、吊慈善说。

其一，迎土神说。《火把记》云：宁俗每年六月二十四日傍晚，城市乡村各户外，悉树火炬，明耀如白日。世俗讹传，以为土主为神，乡人迎之，遂成风俗。其说不经。这段文字是说，西昌旧俗，每年六月二十四日傍晚，城市农村各家各户都会到户外打火把，火光照耀天地，明亮如白昼。世俗之人讹传，认为土主是神灵，乡人为迎接土主而打火把，并代代沿袭，于是就有了火把节的风俗。这就是"迎土神说"的由来。这种传说只在《火把记》中有所记载，同时，作者何成瑜在记载这个传说时阐述了自己的观点，认为这个传说"其说不经"，没有依据，不可信。

其二，迎武侯说。何成瑜在《火把记》中说：闻之故老，又谓武侯平蛮回辙过此，土人喜之，日夕昏暗，以火把迎送。这是说，听闻以前的老人说，诸葛亮平定蛮夷，回师路过此地时，当地百姓非常喜欢他，争相迎接他，因为当时天色昏暗，看不清楚道路，所以人们打火把夹道欢迎他。从此以后，此地就有了打火把的习俗。

其三，吊阿南说。何成瑜的《火把记》记载：汉元封间，楪榆曼阿娜为汉禆将郭世宗所害，并欲得其妻阿南。南约以三事：一设幕祭夫；二焚故夫衣，易新衣；三大会国人，俾遍知以礼娶。郭如其言，于六月二十五日聚会国人，大张松幕，置火其下。阿南祭夫毕，俟火炽，焚故衣，遂跃入死焉。国人哀之，每岁于是日燃火炬，谓之"吊阿南"。

其四，吊慈善说。何成瑜《火把记》云：其后唐开元间，有等邆睒诏者，六诏一也。南诏欲并五诏。建松明楼，因星回节，召五诏会饮，邆睒妻慈善止夫勿行，不听，乃以铁钏约夫臂而别。比至南诏，酒酣，王火其楼，五诏王死。后诏人寻尸，皆不可识。独慈善以铁钏故，得其夫骸以归。南诏异其慧，以币聘之，善以夫未葬为辞。既葬，乃闭城自守。南诏以兵围之三月，食尽，善盛服端坐饿死。这个传说也有很多记载，除了何成瑜的《火把记》，如明代

① 郑少成. 西昌县志［M］. 民国《西昌县志》重印本．［出版者不详］，2012：819.

文学家杨慎的《南诏野史》、清乾隆时人赵文哲的《火把树注》、诗人倪星朗的诗作《星回节》等都有记载。

何成瑜这篇《火把记》被收录进蒋邦泽、武谊嘉所编的《凉山州古诗文选释》中，并评析文章首段否定了迎土神之说，认为此说"不经"，也否定了迎送武侯之说，认为此说无据。第二、三段据赵文哲《火把树注》讲了两个故事，即汉时的阿南和唐时的慈善两位贞烈妇女的故事。末段认为上述二事"有书传可稽"，当属可信①。罗应涛主编的《巴蜀古文选解》亦收录此文，称记彝族火把节由来。先举两种传说，皆为"世俗讹传""无根据"。续举"有书传可稽"之二事，皆以纪念节烈之妇而立火把节……前叙"宁俗"，后以"滇俗"相照应，更令人信实。并述及火把节之意义，又发展为"照田祈年""戚友会聚"等，说明此节日的意义是很重大的，值得提倡和发扬②。

二、地方志中与火把节相关的诗篇

翻检凉山地方志，与火把节相关的诗文为数不少，兹列举几首如下。

清西昌本土文人倪星朗作《星回节》三首。

其一

赴宴先知去不回，柴楼烟冷尚余哀。

而今火树沿成俗，忍使冰心化作灰。

其二

一片柔肠结百回，阳为色笑暗含哀。

松筠亮节明千古，莫怪当年志不灰。

其三

慧心早卜去难回，赠到金环隐自哀。

千古人犹照亮节，吞来六诏已成灰③。

题下有小序云：吊贞妇也。三首诗所吊之贞妇，乃遣睒妻慈善，赞其贞烈和智慧，其品行令人赞赏。

清西昌本土文人杨学述作《建昌竹枝词》其十八。

连乡火把照天红，六月为期问土风。

一自平蛮回辙后，至今人念武侯功④。

① 蒋邦泽，武谊嘉. 凉山州古诗文选释 [M]. 成都：四川大学出版社，2007：276.

② 罗应涛. 巴蜀古文选解 [M]. 成都：四川大学出版社，2002：232.

③ 郑少成. 西昌县志 [M]. 民国《西昌县志》重印本. [出版者不详]，2012：909.

④ 郑少成. 西昌县志 [M]. 民国《西昌县志》重印本. [出版者不详]，2012：908.

诗歌指出在火把节点燃火把是对诸葛亮的纪念。

颜汝玉作《建城竹枝词》其十二。

> 当年一死胜奇男，此日松明播美谈。
>
> 引尔蛮中双烈妇，唐时慈善与阿南①。

诗歌指出火把节活动与吊慈善与阿南有关。

颜汝玉的《星回节泸山观火炬吊古四十八韵》将与火把节相关的传说杂糅在一起，并表达了自己的见解。

> 且月三八日，其节为观莲，星回昉何代，名从南诏传。
>
> 忽忆升庵句，落星满人间，登览乃叫绝，奇景诗能宣。
>
> 维时届薄暮，暝色迷阆阓，间若蜻数点，光由帷幄穿。
>
> 瞥眼儵电姃，燀熄纷当前，身恍立霄外，俯首窥星躔。
>
> 直若角与壁，或曲若轩辕，弯若垒壁阵，或横若天船。
>
> 或若龟鳖对，成若腾蛇蟠。三垣或鼎峙，五纬或珠联。
>
> 或肖箕轸方，或侔贯索圆。排五诸侯列，聚三羽林屯。
>
> 乾坤竟易位，成象不在天。烟悖矧腾上，银潢翻黑澜。
>
> 厥形误星象，厥光明尘寰。逴者血凝碧，迩者枫渥丹。
>
> 桑者巨而赤，炅者微而殷。疏者红霞碎，密者朱旗攒。
>
> 静者爌村落，繁简知民廛。动者烛秔稻，往来燧陌阡。
>
> 岩壑高者倏，爨飞陆浑山。水怪低者燴，犀爇牛渚边。
>
> 四顾里数十，一邑炬万千。爑燢历时许，爡阆辉剩残。
>
> 街市益焜耀，比户门燎然。游人误元夕，爆烛声谊闅。
>
> 火城启不夜，焱焱如喷泉。楼阁悉煜霅，林木咸嫩涠。
>
> 谁知越嶲郡，乃有斯奇观。此俗颇不恶，此风炽南滇。
>
> 前后增两夜，如灯买金钱。借吊阿南烈，借招慈善魂。
>
> 烈性耻二夫，殉节身自燔。魂毅为鬼雄，撄城死无难。
>
> 边徼重伦理，不忍轻夷蛮。巾帼识大义，犹令斯世怜。
>
> 或云武乡侯，南征师夜还，秉炬敬迎照，轶事今相沿。
>
> 臣忠与女烈，凭吊何后先。火节岁一举，炎方多历年。
>
> 列星萃正气，三子分齐全。光焰足千古，姓名同赫喧。
>
> 为屈子竞渡，为介子禁烟。人心维纲常，实事非空言。
>
> 采风遘星使，吾将呈此篇。吁嗟尘世中，谁敎赓昔贤。

杨慎作《夜宿泸山》。

> 老夫今夜宿泸山，惊破天门夜未关。

---

① 郑少成. 西昌县志 [M]. 民国《西昌县志》重印本. ［出版者不详］，2012：911.

谁把太空敲粉碎，满天星斗落人间。

此诗载入《升庵集》中，见于《西昌县志》《宁远府志》以及《邛嶲野录》的记载，又名《观火炬》《夜宿泸山》，诗歌展现了在火把节夜宿泸山时看到的邛池周边火炬燃烧，灿若星辰的壮美景象。

另外，西昌地方官书纶、胡薇元留下了与火把节相关的诗文。

书纶作《西昌杂咏十四首》其六。

控险资雄镇，连环十二营。麾旗夷瘴散，试马野花明。

春暖乌蒙国，霜来孟获城。边民传火节，犹为武侯迎。

胡薇元作《和书硕农丈西昌杂咏十四首》其八。

火节炎方重，宵阑星斗低。椎牛同徼外，禄马界河西。

隔岸鱼灯小，远山虫树齐。板桥支磴窄，野老惯扶藜。

书纶作《火把节》。

火把节亦名星回节，每年六月二十四日燃火炬，谓之吊阿南。今滇俗六月二十四日、二十五日，比户扎松为燎，高丈余；入夜，用以照田祈年。（其时）戚友会聚，杀牲饮酒，夷汉同之。

唐开元间，有邓赕诏者，六诏之一也。南诏欲并五诏，因星回节召五诏，令饮于松明楼。邓赕妻慈善，惧难，止夫勿行；不听；乃以铁钏约夫，背而别。

比至南诏，火其楼。诸诏寻夫骸不可识，独慈善以钏故，将其骸以归。南诏异其惠，以币聘之。善以夫未葬为辞。既葬，乃于樱城自守。南诏以兵围之三月。食尽，善盛服端坐铖以死。南诏寻悔，旌其城曰德源。

今滇俗六月廿四日，比户所松焉。燎长丈余，入夜争先燃之，用以照田祈年，以炬之明暗卜岁之丰歉。戚友会聚，剸牲饮酒，夷汉同之。

第六章 / *CHAPTER 6*

从地方志看凉山艺文

第一节　凉山地方志《艺文志》风貌

对凉山地方志的研究主要以民国及民国之前刊印的地方志为研究依据，以《西昌县志》《会理州志》《冕宁县志》《雷波厅志》《盐源县志》《越嶲厅全志》《宁远府志》等地方志中的《艺文志》为研究对象。凉山地方志中的《艺文志》集聚了古往今来各个时代关于凉山的著述篇目和诗文辞赋，记叙和反映了凉山这一地域的学术传承、文化发展过程和文学创作成就，《艺文志》所录之记、序、碑文、诗、赋等内容，与政治、经济、宗教、伦理、教育等各个领域相关联，与风俗习惯、民风民情相涉及，如建造城池书院、修路架桥赈灾、颂扬名人贤士等，皆与本地的人和事息息相关，凉山地方志中的《艺文志》多层面、多角度反映了这一地域的社会文化风貌，有着鲜明的时代特征和浓郁的地域文化内涵，能为地方文化和经济的发展提供宝贵的资料。

一、凉山地方志《艺文志》总体情况

从凉山地方志《艺文志》所收录的诗文来看，作家、作品、体裁、风格从明代开始呈现出繁荣景象，但明以前的作品流传较少。虽说西汉初期司马相如开发了这片土地，但由于年代久远，这里的文学发展情况却少有资料记载。再加之这一地域有将近 400 年的战乱频繁期，自公元 9 世纪至 13 世纪中叶，这一地域不归中土，先后属于南诏和大理国，因而文学作品没有得到很好的传承。

（一）凉山地方志《艺文志》收录标准

凉山地方志《艺文志》仅记一地之文献。凉山地方志《艺文志》总体数量较多，但名家、大家存作较少，正如《冕宁县志》所云：蜀中《艺文志》，以升庵先生选本为最著，体例精严，搜罗宏富，固不待言。其中，若司马长卿

《喻巴蜀檄》，王子渊《九怀》，杨子云左太冲之《蜀都赋》，以及王、杨、李、杜、苏、黄、范、陆诸君子之诗词记序，任举一篇皆足以开拓心胸，推倒豪杰。他处省志尚难媲美，况边隅蕞尔更何足言艺文。不知渝舞巴歌，民情可见，蜀弦陇曲，乐府并传，邑乘之说以重，岂必借资于古人哉？凡一文一诗，有关于邑之利病、沿革者，汇尔载之，无不可验政治、观风俗焉①。这是说，凉山地方志《艺文志》是将关乎地方的大量文献筛选、编辑，这些选录的内容，令人感受到时代的脉搏、考见地方的文化风貌、洞悉时代精英所关注的问题，提供有关政治、经济、文化、军事、外交、民族等问题的系统资料。

收入凉山地方志《艺文志》的作品，或者是有关地方志记述范畴之内的作品，或者是地方本土文人所作的作品，或是客居此地的文人记述此地的作品。这些作品于人、于事、于理都关乎"地方"，或是记风景名胜、抒情言志、吟咏民情风俗，或是书目反映学术，或是碑铭序跋记载时事，或是地方官员策论时政，都是营造了凉山这一地域特有的社会和文化氛围。凉山地方志《艺文志》多方面、多角度提供关乎地方的信息，这一特征对构筑地方文化起到了独特的作用，具有较高的文学价值和文化价值。

（二）凉山地方志《艺文志》体例

考察凉山地方志《艺文志》，发现体例并不一致。民国《西昌县志》是诸县志中收录艺文最多、分类最为细致的。分类的原则诚如编者所言：边隅郡县，成帙既难，发刊尤不易，韩陵片石，仅有足珍，一爪一鳞，无不可贵，岂能拘于古例。兹订正县志，分著述、文苑二门，艺文成书者，归著述门，从经籍志例，仅列书名卷数，间附按语，或录原序。散见者归文苑门，去取虽严，珍奇必录，庶乡先达风度，可于片纸字间，想象得之②。《西昌县志·艺文志》分著述、文苑二门，著述仅列出书名、卷数、序文，文苑分为书牍类、碑志类、记叙类、辩论类、箴铭、墓表类、辞赋类、诗词类，共八类；诗歌按体裁分为五言（五言古体、五言律诗、五言绝句）和七言（七言古体、七言律诗、七言绝句）以及蜀中新乐府；其数量为：著述、书牍类2篇，碑志类6篇，记叙类10篇，论辩类4篇，箴铭2篇，墓表类5篇，赋类10篇，诗词249首。

再如《盐源县志·艺文志》分为奏疏、纪略、序、记、传、赋、诗、歌八类。《冕宁县志·艺文志》分为记、跋、禀、诗四类。《会理州志·艺文志》分为文、赋、诗、词四类。《宁远府志》按照先文后诗的顺序排列，并无明确体例之分。

---

① 李英粲. 冕宁县志 [M]. 冕宁县地方志办，校编. 冕宁县：冕宁县印刷厂，1996：127.
② 郑少成. 西昌县志 [M]. 民国《西昌县志》重印本. [出版者不详]，2012：749.

（三）凉山地方志《艺文志》作家构成

凉山地方志《艺文志》作家主要由三部分构成：以李京、朱笪、周光镐、范守己、顾汝学为代表的宦游作家，其作品以风物景观、仕宦见闻为主；以查礼、德福、牛树梅、书纶、崔志道、胡薇元为代表的地方官员，作品多表达任职作为、日常政事；以李拔萃、杨学述、杨鼎才、颜启芬、颜启华、颜启芳、颜汝玉为代表的本土文人，其作品特点是数量可观、情感真切、富于乡土气息。

以明代仕宦凉山的官员为例，看凉山地方志《艺文志》收录情况：朱笪，浙江山阴人，明嘉靖年间以按察司副使身份分巡建昌道，留有诗作《打冲河督修索桥二首》《泸山望海楼六首》；周光镐，广东潮阳人，曾于万历十四年（1586年）任征南监军，率兵平建昌土官瞿绍良部属之乱，又多次巡视建南，有《孙水二首》《万历丁亥泸山寺饮至二首》；范守己，河南洧川人，曾于万历二十四年（1596年）任建昌兵巡粮储督学道，留有《建南杂咏四首》《巡建昌杂咏五首》；顾汝学，南直仁和人，万历二十七年（1599年）任建南兵巡粮储督学道，有诗《晒经石》《登泸山感怀》。这些仕宦官员留下的与凉山有关的诗篇，对了解这一地域的文化有独到的价值。

以清代西昌地方官员为例，看凉山地方志《艺文志》收录情况：查礼，乾隆三十二年（1767年）任宁远知府，有诗《暮春东郊劝农》；德福，嘉庆六年（1801年）任宁远府知府。有七言律诗《嘉庆七年冬十月游泸山》；牛树梅，道光三十年（1850年）任宁远府知府，有诗《西昌地震纪变》《八月十二新晴纪异》；崔志道，光绪九年（1883年）任宁远知府，收录碑志《宁远府重修泸峰书院》；书纶，三任西昌知府，有《西昌杂咏十四首》；许振祥，光绪年间任西昌县令，有《西昌留别六首》。胡薇元，光绪二十一年（1895年）任西昌知县，有诗《和书硕农丈西昌杂咏十四首》、碑志《研经书院记》、记叙文《重修西昌县南坛记》。李淇章，光绪二十六年（1900年）任西昌知县，收录碑志《创建节孝总坊记》。

二、凉山地方志《艺文志》特例举隅

（一）作者错误的考证

《越嶲厅全志·艺文志》收录唐代诗人马艾所作《蜀中经蛮后寄陶雍》一诗，据《全唐诗》记载，应将此诗归入雍陶诗，题为《答蜀中经蛮后友人马艾见寄》。

凉山地方志《艺文志》所录诗文多为明清所作，《越嶲厅全志·艺文志》

收录唐代诗人雍陶所作《哀蜀人为南蛮俘虏五章》四首，据《新唐书·艺文志》记载，组诗应为五首。这五首加之《蜀中经蛮后见陶雍》，能从侧面了解当时这一地域的相关情况。六首诗兹录如下。

初出成都闻哭声

但见城池还汉将，岂知佳丽属蛮兵。

锦江南度遥望哭，尽是离家别国声。

过大渡河蛮使许之泣望乡国

大渡河边蛮亦愁，汉人将渡尽回头。

此中剩寄思乡泪，南去应无水北流。

出青溪关有迟留之意

欲出乡关行步迟，此生无复却回时。

千冤万恨何人见，唯有空山鸟兽知。

别嶲州一时恸哭，云为之变色

越嶲城南无难地，伤心从此便为蛮。

冤声一恸悲风起，云暗青天日下山。

入蛮界不许有悲泣之声

云南路出陷河西，毒草长青瘴色低。

渐近蛮城谁敢哭，一时收泪羡猿啼。

蜀中经蛮后寄陶雍

茜马渡泸水，北来如鸟轻。几年期凤阙，一日破龟城。

此地有征战，谁家无死生。人悲还旧里，鸟喜下空营。

弟侄初定，交朋心尚惊。自从经乱后，吟苦似猿声。

雍陶，字国钧，成都人。唐太宗大和八年（834年）进士，历任侍御史、国子毛诗博士，出任简州刺史，世称"雍简州"。其所作《蜀人为南蛮俘虏》为组诗，所记历史事实乃唐太宗大和三年（829年）南诏大举入侵，攻破成都，掳走川西子女工匠一事。组诗以朴实的语言、真切的情感，以时间和行程为序，抒写了自己沿途的感受。《答蜀中经蛮后友人马艾见寄》一诗写大和五年（831年）川西节度使李德裕使人责南诏放还所掳子女工匠约4 000人，诗人亦在其中，历经患难，痛定思痛。诗人在给友人的诗作中述经历，感欣慰，叹悲苦。

（二）对诗集的补充

杨慎为明代大学者、文学家、书法家，曾被流放到云南永昌，往来之间途经会理、西昌、越嶲，留有诗作。凉山地方志《艺文志》中有三首诗是《升庵集》中未见的。其一，《西昌县志·礼俗志》载《宿泸山》一诗：老夫今夜宿泸山，惊破天门夜未关。谁把太空敲粉碎，满天星斗落人间，《升庵集》中未载入此诗，《西昌县志·人物志》说杨慎：以议礼谪滇南，六月二十四日登泸山观火炬，相传有诗云……①，《邛嶲野录》有相同记载，说他：间道建昌归家省亲，尝夜宿泸山光福寺，适值建昌火把节，作诗曰……②，《宁远府志·艺文志》收录此诗。其二，《会理州志·艺文志》收录杨慎所作的《元泉观五言古体》一诗：名园会水傍，游女出滇阳。竹叶沾春酒，梨花洗墨妆。醉来迷眼处，疑是碧云乡。此诗未入《升庵集》，被《宁远府志·艺文志》选录。其三，《会理州志·艺文志》收录杨慎的《松坪关》一诗：莫唱离歌惨别颜，蜀云滇月共青山。太平处处经过惯，梦里还乡又出关。《升庵集》中亦未收入此诗。

（三）女作家作品一窥

《会理州志·艺文志》收录了王氏女的两首诗——《吊汪贞女蕊芳》和《吊闺友叶氏》。王氏女，号梅花女史，会理人，是当地有名的才女。地方志《艺文志》中收录的作品多为地方官员、名儒、贤士之作，收入女作家诗文的情况比较少见。这两首诗皆为悼逝之作，真情至忱，旧时代女性的悲情可窥见一斑。

清道光、咸丰年间有一位王氏女，乃会理州处士王元甫之第三女，人称王三姑，自号"梅花女史"。《会理州志·人物传·列女》记载：王三姑，州处士元甫第三女，贡生继曾妹，工诗古文辞，有《病中怀女伴诗草》一卷，尤精岐黄，女媛有疾，求其方，应手辄孝。守贞不字，与其女弟子汪蕊芳意志相投，于同治三年（1864年）病故③。下面是其两首怀友诗。

吊汪贞女蕊芳

草掩孤坟忍再过，生前怕唱别离歌。
虽加一日情难已，比及三年恨若何！
握手可怜佳梦少，同心直觉老身多。
归真返璞风流在，誓到重来定不讹。

汪蕊芳，《会理州志·人物传·列女》亦有记载，乃会理州文生汪珍之女，性颖异，工诗书画，又工刺绣，年及笄，议亲人纷至，此女愿守贞，不字香闺。跟从王三姑学，诗稿于会理兵燹后散失，尝咏白菊花一联云：素位行来昭晚节，红尘洗尽葆天真。

在《吊汪贞女蕊芳》一诗中，王氏女表达了对既是弟子又是闺中友人的汪

① 郑少成.西昌县志[M].民国《西昌县志》重印本.[出版者不详]，2012：708.
② 何东铭.邛嶲野录[M].影印本.成都：巴蜀书社，1992：715.
③ 邓仁垣.会理州志[M].影印本.成都：巴蜀书社，1992.

蕊芳的悼念之情。据《会理州志·艺文志》记载，这首诗原作有"重泉再世宁忘恨，应报他生此日情"之句，来倾吐对汪蕊芳的浓厚情谊。

吊闺友叶氏

伤心诀别罔嗟呀，扫墓孤儿鬓未华。

菊瘦吟残青玉案，风高吹冷白莲花。

钟情不遂人孤影，有梦难寻天一涯。

碎砚焚琴空惆怅，落红佳句代笺纱。

叶氏是王氏女闺友，也是一位才女。"菊瘦吟残青玉案"一句，作者自注：素以菊花诗唱和至百首。由此可见二人平日来往密切，唱和颇多，作者悼念好友，悲从中来，情难自已。据《会理州志·艺文志》记载，这首诗原作有"独坐檐前无诗句，赢得落花满衣裳"之句，写自己失去朋友之后的孤寂。

第二节　李京"纪行诸诗"[①]

李京，元代诗人，有诗集《鸠巢漫稿》，但诗集已散佚。大德五年（1301年），李京奉命宣慰乌蛮，三年期间游历全滇，依据见闻完成《云南志略》四卷，包括人物、风俗、山川、物产、纪行诸诗，现存《云南总叙》及《诸夷风俗》两篇。王叔武的《云南志略辑校》自《永乐大典》、景泰《云南图经志书》、嘉靖《大理府志》等辑出"纪行诸诗"十六首。本节以《元代滇诗辑注》为文本，参阅《云南志略辑校》，对李京十六首"纪行诸诗"的地域特色、政治情怀、羁旅之情进行粗略梳理。

一、李京及其创作

李京，字景山，生卒年不详，河间（今属河北）人。因自号鸠巢，故其诗总题曰《鸠巢漫稿》。其生平事迹略见于虞集《李景山诗集序》，称其蚤岁即起家，掌故枢府；不数年遂长其幕。方骧用而遽坐废，盖五年；而后宣慰云南，三年而报使移病，归乡里[②]。据景泰《云南图经志书》记载：李京于大德五年（1301年）春，由枢庭宣慰乌蛮，寻升乌撒乌蒙道宣慰副使，配虎符，兼管军万户。时其地隶云南行省[③]，他在云南的三年，正值缅甸掸族三兄弟废缅王自

---

① 花志红. 李京"纪行诸诗"述略 [J]. 文教资料，2016（18）：8-9，93.

② 郭松年，李京撰，王叔武校注. 大理行记校注　云南志略辑校 [M]. 昆明：云南民族出版社，1986：106.

③ 陈文，李春龙，刘景毛. 景泰云南图经志书校注 [M]. 昆明：云南民族出版社，2002：38.

立，元朝政府应缅王请求，派云南行省平章薛超兀儿率兵围掸族三兄弟于木连城。因此李京在《云南志略自序》中称其在云南期间，比到任，值缅事无成①。在被任命措办军储事期间，他足迹几遍云南各地，山川地理、土产、风俗，颇得其详②。依据见闻，李京撰写《云南志略》四卷，进呈朝廷。至大二年（1309 年），李京以吏部侍郎奉使安南。

李京的《云南志略》是元朝建立云南行省后的第一部云南省志，为明代云南诸方志之宗，具有极高的学术价值、史料价值。今所传者仅《说郛》节录的《云南总叙》及《诸夷风俗》两篇，原书大部分内容已经散佚。王叔武的《云南志略辑校》自群书中辑出若干佚文。其诗歌创作，据虞集《李景山诗集序》记载：为诗几数百篇，而云南诸作尤为世所传颂③。由此可知其诗歌创作应有一定数量，且宦游云南之作在当时得到了世人的认可，可惜均已散佚。王叔武的《云南志略辑校》自《永乐大典》、景泰《云南图经志书》、嘉靖《大理府志》等辑出"纪行诸诗"十六首。这十六首诗作虽只片鳞只羽，难窥其诗歌全貌，但与《云南志略》存篇并读，对于了解李京本人以及元代云南行省辖境的山川形胜、民族风物有一定的价值。

《云南志略辑校》辑出的"纪行诸诗"十六首诗为：《出使云南留别都城诸公》《过安西遇礼部主事郭文卿携歌饯行》《过七星关》《过牂牁江》《初到滇池》《行次乌蒙》（二首）《过金沙江》《越嶲元日》《雪山歌》《元日大理》《点苍临眺》《天镜阁》《滇池重九》《翠盆叠嶂》《瀑泉丸石》。杨福泉主编的《元代滇诗辑注》对这十六首诗进行了较为详细的注解，本文主要依据《元代滇诗辑注》对这十六首诗进行梳理。

二、"纪行诸诗"的地域特色

1253 年，忽必烈率领蒙古兵从金沙江上游渡江南下进入云南，灭了大理国，结束了云南长达五百年的南诏、大理地方性、民族性政权的统治。1273年，元朝建立云南行省，在云南实行与内地一致的统治政策。云南行省辖境相当于今云南、四川西南部及贵州西部。1301 年，李京奉使宣慰乌蛮，其足迹遍布云南行省各地，在《云南志略自序》称自己宦滇之时乌蛮、六诏、金齿、

① 郭松年，李京撰，王叔武校注. 大理行记校注 云南志略辑校 [M]. 昆明：云南民族出版社，1986：66.

② 同①

③ 郭松年，李京撰，王叔武校注. 大理行记校注 云南志略辑校 [M]. 昆明：云南民族出版社，1986：106.

百夷，二年之间奔走几遍①，由于是亲身见闻，李京对云南地理风貌、山川形胜、土产风物都熟稔于心。

（一）风景名胜

云贵川一带风景名胜独具特色，尤其是云南地处天南，属高原地形，地貌奇特，山川秀丽，风景优美，其山水风貌或雄伟奇丽，或清幽别致。大自然的钟灵毓秀为诗人留下取之不尽、用之不竭的创作源泉，那些巍峨壮观、气势磅礴的名山大川给从内地入滇的李京以强烈震撼，因而留下了大量歌咏云南行省山光水色的作品。

从李京的"纪行诸诗"十六首来看，涉及的山川名胜有：昆明双塔、点苍山、天镜阁、洱海、玉龙雪山、金沙江、翠盆水、瀑泉、七星关、牂柯江等。其地域跨越如今的云、贵、川三地。

如《点苍临眺》：水绕青山山绕城，万家烟树一川明。鸟从云母屏中过，鱼在鲛人镜里行。翡翠罘罳笼海气，旃檀楼阁殷秋声。虎头妙墨龙眠手，百幅生绡画不成。这首诗中巍峨伟岸的苍山与旖旎秀美的洱海相辅相成，苍山如绿色玉屏，围绕着洱海西面。这一天然美景即便是妙手丹青也难显其胜景。

天镜阁在洱海东岸。《天镜阁》诗云：槛外千峰插海波，芙蓉双塔玉嵯峨。银山殿阁天中见，黑水帆樯镜里过。

《雪山歌》写出了集险奇秀美于一身的玉龙雪山的绝妙：丽江雪山天下绝，积玉堆琼几千叠。足盘厚地背摩天，衡华真成两丘垤。平生爱作子长游，览胜探奇不少休。安得乘风凌绝顶，倒骑箕尾看神州。万历《云南通志》卷四《地理志·丽江府·山川》"雪山"条曰：在府西北二十余里，一名玉龙山，条冈百里，峁巍千峰，上插云汉，下临丽水（金沙江）山巅积雪，经夏不消，岩崖涧谷，清泉飞流，蒙氏异牟寻封为北岳②。《元代滇诗辑注》称：此诗为流传至今的第一首咏颂丽江玉龙雪山的汉诗，李京因此被称为古今玉龙雪山第一知音③。《翠盆叠嶂》《瀑泉丸石》二诗写景细致入微，形象鲜明，颇具特色。《翠盆叠嶂》写道：谷响人言溪路长，溪源未到觉泉香。三盆叠落净于拭，岩根泻玉迸成浆。潭心丽石明翠羽，精英仿佛碧钗股。即非玉女洗头盆，且饮仙人石锺乳。《瀑泉丸石》写道：翠壁千寻挂玉泉，盆涡激石几千年。当时跃浪如龙马，砥砺磨砻变却圆。匹练卷将高五尺，须臾坠落潭花白。如今任远自推

---

① 郭松年，李京撰，王叔武校注. 大理行记校注 云南志略辑校 [M]. 昆明：云南民族出版社，1986：66.

② 李元阳，刘景毛. 万历云南通志 [M]. 北京：中国文联出版社，2013：17.

③ 杨福泉. 2012中国西南文化研究·元代滇诗辑注 [M]. 昆明：云南科技出版社，2013：70.

移，等闲占断蛟龙宅。嘉靖《大理府志》卷二《胜览》"翠盆叠嶂"条记载：
一名清碧溪，在马龙峰南，峪有三盆，涧水三叠，盆中水清石丽，翠碧交加。
"瀑泉丸石"条记载：在帝释山之南，涧曰梅溪，夏秋瀑布下有盆涡，盆中有
一激石，其大如马，水激石跳，铿鍧如雷①。

七星关，位于今贵州省毕节县西南三十七公里的七星关河东岸。相传诸葛
亮征南中班师，途经此地，连夜渡河，燃篝火七堆，如七星照耀，故名。经七
星关下的道路是元代由四川省永宁路入云南的重要通道之一，称"蜀滇要冲"。
李京的《过七星关》一诗中"两厓斩壁连天起，一水漂花出洞流"勾画了伏流
穿山而出，水急流湍、激起水沫如花的壮观景象。

（二）民风民俗

云南行省不仅具有多样化的自然环境，而且少数民族众多，民风民俗多彩
纷呈。不同的文化背景就会产生不同的民风民俗，民俗作为文化的一种表征，
具有十分鲜明的民族色彩和地域色彩。李京宦游云南期间，对西南地区的人情
风物知之甚悉。

李京在《行次乌蒙》中写道：巴塞踰荒服，穷愁寄不毛。云生岚气重，月
白瘴烟高。风土人情异，关山马足劳。李京初到云南，宣慰乌蛮，寻升乌撒乌
蒙道宣慰副使，乌撒乌蒙宣慰司治所在今贵州省咸宁彝族回族苗族自治县。这
首诗写出了乌蒙一带的"岚气重""瘴烟高"，突出这一地区荒凉、贫穷，是不
毛之地，感叹这里"风土人情异"。在《初到滇池》中写道：未谙习俗人争笑，
乍听侏离我亦惊。这首诗写了自己"未谙习俗"，初听西南少数民族的音乐感
到吃惊的状态。人们常言"风情他乡别"，多民族地区的风土民情带给诗人这
个异乡人颇多触动。虽说"纪行诸诗"并未展现具体的民族风情，但《云南志
略》存篇《诸夷风俗》记载了当时云南土著民族白人、罗罗（乌蛮）、金齿百
夷、末些蛮、土獠蛮、野蛮、蒲蛮等的居住区域分布、历史渊源，对这些民族
的生活状况、风俗、服饰等有比较详尽的叙述。从这些记录亦能看到对民族地
区奇异风物和各民族融合交流的描写。

三、"纪行诸诗"的政治情怀

作为朝廷大臣，留下的为数不多的诗篇中依然彰显诗人强烈的政治情怀。
在"纪行诸诗"中，《过金沙江》一首尤为突出。

---

① 李元阳．嘉靖大理府志 ［M］．上海图书馆藏影印本．［出版者不详］，［1563］．

雨中夜过金沙江，五月渡泸即此地。

两厓峻极若登天，下视此江如井里。

三月头，九月尾，烟瘴拍天如雾起。

我行适当六月末，王事役人安敢避？

来从滇池至越嶲，畏途一千三百里。

干戈浩荡豺虎穴，昼不遑宁夜无寐。

忆昔先帝征南日，箪食壶浆竟臣妾。

抚之以宽来以德，五十馀年为乐国。

一朝贼臣肆胸臆，生事邀功作边隙。

可怜三十七部民，鱼肉岂能分玉石。

君不见，南诏安危在一人，莫道今无赛典赤。

这首诗是李京从昆明到西昌，途经金沙江所作。一路行来，诗人不仅经历了山水之险，还感受到人为祸患。越嶲，指元罗罗蒙庆等处宣慰司（治所在今四川省西昌市），其地西汉为越嶲郡，唐代为剑南道嶲州。《云南志略》佚文有记载：从滇池至越嶲，道经金沙江，计程一千三百里①。虽然道路险阻，烟瘴重重，一路劳顿辛苦，但诗人并未更多抒写身世感慨，表现了对国家和人民的担忧。诗的后半部写出了诗人的感触：一是先帝征南，以仁义之师实现国家的统一，朝廷对云南采取以宽安抚、以德为治的政策，全境安定和乐；二是近期有地方官员好大喜功，穷兵黩武，制造边隙，结果伤了国家，也害了这里的"三十七部民"，此处指云南行省左丞相刘滨，于大德四年（1300 年）出兵征讨西南夷之"八百媳妇国"，征募兵饷，引起边境动荡，导致有些地方发生骚乱；三是希望朝廷能派遣像赛典赤赡思丁这样的良臣来治理这归附不久的边地。诗中彰显了诗人爱国忧民的情怀。诗中"三十七部民"指云南全境居民。《元史·地理四》云：云南诸路行中书省，为路三十七、府二，属府三，属州五十四，属县四十七。其馀甸寨军民等府不在此数②。赛典赤，全名赛典赤赡思丁，一名乌马儿。《元史》上记载了此人事迹。帝谓赛典赤曰："云南朕尝亲临，比因委任失宜，使远人不安，欲选谨厚者抚治之，无如卿者。"赛典赤拜受命，退朝，即访求知云南地理者，画其山川城郭、驿舍军屯、夷险远近为图以进，帝大悦，遂拜平章政事，行省云南③。赛典赤居云南六年，治政有方，政绩颇显，得民拥戴。元世祖忽必烈思其治滇政德兼备，诏云南省臣尽守赛典

---

① 郭松年，李京撰，王叔武校注．大理行记校注 云南志略辑校［M］．昆明：云南民族出版社，1986：98.

② 宋濂．元史［M］．北京：中华书局，1976：1457.

③ 宋濂．元史［M］．北京：中华书局，1976：3064.

赤成规，不得辄改①。

元世祖亲征云南，建立了不世之功。像李京这样的朝廷大员，在诗中歌颂国家统一、彰显功业意识、赞美功臣名将，表达自己的忠心与厚望也在情理之中。在《越嶲元日》有"三岛楼台龙虎气，五云丝竹凤鸾音。普天率土皆臣妾，航海梯山总临照"的诗句来歌颂天子威仪，赞美天子有如日月，恩光普照，天下之民无不是圣天子臣仆。

读李京的《云南志略》存篇《云南总序》可看出李京对人物和史事的评价较公允，其"国朝平云南"一节，简略地记叙了元世祖忽必烈及大将兀良吉歹平定云南的过程，高度赞颂了云南行省首任平章政事赛典赤的善政：甲寅春，大驾东还，命大将兀良吉歹专行征伐，三十七部及金齿、交趾举皆内附，云南悉平。……迄至至元甲戌，以平章政事赛典赤行省云南。下车之日，立州县，均赋役；兴水利，置屯田；擢廉能，黜污滥；明赏罚，恤孤贫。秉政六年，民情丕变，旧政一新，而民不知扰②。李京认为云南的安宁和动乱，都与治理云南的官员有关 '所任得人，则乞怜效顺；任非其人，则相率以叛③。其见解与认识独到，很有政治眼界。

四、"纪行诸诗"的羁旅之情

李京宣慰乌蛮，对于朝廷官员的责任能勉力为之，有施展政治抱负的意志。但不可否认，元代时云南地处偏远，发展水平不及内地，加之仕宦必多感慨，因而在宦游云南期间，李京既能感受到耳目所及的山水状貌声色之美，好奇于丰富多彩的民族风情，远离家乡、来到蛮荒之地的忧心也时时相伴。因此有羁旅流离之感、去国怀乡之情在所难免。在其"纪行诸诗"十六首中，流露出离乡之悲、思归之叹的诗作数量过半。

从《出使云南留别都》中的"长林丰草空相忆，瘴雨蛮烟苦见招。"可以看出，李京离京之时已露出离别的伤感以及对边地瘴蛮的隐忧。

《行次乌蒙》其一中的"羁怀类惊鹊，远树不成栖"和其二中的"故园何日到？三叹首频搔。"可以看出羁旅之情一唱三叹。

《过七星关》中"七星关上一回头，遥望乡关路阻修"，思乡之情难以自已。

---

① 宋濂．元史 [M]．北京：中华书局，1976：3066.

② 郭松年，李京撰，王叔武校注．大理行记校注 云南志略辑校 [M]．昆明：云南民族出版社，1986：83.

③ 郭松年，李京撰，王叔武校注．大理行记校注 云南志略辑校 [M]．昆明：云南民族出版社，1986：84.

《过牂柯江》中"归欤何日是真归？惭愧山林与愿违。垂老八千馀里谪，回头四十九年非"写出自己虽是到云南做官但心理上有遭贬谪之感，隐隐露出归老田园之意。

《滇池九日》云：终老柴桑聊自便，三年瘴海未全贫。不须更上高城望，野树寒鸦恨更新。重阳佳节登高望远，思乡、思亲尤为浓烈。《越嶲元日》云：鸡人唱罢晓沉沉，仙仗遥分翠殿深。三岛楼台龙虎气，五云丝竹凤鸾音。普天率土皆臣妾，航海梯山总照临。今日南荒瞻北阙，不胜惆怅泪沾襟。李京身在西昌，心怀北阙，时逢年节，感叹自己在遥远的南方边陲仰望大都，因不能亲睹圣颜而感伤落泪。

《元日大理》云：马华国里逢冬至，点苍山下见新年。饮水嚼蘖将谁诉？断梗飞蓬自可怜。洱水北来明似镜，神州东望远如天。明年此日知何处？醉捻寒梅一泫然。元日只能独在异乡，有"断梗飞蓬"的自叹，手捻寒梅不禁徒生伤感。李京同时代著名文士袁桷评其诗：质而不倨，绮而不逾，袭众芳之英，融寄于穷厓绝域之地①（《李景山〈鸠巢篇〉后序》）。元诗四大家之一的虞集评李京诗：虽能悲宕动人，察其意则能深省顺处，无怨尤忿厉之气，……有以见其所存者，庶几不谬于古人矣②（《李景山诗序》）。又说：至读其纪行诸诗，必有悲其立志者矣③（《云南志略序》）。由此可见，李京诗歌是得到同时代文人认可的。十六首"纪行诸诗"，对于了解李京、了解元代诗歌、了解元代云南行省的山川形貌、风物景观有一定的价值意义。

第三节　明清凉山仕宦诗举隅④

本节以明代任职凉山的官员在凉山地界所创作的诗歌为考察对象，主要以凉山地方志、《凉山州古诗文选释》《历代文人吟西昌古诗文选读》为依据，对明代官员朱篪、周光镐、范守己、顾汝学的凉山仕宦诗进行探究。

凉山历史悠久，在春秋战国时为"邛都国"地界；设置郡县始于汉，以邛都为越嶲郡；唐为嶲州、建昌府、会同府，先后为南诏政权统治、大理国段氏所辖；宋时属大理地方政权管辖；元朝改建昌府为建昌路，以罗罗斯宣慰司总

---

① 李修生. 全元文 [M]. 南京：江苏古籍出版社（凤凰出版社），1999：242.
② 郭松年，李京撰，王叔武校注. 大理行记校注 云南志略辑校 [M]. 昆明：云南民族出版社，1986：106-107.
③ 郭松年，李京撰，王叔武校注. 大理行记校注 云南志略辑校 [M]. 昆明：云南民族出版社，1986：62.
④ 花志红. 地域文化环境下的明代凉山仕宦诗 [J]. 文教资料，2017（14）：7-9.

之；明实行卫所制度，明洪武十五年（1382 年）改建昌路为建昌府，又置建昌卫属四川行都指挥司。清顺治初因明制，仍为建昌卫，雍正六年（1728 年）改为宁远府。凉山政区设置的历史发展脉络清晰，文化底蕴深厚，历史遗存丰富。仅以诗歌来说，明代洪武平定西南以后，文人、官宦或宦或游或巡视或途经，入凉山者甚众，以其独特的视角留下不少吟咏凉山的诗篇。诗歌创作蔚为大观。

一、朱篁留诗凉山

朱篁，浙江山阴人，明嘉靖年间以按察司副使分巡建昌道，在任职期间颇有政绩，为民称道。《邛嵩野录》记载了他的事迹。时会川遭马罗诸蛮番扰乱，篁请兵，两台不可，勃然泪下曰："吾为一方司命，忍其涂炭而不为之，所何以官为？"两台感动，发兵进剿，历百战，诸番悉平[1]。

为打通西昌至盐源要道，朱篁以地方官身份亲赴修桥工地督察，留下《打冲河督修索桥二首》。

石壁两崖称地险，索桥千尺代天工。

晋江漫说初浮马，秦渭虚传不霁虹。

鸟道回翔云影外，松涛低渡水声中。

夜深风雨吹窗急，疑有秋潮自海东。

御风来下打冲河，乍见新桥渡索过。

天马旧疑腾涧壑，云龙今喜卧藤萝。

每怜孤客秋容瘦，独坐西窗夜雨多。

落魄无端湖上客，莼鲈归兴近如何！

打冲河，古名若水，今雅砻江。其上游称雅砻江，下游称打冲河，水流湍急，两岸高山峭壁。明代雅砻江流域两山壁立，水势汹涌，狼牙相拒，舟楫不通[2]。由此可见修桥工程相当艰巨。《盐源县志·舆地·古迹》记载：打冲河索桥，《通志》载在县东北百八十里[3]。

在第一首诗中，诗人化用史籍与传说，以突显打冲河的地势险要，此处山高路险、河深水急，修桥实属不易，但作为地方官员，自己责任在身，亲自到打冲河工地督察索桥的修建，看此艰险，心中不免忧虑。第二首写索桥

① 何东铭. 邛嵩野录 [M]. 影印本. 成都：巴蜀书社，1992：534.

② 曹学佺. 蜀中广记 [M]. 四库全书本.

③ 辜培源. 盐源县志 [M]. 影印本. [出版者不详]，[1898].

完工，了却心愿，欣喜之中顿感飘零之苦，末句"莼鲈归兴近如何"化用《晋书·张翰传》"翰因见秋风起，乃思吴中菰菜、莼羹、鲈鱼脍，曰'人生贵得适志，何能羁宦数千里以要名爵乎！'遂命驾而归"之意，透露了辞官归家的念头。

　　西昌泸山邛海是风景名胜地，大凡文人雅士到此地都会进行一番游历，留下几首赞美山水之美的佳作。朱篑在五月"观稼南郊"，顺道游邛海、登泸山，登临泸山望海楼有感而发，写下了《泸山望海楼六首》。诗歌记录了游览登临的过程，描绘了迷人的山水风光，抒发了登楼远眺的所感所思。

其一

夜雨侵晨发野棠，夏畦今始插春秧。

壮心甘滞夷荒远，游屐欣逢化日长。

海国无尘回宦辙，禅池有水泛慈航。

泸山即是香山景，与客相逢美会昌。

其二

天际泸山绕碧流，偶因观稼复来游。

岩峦隐见云城簇，楼阁参差水国浮。

隔岸有缘窥岛屿，就深何计问方舟。

莫嫌吐纳乾坤阔，有客扬帆在渡头。

其三

山阁晴窗海屋通，渔歌来自水声中。

地当南国风尘别，景入西湖臭味同。

尚忆星枢临极北，邀闻鼓角震天东。

笑谈竟日元戎思，听受惭予耳未聪。

其四

五月荷花未放红，湖皋先已动香风。

渭浮春树天无北，海浴扶桑地有东。

野合烟山回夕照，楼含云水接晴空。

叙身相对金樽月，宾主徘徊倒影中。

其五

漫劳春去怨啼红，望海楼前趁趁风。

梅雨有情飞岭北，黎云无梦出江东。

心旌未逐鸿毛落，眼界能明月镜空。

与客休论荣辱事，湖山常在酒杯中。

其六

观稼南郊独倚楼，海风山月似清秋。

湖光草树烟尘静，人迹乾坤日夜浮。

影动玉龙灵鹫出，气吞银汉彩虹流。

蒹葭深处伊人在，我友携舟共遨游。

《西昌县志·地理志》"名胜"条目下介绍泸山：在城南十里，邛池之南，雄深秀拔。介绍邛海：西昌多奇山水，而东南郭外为秀绝，以邛池浩浩映发其间，其灵境万变而不可穷，海周百余里，状若蜗牛出壳①。泸山上有寺观十余所，皆有望海楼，此处应是泸山光福寺望海楼。光福寺始建于唐代贞观年间，明建文四年（1402 年），圣旨封泸山大佛寺为光福寺。明成化元年（1465 年）明宪宗朱见深御书寺名。泸山东濒邛海，古木葱茏，四季常青，以"松、风、水、月"称奇，邛海以"清、幽、丽、雅"闻名于世，风光如画。从《泸山望海楼六首》中，我们可以看出作者将泸山邛海美景尽收眼底，赞叹景致的变化无穷，自己也被这水国风光迷住了，沉浸其中，尽情享受这湖光山色。《泸山望海楼六首》应是较早的系统描绘泸山邛海美景的组诗②，《凉山州古诗文选释》对其中的第二、六两首进行了评析，称其诗人之陶醉，纯因"望海"而生，但其俯视的角度以及视野的辐射和扫描，又是出自泸山之腰的这座"楼"上③。

二、周光镐留诗凉山

周光镐，号耿西，广东潮阳人。明隆庆五年（1571 年）进士及第，万历十四年（1586 年）奉四川巡抚徐元泰之命以监军率兵平建昌土官瞿绍良部属之乱。万历二十年（1592 年）任建昌兵巡粮储督学道，有政声。《邛嶲野录》载：万历初年，建越夷叛，远近震惊。镐至，威声丕振，夷虏夺魄，诸酋授首，民以安辑。修城堡，筑关隘，汰衡征。置学田以惠多士，注《武经》以迪介戎，清赋役，持纲纪。一时风清弊绝，兵民翕服④。

郑焕隆《周光镐事迹编年》记有周光镐建昌事迹：万历十四年（1586 年），周光镐五十一岁，时建昌、越嶲一带夷族头领作乱，八月周光镐任建昌行都司兵备道，兼此次征南军监军。九月周光镐为先遣，仅以二十戍卒，渡泸水，抵建昌越嶲，发布文告。万历十五年（1587 年），经数月征战，建昌及越嶲带头夷酋或降或杀，叛乱平定。万历十五年（1587 年）六月腻乃（今雷波

① 郑少成. 西昌县志 [M]. 民国《西昌县志》重印本 . [出版者不详]，2012：78 - 81.
② 王仁刚. 历代文人吟咏西昌古诗文选读 [M]. 成都：电子科技大学出版社，2015：12.
③ 蒋邦泽，武谊嘉. 凉山州古诗文选释 [M]. 成都：四川大学出版社，2007：32.
④ 何东铭. 邛嶲野录 [M]. 影印本 . 成都：巴蜀书社，1992：535.

马湖一带）的夷酋叛乱，川抚奉命再征伐，周光镐出任监军。万历十六年
（1588年）征赋乃之战成功。周光镐因平乱有功，进秩一级，职衔为四川布政
司右参政管理建昌兵巡粮储道兼按察司佥事①。《西昌县志·兵寇志》记录了
这次平叛的全过程：万历十五年（1587年），建昌士官瞿绍良部酋，安守，五
咱，大咱叛。四川巡抚徐元泰，以监军周光镐，总兵李应祥，督军分击，先后
破之，剧盗悉平。万历十四年（1586年）十月，监军周光镐，自顺庆入建昌，
置叛夷内援徐孝忠于法②。

周光镐任征南监军，又多次在建南巡视，在此期间留下大量诗文，内容多
与南征有关。

孙水即今之安宁河，也是《史记》中司马相如"通零关道，桥孙水以通邛
都"③提到的孙水。《孙水二首》第一首写征战凯旋而歌，气势高昂。第二首
写孙水沿途景色，泸沽峡一带水势浩荡，蜡虫树丰茂，野花满山，诗中最后还
抒发了以水利造福百姓的愿望。诗歌如下。

三征劳上将，一水下雄关。流接西泸渡，源寻朔浪山。
星桥通虎节，雷鼓震乌蛮。会见狂澜息，江头唱凯还。

斗绝泸沽峡，江流一线通。淙淙喧谷底，湜湜润河东。
蜡树连山碧，蛮花夹岸红。西南多水利，被泽汉夷同。

《西昌县志·政制志》写道：万历中西南三征，镐为监军，从征建夷。事
平，会诸将于泸山光福寺，举饮至之礼，作《饮至诗》二首，刻于石，又有
《孙水》《邛海》《泸沽》各诗，皆雄健有气韵④。"饮至"为古时的一种典礼，
《左传·隐公五年》记载：三年而治兵，入而振旅，归而饮至。万历十五年丁
亥（1587年）南征胜利后，周光镐与诸将领到泸山光福寺庆功，写下《万历
丁亥泸山寺饮至二首》。

战后河西百砦空，黄云白草胜悲风。
鲸鲵戮尽成京观，邛海波涛血尚红。

宴罢辕门日色曛，椎午酿酒劳三军。
铙歌已奏平蛮曲，铜柱应标雪岭云。

泸山光福寺的石碑上刻有第一首诗。虽为庆功之作，但诗人对于战争的残

① 郑焕隆.周光镐事迹编年［J］.汕头大学学报，1999（1）：88-89.
② 郑少成.西昌县志［M］.民国《西昌县志》重印本.［出版者不详］，2012：535.
③ 司马迁.史记［M］.北京：中华书局，1982：3047.
④ 郑少成.西昌县志［M］.民国《西昌县志》重印本.［出版者不详］，2012：222.

酷、战后的荒凉景象感慨颇深。

三、范守己留诗凉山

范守己，字介儒，河南洧川（今河南省尉氏县西南）人。明隆庆四年（1570 年）中举，万历二年（1574 年）登进士。官至兵部侍郎，万历二十四年（1596 年）任建昌兵巡粮储督学道，其间著有《九夷考》《建昌疆场考》《筹边图记》等，《西昌县志》称其：于建昌情形及明治沿革得失，颇中肯綮①。《越嶲厅全志·职官志·政绩》称其：河南洧川人，按察使按部越嶲，捐俸建金马文昌宫，垂训士子碑载寺观志②。

明时称建昌亦曰建南。范守己在任期间对此地历史、风土民情极为熟悉与热爱，写下了极具地域特色的《建南杂咏四首》。

其一
建南好，乘兴踏青行。

虫果佥权村有市，蜡花开遍庙无灵。春会托清明。

其二
建南好，北望海溟蒙。

蜃气晓团云白色，蛟龙昼激雨千峰。奇景幻无穷。

其三
建南好，小阁绿阴中。

浅水稻田寻蛤菜，夕阳山路采鸡堫。载酒醉西风。

其四
建南好，冬意略如春。

凉霭不妨花醃醃，热焰端助草精神。气候总翻新。

原题虽未标明词牌名，仍可知为《忆江南》。《西昌县志·艺文志》将这四首词归入"蜀中新乐府"。四首词依次写春、夏、秋、冬四季而所展现的风貌各有侧重。第一首写风土民情，是一幅建南风俗画；第二首写邛海风光；第三首写建南特产；第四首写四季如春的气候。《建南杂咏四首》展示了西昌一年四季的美妙。第一首展示了清明前后建南人踏青赏景、办春会的热闹，市场上水果满市，蜡虫交易繁忙，买卖人穿梭其间，一派欣欣向荣的景象。西昌安宁河中下游一带盛产蜡虫，有蜡园无数。蜡虫盛况在《西昌县志·礼俗志》有记载：四山产蜡虫，春夏之交，洪雅夹江峨眉市虫之客，千百成群，宁雅大道，

① 郑少成. 西昌县志［M］. 民国《西昌县志》重印本.［出版者不详］，2012：223.
② 马忠良. 越嶲厅全志［M］. 影印本.［出版者不详］，［1906］.

旅店充塞。近山乡镇，固多虫市，即城外西街，夕阳西下，售客拥挤，川庙设虫称，灯光灿烂逾夜半①。安宁河流域果树种植面积广，形成夹岸果树花草，芳菲秀润的景象，并且蜡树遍布，正如县志中记载的"频河两岸，多蜡树，产白蜡最旺"②。

范守己的凉山诗作中，脍炙人口的还有《巡建昌杂咏五首》：《过雪山岭》《宿登相堡夜梦周公武侯敬纪》《赴建昌暂次礼州所偶成》《邛池》《泸山寺》。此为五首组诗，依次展示了作者巡西昌时沿途所见所感。

过雪山岭

百盘才到雪峰头，四望天垂隘九州。
霰积层峦明宝剑，冰连枯骨触华辀。
瑶岑日冷飞鸢坠，玉岫云寒卧豹愁。
为忆相如持汉节，北风吹裂鹔鹴裘。

宿登相堡夜梦周公武侯敬纪

逾雟南来度雪山，要荒到此是边关。
越裳慕义归王会，邛部输心入汉班。
重译千年歌白雉，七擒五月伏乌蛮。
我来梦寐如相问，多少勋名在世间。

赴建昌暂次礼州所偶成

汉节持来向楪榆，礼州薄暮睡须臾。
共看传檄能通筰，岂为平蛮急渡泸。
霖雨才将柔越雟，阳春应已布邛都。
南中仕女休相问，不是相如卖酒徒。

邛池

邛都郊外问邛池，山色茏苁影倒垂。
神龙困厄泥蟠日，城郭分明水落时。
风细雨舟帆力软，月明僧寺磬声迟。
莫言边地无嘉胜，紫阁峰阴一漾陂。

泸山寺

慈云高护翠微巅，一片湖光接梵天。
座拥须弥蹲白象，波澄苦海种青莲。
金绳界处祇林密，宝筏回时珠颗圆，
借问暗黎三昧法，静中学坐细参禅。

---

① 郑少成. 西昌县志［M］. 民国《西昌县志》重印本．［出版者不详］，2012：281.
② 郑少成. 西昌县志［M］. 民国《西昌县志》重印本．［出版者不详］，2012：48.

　　这五首诗既展现了沿途所见之景致，又借用历史典故暗示了此次建昌之行的信心和志向，隐隐透出自豪感。诗中提到的两个历史人物司马相如和诸葛亮，都是为建南历史建立功勋的人物。公元前 130 年，汉武帝拜司马相如为中郎将，出使西南夷，"通零关道，桥孙水，以通邛都"，以邛都（今西昌）地置越嶲郡，属益州（今成都）。三国时代，蜀汉丞相诸葛亮"南抚夷越"之策略和南征也是历史大事件，蜀相南征时"七擒孟获"的故事在民间广为流传。诗中"为忆相如持汉节""邛部输心入汉班""七擒五月伏乌蛮""岂为平蛮急渡泸"等语表达了对历史人物的崇敬。

四、顾汝学留诗凉山

　　顾汝学，字思益，号悦庵，南直仁和（今浙江省杭州市）人，进士及第。万历二十七年（1599 年）任建南兵巡粮储督学道，历四川按察副使，官至云南按察使、右参政。

　　他任职期间所写的《晒经石》一诗颇有韵味。

　　　　一片晒经石，云是唐僧留。何人能说法，致令石点头。

　　据《越嶲厅全志·山川志》记载：晒经关顶，治北三百六十里，峰峦高峻，南北绵亘各十余里，山形浑厚，顶一巨石，即晒经文石，十景之一。置关其上，上修关帝庙，唐国师有狮象，前面走文星，把水口，若问真龙穴，晒经关有云云。顾汝学曾作《晒经石》：一片晒经石，云是唐僧留。何人能说法，致令石点头。厅贡生许亮卿曾作《步晒经石原韵》：佛子元奘去，诗人顾况留。墨光与禅迹，千载晒关头。宋元明几载：光怪久淹留，笑尔真顽性，多年不点头。学使钟骏声有《晒经关》一诗[①]。

　　"晒经文石"是越嶲十景之一。传说唐时玄奘法师自天竺归来曾在此石上晒过佛经。顾汝学的《晒经石》语言通俗，耐人品味，表达了对所流传的晒经石故事的怀疑。

　　后人受这首小诗的启发，许多诗人表达了同样的怀疑态度。清代西昌学子颜汝玉途径晒经关，写下《过晒经关观唐三藏晒经石》一诗：未至晒经关，夙闻晒经石。传说唐玄奘，西来留遗迹。今我至关头，双凫住飞舄。注目关庙中，阶前如列璧。寸许凸地面，纵横不十尺。前人为题诗，今人为立栅。我疑不足珍，胡为载方策？俯首对石言，一一深考核。西来从何方？遇雨当何夕？此经更何经？汝其向我白。石亦不点头，凉风起庭隙。挥手下山巅，眼底群峰碧。清代状元钟骏声以四川学政的身份来到宁远府，也对晒经石的传说表达了

---

　　① 马忠良. 越嶲厅全志 [M]. 影印本. [出版者不详]，[1906].

不可信的态度：西来何事堕河渠？大石斑斓半子虚。我亦有经还未晒，朝朝忆得腹中书。(《晒经关》)

顾汝学的《登泸山感怀》是一首情景结合、颇有地域风貌的诗作。诗前有小序：早春，李绍基，顾振宇二都阃邀游泸山，泛邛池时兴景俱胜，喜而有作。

> 泸山春晓气氤氲，下有池从海穴分。
> 山水天然如幻出，飘飘一棹凌烟云。
> 弹丝击石将进酒，桃李芳菲迎笺口。
> 渔人举网得细鳞，烹向筵前酌大斗。
> 停桡更上观海楼，苍茫一望思悠悠。
> 昔日鲸鲵争战地，今作衣冠汗漫游。
> 李骠骑、顾虎头，愿同守此西南陬。
> 予欲浮槎东海去，看君笑谈觅封侯。

诗歌写泸山邛海迷人的春景、渔人安居乐业的生活、自己与同僚漫游的兴致，以及表达愿意在这个西南边陲建立功勋的心志。

五、王廷取留诗凉山

王廷取，曾任盐源知县。《盐源县志·职官志·题名》：江南婺源县贡生，乾隆二十二年任。《盐源县志·职官志·政绩》：王廷取，字濯亭，江南婺源贡生。居官仁慈……竹枝词如风俗新编，手续范守己九夷之考，邑人颂之[1]。

凉山历史悠久，自然资源绚丽多姿，民族风情独特浓郁，从仕宦角度去探析官员留诗凉山的诗作，对了解凉山地域文化有独特价值。王廷取留下一组《盐源杂咏》记录了这一地域的世态与时风、乡俗和民情。

盐源杂咏

> 杭州古汛冒佳名，四面山环水绕清。
> 小憩邮亭还一快，万松排翠忆江城。
>
> 冲河水涨未归橹，波浪如山雪作涛。
> 隔岸马嘶人意冷，两边盐水价齐高。

---

① 辜培源. 盐源县志 [M]. 影印本. [出版者不详], [1898].

居民活计只樵苏，瘦马驮来带野蔬。
闲说山中秋雨足，满林梣树长蘑菇。

冬日晴干是好天，岭头吃饭树头眠。
冕宁哨接西昌哨。只论盐斤不论钱。

牛羊鸡犬自成村，人半痴愚古朴存。
除却还粮借仔种，更无一事到公门。

收获无多岁亦荒，马螳堡下别炎凉。
县官不是栽花手，要垦山田种杂粮。

眼底沙尘千丈红，秋深雨歇又生风。
重阳节后萧萧起，吹到明年四月中。

黑井尘封白井开，风狂无处不飞灰。
夜深街上闻人语，灶户挨班打水回。

（作者注云：盐邑有黑白二井，黑井从前封过，至今已开，白井灶有六十六条半，分作五班。）

倾囊结伴住山头，分取银星未肯休。
博得佳名成底用，千岩万仞月华楼。

（作者注云：盐邑厂出铅铜亦出银星）

蚁聚蜂屯豹子沟，砂丁沽酒更椎牛。
便教失足知无悔，灯火如星满上头。

（作者注云：盐邑之厂惟豹子沟厂为最盛，而路绝险）

费劲工夫石益监，葱汤麦饭亦艰难。
偶然得矿方盈尺，马上争开点食单。

高崖邃壑遽惊呼，绝险山川古画图。
道侧儿童齐拍手，使君上马要人扶。

这一组诗，以竹枝词的风味吟咏了盐源风土民情、生活习俗、盐业生产，有浓郁的地域色彩。

第四节　清代凉山地方长官诗文创作①

民国《西昌县志》是西昌市旧志中一部体例较完备、内容较丰富、保存较完整的志书，是一份前人留下的宝贵文化遗产，有资政、教育、存史之用，传承了西昌的历史文脉。其中《艺文志》收录60余位作家近300篇诗文，集聚了各个时代关于西昌的著述篇目和诗文辞赋，或绘景记胜、抒情言志、描述风俗，或是书、目、序、文记载学术，或是碑、志、墓、表悼怀人物，或是地方官员策论时事，记叙和反映西昌历史发展过程中的学术源流、文学创作成就和文化发展脉络，从不同方面、多种角度提供关乎西昌这一地域的信息。

《西昌县志·艺文志》按创作主体可以分为本土诗文和仕宦诗文；按内容来分可分为风物景观类、抒情言志类、纪实类；诗歌按体裁分为五言古体、七言古体、蜀中新乐府、五言律诗、七言律诗、五言绝句、七言绝句，古文分为书牍类、碑志类、记叙类、辩论类、箴铭类、墓表类、辞赋类。这些诗文创作多层面、多角度反映社会万象和文化发展，有着鲜明的时代特征和浓郁的文化内涵，为地方文化和经济的发展提供宝贵的基础。《西昌县志·艺文志》的作家中有几位是任职于西昌的知府、知县，他们的诗文表现出独特的地方特征和人文气息。

一、《西昌县志·艺文志》中清代地方长官诗文收录概况

西昌在春秋战国时为"邛都国"，汉为越嶲郡，隋为嶲州，唐时为南诏政权所统治，改嶲州为建昌府，之后为大理地方政权所辖，至元时，大理为蒙古所灭，改建昌府为建昌路，以罗罗斯宣慰司总之，明改建昌路为建昌府，又置建昌卫属四川行都指挥司，顺治初，因明制，西昌为建昌卫。雍正六年（1728年）改为宁远府，以会理州隶属，并置西昌、冕宁、盐源三县，越嶲一厅隶之，西昌为宁远首县，与府署同城。

《西昌县志》记录在册的清代宁远府知府共45位，诗文收录于《艺文志》当中的有查礼、德福、牛树梅、崔志道、雷钟德。《西昌县志》记录在册的清代西昌县知县有三十二位，诗文收录于《艺文志》当中的有书纶、许振祥、胡薇元、李淇章。

查礼（1716—1783年），字恂叔，号俭堂，顺天宛平人。乾隆元年（1736年），应博学鸿词科，入赀授户部主事，拣发广西，补庆远同知。乾隆三十二年

---

① 花志红. 清代西昌地方长官诗文创作探析［J］. 文教资料，2018（1）：9-11.

（1767 年）任宁远知府，后任四川布政使、湖南巡抚。精书画，善诗文，著有《铜鼓书堂遗稿》。《西昌县志·艺文志》收其七言律诗《暮春东郊劝农》。

德福，满洲正白旗监生，嘉庆六年（1801 年）任宁远府知府。《西昌县志·艺文志》收其七言律诗《嘉庆七年冬十月游泸山》。

牛树梅，字雪樵，号省斋，甘肃通渭人。清道光二十一年（1841 年）进士及第，授四川彰明知县，民称"牛青天"。道光三十年（1850 年）任宁远府知府，同年西昌大地震，死伤甚众，牛树梅强忍失子之痛和肉体之伤，扶杖视事赈灾，捐资处理灾后事宜，民皆称其德。《西昌县志·艺文志》收其诗《西昌地震纪变》《八月十二新晴纪异》。

崔志道，字邵方，陕西鄠县人。光绪九年（1883 年）任宁远知府，所至整顿书院，训勉生童，士习以正①，又捐廉创建育婴局、牛痘局、别立孤老院，颇有政声。《西昌县志·艺文志》收录其碑志《宁远府重修泸峰书院》。

雷钟德，字禹门，号仲宣，陕西新安人。治事有常程，秉公执法。《西昌县志·艺文志》收其七言律体《甲辰四月以宁远獠夷之乱被檄往会讨之即行作二首》。

书纶，字硕农，汉军籍，道光二年（1822 年）进士，三任西昌，升越巂厅，以廉能著称。《西昌县志·政制志》称：所至以肃纪纲正风俗为本。……尝修《西昌县志》，有抄本二卷，迄未完成，有《西昌杂咏》十余首②。《西昌县志·艺文志》收录其五言律体《西昌杂咏十四首》。

许振祥，字启山，江西人。光绪间任西昌县令，在任七年。《西昌县志·艺文志》收录其七言律体《西昌留别六首》。

胡薇元，字孝博，又字诗林，浙江人。清光绪二十一年（1895 年）任西昌知县，以儒术治民，以文学教士，创设研经书院，自任山长。著有《玉津阁文略》二卷、《天云楼诗》二卷，又曾修《西昌县志》未竟（成书二卷）。《西昌县志·艺文志》收录其五言律体《和书硕农丈西昌杂咏十四首》、碑志《研经书院记》、记叙文《重修西昌县南坛记》。

李淇章，光绪二十六年（1900 年）任西昌知县。《西昌县志·艺文志》收录其碑志《创建节孝总坊记》。

二、清代地方长官笔下的西昌

地域是一个空间的、文化的概念，每一位文人所从事的文学活动都离不开

---

① 郑少成. 西昌县志 [M]. 民国《西昌县志》重印本. ［出版者不详］，2012：227.
② 郑少成. 西昌县志 [M]. 民国《西昌县志》重印本. ［出版者不详］，2012：225.

特定的时间和空间,清代官员任职西昌,在这块土地上进行诗文创作,也离不开西昌这个特殊的地理环境。西昌自然资源丰厚,气候宜人,民俗风情古朴、丰富多彩,具有浓郁的民族特点和地区特点,这里冬无严寒、夏无酷暑,是宜居之地。任职西昌的官员们很容易对这一地域产生归属感,诗文主动呈现当地山水草木的自然风光和风土民情、文物胜迹,反映居民的生活、活动、饮食、风俗等各种状况。

(一)对西昌风光的赞赏

书纶曾作《西昌杂咏十四首》,情韵温雅,官师多和之[①],这十四首诗分别从西昌的泸山、邛海、仙洞玉泉、火把节、郊外村落与集镇、彝族习俗、人文与物产、文士教育、天然气候等方面表达了诗人对西昌的热爱。其一写道:数载官边邑,重来意邈绵。山川同莞尔,鬓发已苍然。政拙惭经术,才疏愧俸钱。昔时游览地,新景几流连。书纶再任西昌知县,看见熟悉的山光水色又添新景,流连忘返。他笔下的泸山苍翠古朴、如同仙境,赞曰:泸山高不极,泼眼翠重重。壁面藏飞阁,泉流咽古松。杖藜曾望海,欹枕即闻钟。绝顶多云气,真仙或可逢。他笔下的邛海澄澈虚净:邛池非海水,绝底暗通潮。天影落虚净,山光随动摇。他笔下的四季皆春,冬天寒梅自香,春天红杏争先,秋天黄花耐霜,此处"南天风倍异,满目得春光"。因而在这组诗歌最后,诗人由衷感慨:寒叶落未尽,庭除青草生。春风度邛海,深感宦游情。对酒看花色,迎年听雨声。西昌烟景好,不用忆蓴羹。面对如此好"烟景",就连宦游客居之人极易产生的思乡之情竟也荡然无存。

在春日农忙季节,宁远府长官查礼来到宁远府东郊川心堡视察,鼓励农事,看到此地风景怡人,农民各司其职,心情无比愉悦,写下《暮春东郊劝农》一诗:东郊雾色映青旗,雨后乡村处处宜。十里秧田平似掌,三眠柳线软于丝。弦歌不辍川心堡,俎豆常新宋氏祠。正是农人无暇日,且同著老话幽诗。这首诗是说,映入诗人眼帘的是雨后宜人的景色:十里秧田平整如掌,水边柳丝嫩绿柔软,青旗在和风下轻拂,更让诗人欣喜的是这里可闻弦歌之声,可见祠祀常新,礼乐教化深入人心,农人在田间各自忙碌,诗人快乐地同老年人聊着农事。诗歌呈现的是一派风调雨顺、盛世和乐的乡村图景。

嘉庆七年(1802年)冬,德福在游泸山后写下《嘉庆七年冬十月游泸山》一诗:岁稔时和四境平,泸峰高处望边城。海明若镜漾泂出,山翠如屏蕴藉生。古刹鱼音偕鸟唱,溪林樵斧伴溪声。良游到此尘根净,但觉灵台澈底清。这首诗是说,在这样一个四境平安的丰收之年,诗人登上泸山极目远眺,将西昌城景尽收眼底:俯视明镜般的邛海,置身苍翠如屏的泸山,耳听古刹鱼音与

悠悠鸟鸣相伴，潺潺的溪水与樵斧之声相和，不由得让人忘却世俗，尘根清净。

（二）对西昌民俗的描述

西昌是彝族聚居区，这里有绚丽多彩的民风民俗，古朴、独特的文化传统，清代官员任职西昌，自然而然融入这民族风情之中。

书纶作《西昌杂咏十四首》其六：控险资雄镇，连环十二营。麾旗夷瘴散，试马野花明。春暖乌蒙国，霜来孟获城。边民传火节，犹为武侯迎。胡薇元作《和书硕农丈西昌杂咏十四首》其八：火节炎方重，宵阑星斗低。椎牛同徼外，禄马界河西。隔岸渔灯小，远山树虫齐。板桥支磴窄，野老惯扶藜。这两首诗都提到的"火节"指的是农历六月二十四日的"火把节"。书纶的《西昌杂咏十四首》其十描绘了彝族的生活习俗，以及纯朴天然的性格：椎髻披毡毳，榛榛自在游。锅椿连袂舞，酒债计田酬。混沌齐无凿，遐荒安有忧。忘机对鸥鸟，亲近可同舟。

（三）对西昌历史的咏叹

西昌古为邛都国地，汉武帝时通西南夷，后为列朝列代郡、州、卫、府所治。清顺治初，因明制，为建昌卫。雍正六年改为宁远府，并置西昌、冕宁、盐源三县，越嶲一厅隶之①。

西昌拥有深厚的历史文化资源，《史记·西南夷列传》记载：自滇以北君长以什数，邛都最大，此皆有魋结，耕田，有邑聚②。这是最早关于西昌居民生活的记述。西汉武帝元光五年（公元前130年）司马相如"通零关道，桥孙水以通邛都"③，首开西南边疆。由此可见，西昌历史悠久，远在两千多年前的秦汉时期，中央王朝就在这里设置郡县，委派官吏进行管理。

《西昌县志·地理志》在"沿革"中记载了西昌秦汉时期的历史：在《史记·西南夷》与《司马相如列传》有诸此国颇置吏，又秦时尝通为县之文，是郡县始于秦，而宁远即于是时设郡县，惟十余岁秦灭汉兴，旋皆废弃。至汉武帝因司马相如言邛筰可置郡，遂使相如往谕，……元鼎六年（公元前111年），南粤既破，西夷震恐，请臣置吏，乃以邛都为越嶲郡，县十五，邛都称首焉。……蜀汉丞相亮南征，先由越嶲，恣睢旋定，迄于典午，分州划县，越嶲仍属益州④。

---

① 王林吉．凉山州彝族自治州建置沿革［M］．成都：电子科技大学出版社，2012：70.
② 司马迁．史记［M］．北京：中华书局，1982：2991.
③ 司马迁．史记［M］．北京：中华书局，1982：3047.
④ 郑少成．西昌县志［M］．民国《西昌县志》重印本．［出版者不详］，2012：4.

书纶曾作《西昌杂咏十四首》其七。

> 汉代征西僰，穷荒鸟开道。
>
> 至今诸父老，犹自待招徕。

这首诗书写了汉时开发西南边地、打开通道的艰辛。胡薇元的《和书硕农丈西昌杂咏十四首》其五借邛海地陷为淤泽的传说，指出邛都历史的久远：污泽何时陷，相传元鼎年。

三、从诗文记述看清代西昌地方长官的政绩

《西昌县志·政制志》在"政绩"中称赞胡薇元以儒术治民，文学教士，所至建设学校，循循善诱①。从《艺文志》所录的《研经书院记》《重修西昌县南坛记》可以看出其在西昌教育方面的贡献。研经书院乃胡薇元创立，《西昌县志·教育志》"书院制"云：光绪甲午年（1894年），大兴胡薇元来令于兹。时学师相继去。胡兼摄学篆，以经学训诂为教，因鉴于县中泸峰书院狭隘，不足容多士。且他州县来学者，不得入止息。乃为添设府书院之请。……刊定规例，日夕与诸生研习其中。经义治事，两有所教。一洗从来书生空疏之陋习，远近负笈从学者，络绎不绝。……一时人才辈出。每试高捷者甚众②。胡薇元在《研经书院记》一文中记叙了研经书院的创建乃是西昌所处地理位置和当前国家振兴边地的必要，研经书院顺时应世，在两任太守鼎力扶持、地方人士大力支持下顺利而迅捷地建成，并对书院和学子提出殷殷希望：夫通天下之至理者莫如经，非独贵汉尊宋，足以侈其垣也。材足以成物，略足以应变，志职足以化民成俗，而非经则不足以达之。深沉之思，蓄变之文，上溯古昔之至道，显显翼翼之微言大义，非研经不为功。今西昌市第二中学即研经书院之后继。

胡薇元另有《重修西昌县南坛记》一文，通过记叙重修南坛的过程，展现了作为地方长官的他对国家礼制的重视：国家制礼，直省府州县，皆得简爽垲之地，建立社稷坛。坛北向，岁春秋，月上戊日，为民祈报。

泸峰书院始建于清乾隆十八年（1753年），是西昌最早的书院，光绪三十一年（1905年）停闭。宁远知府崔志道在光绪十一年（1908年）曾重新修缮书院，留下碑志《宁远府重修泸峰书院》：宁郡泸峰书院，倾圮不任栖止，今为输资新之。经始乙酉春初，三阅月落成。凡增屋十八间，补葺二十二间。既定学规，因综为学大旨文而勒诸石。文中分析时弊，提出办学的正面主张，要求文人士子立德、修行并加强基础学习，并题泸峰书院联：深造有资，须借鉴

---

① 郑少成．西昌县志 [M]．民国《西昌县志》重印本．[出版者不详]，2012：229.

② 郑少成．西昌县志 [M]．民国《西昌县志》重印本．[出版者不详]，2012：350.

源头活水；景行不远，要无愧对面高山。《西昌县志·教育志》"书院制"条也
肯定了崔志道在地方教育上的贡献：乾隆十八年（1754年），署知府安洪德，
与士绅倡捐建修。……历嘉道咸同以迄光绪，院中房屋颓废，居者寥寥。虽亦
延聘山长，按月课文。但每多奉行故事。有书院之名，无储才之实。自知府牛
树梅及崔志道先后莅任，蒿目疚心。乃择要补葺。光绪十一年（1885年），崔
公独立捐廉，发商生息，派员监修，重定规章①。

宦于西昌的地方长官对西昌政治、文化以及文学产生了积极影响，而西昌
独有的人文环境与自然资源对文人审美心态、诗文内容形式以及风格特征同样
产生了影响，二者形成了双向互动。通过解读诗文，我们能多层面、多角度了
解西昌这一地域的文化风貌，为利用方志资料研究西昌文化史提供借鉴。

四、地方长官的留别诗

（一）孙铿留别诗

孙铿，浙江奉化人，光绪二十七年（1901年）出任越嶲厅同知，有政声，
去职后士民犹存感怀。曾作《留别》八首（作者于越嶲厅同知任满离去时，作
诗八首留别士民）。

留别诗八章

我生生长古明州，万里西川学官游。

莫讶凤凰池见夺，五云深处忍回头？

（原注：余官内阁，例待俸满，戊戌指请分发到川，幸免庚子拳匪之劫）

棒檄匆匆秋近中，水田高下共占丰。

民间更有新奇谚，四境凶夷不接风。

（原注：新官到任，夷人出巢滋事，谚谓之接风。余初视事无之，而是秋
大熟，米价亦甚平）

文庙迁修百载余，今秋群喜兆贤书。

须知插架万千卷，继起多才赖凤储。

（原注：文庙自嘉庆八年迁入城内，今年始行培修，并改外门浚泮池，而
陈生在涅适领乡荐，然科名末也。书院新购经史及中外新书万余卷，诸生潜心
肄业，必有人才出其中矣）

词讼多由少剥粮，借飞佃约欠精详。

何当测算开民智，下隰高原自丈量。

（原注：田不丈量，粮不剥户，借飞多伪。佃压不清，必俟民智大开，知

清丈之有益，讼自无矣）

> 河道人心不近情，水灾水患累群生。
>
> 改良未必天终负，愿与番夷保太平。

（原注：西路自王继昌承袭松林地土都司后与通把王在澄生隙民各成党互相仇怨而喜乐积玉两场火灾扎大地水患，乡间受害不少。今土都司与通把弃仇寻好，从此当可保太平矣）

> 风气透城未大开，学堂规划费心栽。
>
> 文翁遗学当年事，输入文明待后来。

（原注：厅间仕子少知上进，屡劝游学不甚信。从今闻余将交卸，现有陈生毓麟，郑生倬才，蒋生福铭，高生培禄禀请游学云）

> 贫民生计太无聊，赖有荞粮腹不枵。
>
> 五矿开成通铁轨，工商应共乐逍遥。

（原注：贫民衣履不完，全恃杂粮裹腹，他日学生回籍，五矿俱开，无业之民皆饱暖矣）

> 公议权从绅董持，入门开化有初基。
>
> 一方祸福非荣辱，毁誉由人心不疑。

（原注：余禀设平议局，即地方自治基础也。又刻有《开化入门》八集，并《越嶲要略时务三字经》等书，均为蒙学堂课本，今虽去任，其板均存学堂藏书处）

诗人离任之时，对越西人民恋恋不舍。第一首诗表达了诗人对当地人民的关切；第二首表达对夷人滋事以及米价的关注；第三首表达对教育的重视，对培养人才的厚望；第四首表达对百姓诉讼的担忧；第五首是对学子的鼓励；第六首表达对自然灾害的忧虑，希望老百姓太平；第七首表现对百姓生活的关心，希望工业、交通得到发展；第八首说已建立了地方自治制度，刊刻了本地学童的启蒙教材，为地方造福，非为个人荣耀。此八首诗，可见这位地方官员的拳拳为民之心，政绩卓著。

（二）许振祥留别诗

《西昌县志·政制志·政绩》介绍许振祥：字启山，江西人。以翰林改官四川知县，初任永川，有贤声，调补西昌实缺，在任七年，两主县试，拔置前茅者召入署谆谆教授。兼以诗酒。善为文辞，尝折一婚狱，作骈偶判词，"最风韵，自是词林本色"，民间广为流传，惜今不存。邑人刘文珍尝撰一联纪其实云：洞烛奇冤霂再造，曲全苦节续遗孤。其他诗文亦多散佚[①]。

---

① 郑少成．西昌县志［M］．民国《西昌县志》重印本．［出版者不详］，2012：229.

西昌留别六首

万里凫飞极蜀边，牛刀小试学烹鲜。
人情风土犹三代，食税衣租倏七年。
揽辔未能酬素报，焚香差可告苍天。
何图手植河阳树，一夜西风化作烟。

也曾三次观龙光，袖惹炉烟散玉堂。
一字误因沉海底，十年诏不到淮阳。
趋跄习惯颜犹汗，薄岭纷繁鬓有霜。
公退静观循吏传，古来悃愊即贤良。

四知未足尽官箴，为政全凭一片心。
雷厉人争夸烈火，云慈我欲酿甘霖。
要秦绝少羊皮鬻，相士能输马骨金。
趁此急流须勇退，尊鲈乡味好重寻。

饮到阳关酒一尊，满城花鸟亦销魂。
儿童竹马都相识，士子文章凤共论。
半夜沧桑成蜃市，万山魑魅肆鲸吞。
如斯二患若何却，空对河梁洒泪痕。

归装雅称竹皮冠，露洒蔷薇气若兰。
敢谓桐乡留我祀，未知棠舍有人看。
五旬服政原非晚，三度分符愈觉难。
今日囊琴携鹤去，一场春梦醒邯郸。

清华遥望五云居，结局如斯竟负余。
同辈几人排荣戟，此身终日困盐车。
尚欣脱冕无微罪，但愿还乡再读书。
径向渊明祠畔去，满庭松菊舞阶除。

组诗六首，表现了作者作为知县任满离去时的复杂心情。第一首赞西昌人情风土的淳朴，也感慨自己素志未酬。第二首批评朝廷的昏庸，又叹自己负屈含恨，诚心不变。第三首表达了自己多年为官的体会。第四首写临别之前的依依惜别，又对西昌水患与匪患充满忧虑。第五首写自己多年为官，尽力德政，如今离去，似春梦一场。第六首感慨有人春风得意，自己虽怀才不遇但却问心无愧，对离任还乡的生活充满期待。

第五节　明清状元凉山行

一、杨慎留诗凉山

　　杨慎，字用修，四川新都即今成都市新都区人，祖籍庐陵。明代文学家、学者、官员，明代三才子之首，东阁大学士杨廷和之子。嘉靖三年（1524年）卷入"大礼议"事件，触怒世宗，被杖责罢官，谪戍云南永昌卫。杨慎在西南地区三十年，博览群书。他能文、词及散曲，论古考证之作范围颇广。《明史》有传，称其明世记诵之博，著作之富，推慎为第一。诗文外，杂著至一百余种，并行于世①。其诗沉酣六朝，揽采晚唐，创为渊博靡丽之词，造诣深厚，独立于当时风气之外。在当时，中国古代诗歌对西南地区风物民俗的歌咏寥寥无几，而杨慎的诗歌在这方面可谓突出。

　　凉山地方志中所录入的杨慎诗歌有《宿金沙江》《宿泸山》《元泉观》《松坪关》《南枝曲》《春日登楼》等篇。

　　《宿泸山》未载入《升庵集》中，《西昌县志·礼俗志》在介绍六月二十四日火把节时曾有记载。相传杨升庵诗云：老夫今夜宿泸山，惊破天门夜未关。谁把太空敲粉碎，满天星斗落人间。可想见其胜概②。《西昌县志·人物志》说杨慎：以议礼谪滇南，六月二十四日登泸山观火炬，相传有诗云……③。《宁远府志·流寓志》说杨慎：以议大礼谪戍云南洱海县，尝往来越嶲会川间，时有题咏。《宁远府志·艺文志》中收录此诗④。《邛嶲野录》云：间道建昌归家省亲，尝夜宿泸山光福寺，适值建昌火把节，作诗曰……⑤

　　《元泉观》《松坪关》亦未入《升庵集》，选自《会理州志》，同时《会理州志·艺文志》录有杨慎所作《春日登楼》《元泉观五言古体》《宿金沙江》《南枝曲》《松坪关》五首诗。

　　明嘉靖十八年（1539年）夏，被谪贬云南的两度状元杨慎离蓉赴滇，途经雅安、西昌时，在西昌应邀登泸山，游邛海，观看火把节，兴吟《宿泸山》。到达会理，小驻城外元泉寺，吟出《南枝曲》。过江时，又留《夜宿金沙江》的诗句，最后入滇。一路上留下不少著名诗篇，兹摘录如下。

---

①　张廷玉．明史［M］．北京：中华书局，1974：5083.
②　郑少成．西昌县志［M］．民国《西昌县志》重印本．［出版者不详］，2012：288.
③　郑少成．西昌县志［M］．民国《西昌县志》重印本．［出版者不详］，2012：708.
④　佚名．宁远府志［M］．影印本．西安：西安古旧书店，1960.
⑤　何东铭．邛嶲野录［M］．影印本．成都：巴蜀书社，1992：716.

《春兴（六首）》

最高楼台俯晴川，万里登临绝塞边。

碣石东浮三绛色，秀峰西合点苍烟。

天涯游子悬双泪，海畔孤臣谪九年。

虚拟短衣随李广，汉家无事勒燕然。

元泉观五言古体

名园会水傍，游女出滇阳。

竹叶沾春酒，梨花洗墨妆。

醉来迷眼处，疑是碧云乡。

元泉观：寺观名，又称元泉寺。清同治《会理州志》云：在州东北五里，明状元杨慎常寓此，题有"元泉道脉"四字。《宁远府志》亦称此四字（或称之为元泉寺碑）为杨慎书。《邛嶲野录·人物类·流寓》载：寓会川，与卫人刘朝重友善，每与诸士夫饮，留有诗句。居元泉道院，有元泉道脉四字石碑尚存，诗见艺文[①]。

元泉，据《邛嶲野录》载：元泉，治东，泉色稍黑，灌溉山田，于仲春祀之。

宿金沙江

往年曾向嘉陵宿，驿楼东畔阑干曲。

江声彻夜搅离愁，月色中天照幽独。

岂意飘零瘴海头，嘉陵回首转悠悠。

江声月色那堪说，肠断金沙万里楼。

南枝曲　并序

会川五里坡猡猡哨边，有古梅一株，婆娑荫映，形如曲盖，封藓斑驳，文如篆籀，盖数百年物也。予平生所见梅树，此为冠绝。惜乎生于穷乡绝域，而不得高人韵士之赏也。玩叹之余，作此曲焉。

我渡烟江来瘴国，毒草岚丛愁箐黑。

忽见新梅粲路旁，幽秀古艳空林色。

绝世独立谁相怜？解鞍藉草坐梅边。

芬葭香韵风能递，绰约仙姿月与传。

根地锦苔迷蚁缝，树杪黄昏摇鸟梦。

飘英点缀似留人，顾影徘徊若相送。

焦桐椽竹亦何心，中郎一见两知音。

谁谓南枝无北道？愿谱金徽播玉琴。

会川即今之会理，汉称会无、三绛、卑水，唐以后改为会川，明洪武二十

---

①　何东铭. 邛嶲野录［M］. 影印本. 成都：巴蜀书社，1992：716.

七年（1394 年）置会川卫。五里坡在会理南七十里，即今之凤营马鞍山。

松坪关

莫唱离歌惨别颜，蜀云滇月共青山。

太平处处经过惯，梦里还家又出关。

松坪关，据《会理州志》记载：在州治正南一百八十里。

另，蒋邦泽、武谊嘉《凉山州古诗文选释》选杨慎《大相公岭》一诗。

九折刺史坂，七擒丞相桥。沉黎汉原古，严道蜀关遥。

策马冰槽滑，乘橇雪汀消。我行再经此，感慨一长谣。

另有，杨慎《题皈依寺联》：乱竹堆成世界，把茅盖住虚空。

皈依寺：又名西来寺，在会理大西门外。内有盘松一株。《邛嶲野录·胜景》称其形如华盖，高耸丈余，下可环坐，数百年物也。《会理州志·名胜》称：明永乐中建有盘松浮图。

有关皈依寺的题咏较多，如余锡恩的《皈依白塔》：山寺巍峨岁月深，浮图谁建耸云林。半空突兀虹千尺，平地峥嵘玉一簪。霄汉星晨堪摘取，广寒宫殿可登临。闲来绝顶凭高望，满目江水慨古今。

郑王臣有《西寺蟠松》。西寺，亦称西来寺、皈依寺。蟠松，《会理州志》"名胜"载：城西皈依寺有古松一株，不知何年所植，盘曲古傲，枝枝纠拏，横铺满苑，而高仅与檐齐。

二、钟骏声留诗凉山

钟骏声字雨辰，浙江仁和人，生卒年不详。清咸丰十年（1860 年）中庚申恩科状元，授翰林院修撰。《越嶲厅全志》称钟骏声为"学使"，是因他任四川学政之故。学政乃提督学政之简称，又称学使者、学政使，清代此职每省一员，据《清史稿》所记，其职为以侍郎、京堂、翰、詹、科、道、部属等官进士出身人员内简用。各带原衔品级。掌学校政令，岁、科两试。巡历所至，察师儒优劣，生员勤惰，升其贤者能者，斥其不帅教者。凡有兴革，会督、抚行之[1]。钟骏声于同治六年（1867 年）至同治九年（1870 年）任四川学政，后由翰林院编修夏子（字路门）接，由此可以判断钟骏声留在《越嶲厅全志》中的诗歌，定是他在四川学政任期三年中至宁远府公干的往返途中所作。钟骏声的诗歌主要收录在《越嶲厅全志》中，一次及兹选录几首。

鲸鲵观

未共游鱼跃顺流，掀天波浪鼓神州。

翻将滇海真如沸，锁到蛮夷不自由。

可有磷光飞黑夜，已看虹气扫蚩尤。

鲸鲵地下应相悔，白骨森森万古愁。

（题下自注：同治初年瘗石达开逆党数千人于此）

小相岭

登高一望何雄哉，万山合沓风雨来。

日却终古照不到，四时无夏多阴霾。

《越嶲厅全志·山川志》记载：小相公岭，治南七十里即南天相岭，十景之一。旧志载其地石磴崎岖，为凉山北境野夷出掠之所，商旅往来必派兵护送，盖其形象高耸为武侯所开，故称相公岭。晴天北俯较场河东天王攃一带俱在母前，山顶有"今日山头"四字碑。

观音岩

一峰径一折，折处但岚光。林静有鹃血，草深闻麝香。

危桥惊板侧，乱石斗溪忙。险绝西南路，崎岖似酉肠。

《越嶲厅全志·山川志》记载：观音岩，治北二百里下即深沟上悬岩，岩似刀截，上有飞观音像，下有古寺，羊肠一道。

晒经关

西来何事堕河渠？大石斑斓半子虚。

我亦有经还未晒，朝朝忆得腹中书。

据《越嶲厅全志·山川志》记载：晒经关顶，治北三百六十里，峰峦高峻，南北绵亘各十余里，山形浑厚，顶一巨石即晒经文石，十景之一。上修关帝庙，唐国师有狮象，前面走文星，把水口，若问真龙穴，晒经关下有云云。晒经关是凉山境内知名景点，文人雅士多有题咏，之前章节已介绍过顾汝学的《晒经石》、厅贡生许亮卿的《步晒经石原韵》等诗作，这里不再赘述。

宿海棠营夜大雷雨

骤雨倾三峡，惊雷绕一营。风威随电发，云气与潮平。

绝徼群蛮地，征人万里情。挑灯不成寐，栖马又长鸣。

海棠营原为越嶲辖境。《越嶲厅全志》说海棠营在治北一百四十里，即海棠关。

发保安营

尽日驰驱倦未遑，危坡百道当康庄。

峰前魑魅窥人过，涧底蛟龙引路长。

春过棠营花尚靳，秋生蓼叶夜添凉。

披衣又复穿云去，岭树重遮隘八荒。

诗歌写早晨从保安营出发的情景，保安营即今越西县保安乡。《越嶲厅全志·关隘志》记载：其在治北七十里，原属越嶲营内凤凰营，汛辖连三营，地在深箐，地极险陡，有雄视万山之状。除了这首《发保安营》诗，钟骏声另有一首《又宿保安营戏作》：长途畏酷暑，何似雨漫漫。借此一杯酒，同消五月寒。戈鋋抛玉垒，云雾上金鞍。不识炎凉味，安知行路难。

越嶲城

千里孤悬此一城，万山蛮洞出奇兵。

频年常胆生民泪，何处攻心汉将营。

岭外丹梯艰接域，峰颠铜鼓罢长征。

不须轻议千秋事，何斧当年亦老成。

诗歌乃由越嶲古城有感而发，生发历史之感慨。越嶲古城乃明洪武年间筑土城，其间坍塌多次，又几度修葺。

雨至小哨

诘曲阎王碥，崎岖长老坪。湿云催雨至，急水出溪行。

蛮女拖裙立，番兵带剑迎。长途尚千里，不敢问征程。

这是诗人返程途中至小哨所作。小哨又名通相堡，《越嶲厅全志·关隘》说：在治南五十里，往来通衢，为越营分汛驻防。

宿河南站

山山不住斗嶙峋，来路飞泉夺去津。

大石撑空人避雨，阴崖行尽路逢春。

观风未易通番汉，出险方知少棘榛。

闻道羁縻新有术，可能同作葛天民。

河南站，《越嶲厅全志·关隘》记载：治北二百四十里，即西平桥唐李晟大破吐蕃处。

钟骏声在凉山境内留诗颇多，山川名胜、古迹关隘多有题咏，对后人了解这一地域的风貌极有价值。

第七章 / *CHAPTER 7*

从地方志看凉山地域书写

　　文学是语言艺术，语言又是文化信息的载体。地域既是一个空间的概念，又是一个文化的概念，西昌古诗文的创作离不开这个特殊的地域环境。虽说在岁月交替、朝代更迭之中西昌这一地域的界线不完全相同，但在文学中所展现的山川景物、物产资源、浓郁的乡土气息、独具特色的地方风土民情，又可视为是每一位创作者对这一地域文化的接受与濡化，因而受同一地域文化浸染的创作构建了同一文化心理结构。

　　从对西昌古诗文与地域文化关系的角度来考察，从作家群来看，无论是本土文人的创作还是外籍文人的创作，地域文化色彩都非常浓郁：一方面，本土文人对生于斯、长于斯的这块土地有一种自然而然的归属感与认同感，乡土意识造成诗文中地域性特征的呈现；另一方面，外籍文人或宦或游于此，对西昌政治、文化以及文学产生了积极影响，地域文化的深厚穿透力逐渐浸染外籍文人的审美倾向、诗文内容形式以及风格特征。二者形成了双向互动。

　　首先，我们来看看西昌古诗文的地域呈现。

第一节　凉山古诗文的地域呈现

　　地域自然环境是地域文化存在的前提和基础，也是地域文化形成发展的物质条件。自然存在的状态是地域文化中的自然特征。西昌西跨横断山脉、东抵四川盆地、北负大渡河、南临金沙江，西有大雪山、东有大凉山，雅砻江和安宁河由北而南注入金沙江，还有邛海、泸沽湖等天然湖泊，复杂的地貌、绚丽多姿的自然景观、得天独厚的自然资源、四季如春的天气，给文学的创作提供了丰富的资源。纵观西昌地方志所收录的诗文，以展现地域风物景观的诗文为多，如《西昌县志·艺文志》收诗249首，与西昌风物景观相关的诗作有120余首，约占总数的一半。而以西昌名胜风景诸如邛海、泸山、望海楼、螺髻山、泸沽湖等为吟咏对象的诗文占据了相当篇幅。

一、咏月诗的地域呈现①

在自然景观的展现方面，最有特色的是西昌咏月诗。

凉山独特的地域文化不仅孕育了本土文人丰富多彩的文学，对仕宦、游历此地的文人创作也产生了较大的影响。本小节以《凉山州古诗文选释》为读本，以咏月诗为切入点，探讨在凉山地域文化背景下咏月诗所体现的地域自然环境、人文特征以及地域情感。

（一）凉山咏月诗所呈现的地域自然环境

地域自然环境是地域文化存在的基础和前提，是地域文化形成、发展的物质条件。不同的地域自然环境，必然孕育和促成不同的地域文化。曾大兴在《文学地理学研究》中指出：自然地理环境又包括地貌、水文、生物、气候等多个要素，这些要素都会对文学构成影响。地貌、生物和水文都能触发诗人的灵感，驱动诗人的神思，成为文学创作的一个基本动力，而不仅仅是提供一些素材而已②。对于自然地理环境对作家作品的影响，古人曾给予清晰的描绘。钟嵘《诗品·总论》认为：气之动物，物之感人，故摇荡性情，形诸舞咏③。气候的变化会引起物候的变化，因而触动诗人或悲或喜的情思，形诸文字。刘勰《文心雕龙·神思》也讲到山川与情感的关系：登山则情满于山，观海则意溢于海。我才之多少，将与风云而并驱矣④。

咏月，是对自然山水的表现。山水在诗歌中往往被看作自然的地域文化的表述。山川的景观呈现，最易凸显地域特色，因为某一景观必然有其特别能反映该景观特征的景点，唯其独有，或最能与其他景观区分出来。

凉山咏月诗大多紧扣凉山境内地名来写，地名本身就具有纪实功能。诸如《龙湖夜月》《宿金沙江》《泸山望海楼》《金沙夜月》《泸山》《建昌竹枝词》《邛池行》《邛海棹歌》《邛海放舟》等与月相关的诗作，从篇名看，龙湖、金沙江、泸山、建昌、邛池本身就是凉山地域的标签，承载了这个区域丰厚的地域情感。

《西昌县志·地理志》"名胜"条目下记载有邑人杨学述的《建南十景诗》，概括了这一地域的十处名胜：泸山苍翠、邛池映月、东岩瀑布、西沼莲香、渔

---

① 花志红. 地域文化背景下的凉山咏月诗探析 [J]. 名作欣赏，2017（2），125-127.

② 曾大兴. 文学地理学研究 [M]. 北京：商务印书馆，2012：34-35.

③ 钟嵘著. 陈延杰注. 诗品注 [M]. 北京：人民文学出版社，1980：1.

④ 刘勰. 文心雕龙 [M]. 北京：中国社会科学出版社，2005：176.

村夕照、螺岭积雪、古寺闻钟、苍松挺秀、香泉烹茶、清池灵韵。

在景观描写中，凉山咏月诗着墨最多的是这一地域的风景名胜，试举几例。

其一，邛池映月。

邛池，今称邛海。《西昌县志》云：在县东南五里，澄莹芳渌，烟霭微茫，飞鹭汲青，矫鹭湛碧，围林丽属，菱芡佳饶，广六十里，直径最长处约三十里，银鲫翠鲦之产，轻舫小艇之游，微风不澜，旭日始旦，鱼龙之气，晃于波心，塔寺之图，开于天半，其足以娱灵瞩，荡奇胸者，远近殊姿，空水异色，莫能状也[①]。

杨学述曾作《建昌竹枝词》其五。

> 行同镜里认邛池，向晚游观景更奇。
>
> 昨夜月明千顷碧，谁浮一叶赋新诗。

杨学述，西昌人，清乾隆三十三年（1768年）举人。《建昌竹枝词》共二十首，各从一个侧面对建昌的自然景观、风土民情和生活习俗作了生动的描绘。这首诗描绘了邛池夜月。月明之夜，行走在邛海之边，影映水中，如同在镜中行走。月下泛舟，碧波千顷，把酒吟诗，何等快意。

陈光前曾作《邛海棹歌》。

> 桂花桥畔月如钩，倒影孤亭水面浮。
>
> 十里芰荷香不断，推蓬遥指沈家楼。

陈光前，西昌礼州人，擅诗文，工书法。民国二十六年（1937年）西昌订正县志，任分纂员。此诗描绘邛海美景，选取了几个有代表性的景致来展现山光水色：月下孤亭的倒影、十里芰荷的飘香，以及卧云山沈家祠的云雾缭绕之态。诗中不仅描绘月下泛舟的惬意，还抓住了富有地域特色的风物景观来勾勒。桂花桥，在西昌城南郊，跨海河，为当年通泸山旱道所必经之路。孤亭，邛海有二亭，一曰瀛海亭，一为海心亭，此处指瀛海亭。芰，指邛海所生长的四角菱。沈家楼，指泸山之上卧云山的沈家祠。

其二，泸山望月。

泸山，《西昌县志》云：在城南十里，邛池之西，雄深秀拔，由麓至顶约六七里，自下而上，刘公生祠等凡十五寺庙……《水经注》则以为蛙寓山，以其居水形状而得名[②]。

杨学述曾作《泸山》。

> 泸山登览景无穷，槛外波涛接太空。

---

① 郑少成．西昌县志［M］．民国《西昌县志》重印本．［出版者不详］，2012：48.

② 郑少成．西昌县志［M］．民国《西昌县志》重印本．［出版者不详］，2012：78.

古寺晚钟惊石子，邛池夜月唱渔翁。

莲开西沼围宫馆，瀑挂东岩吼雨风。

螺髻四时常积雪，一株宝树抱青龙。

诗以泸山为题，却不是着笔于对泸山本身的描绘，而是扣住首句"泸山登览"四字落笔。作者登临泸山极目远眺，四周美景尽收眼底，以泸山为立足点，把视力所及的广阔空间，以及这广阔空间中许许多多的景观，全收摄为泸山景色，展现"泸山登览景无穷"的无限意趣。"邛池夜月唱渔翁"句描绘出渔舟唱晚，邛池与明月相辉映的美景。"古寺晚钟惊石子"句据《西昌县志》载，西昌城内发蒙寺接引佛前，有石窟，内容石子，泸峰光佛寺钟鸣则动，故有古寺晚钟惊石子之句①。"莲开西沼围宫馆"句可对照作者的《建南十景诗》之四《西沼莲香》：城西十里外，乐在水中央。"瀑挂东岩吼雨"句可对照作者的《建南十景诗》之三《东岩瀑布》：千寻飞素练，百丈下通沟。溅雪喷如怒，穿云冷似秋。"螺髻四时常积雪"句可对照作者的《建南十景诗》之六《螺峰积雪》：残雪千年积，深山六月寒。"一株宝树抱青龙"句中"青龙"为寺名，据《西昌县志》"古迹"条记载：相传邛海深处，古有石浮水面，渔者异之，界之山半，坠地弗能举，因建寺以存之②。

（二）凉山咏月诗所体现的人文特征

地域文化有自然和人文两个方面。《地域文化与唐代诗歌》一书在谈及唐诗中所体现出的区域文化意识时有这样的表述：对自然山川的表现，一般有两个方面，其一是其外部特征，主要指自然存在的状态。其二是其人文特征。这是诗歌表现山川的重点。文化人游山玩水，多半是在观照自然之物中寻找心灵的慰藉，所谓物与心的对流③。自然山川的魅力不仅在于其或壮美或秀媚抑或深邃，更在于山川蕴含了人文价值。由此而观，山水的吟咏，亦是诗人世界观、志向、情感的表述。

下面以几首诗与"月"相关的诗歌为例，来看看其中表现的人文特征。

其一，在清月朗照之下，以物我相融为旨归，从而营造情感化的意境。

朱偰曾作《邛海放舟》。

万壑清泉汇，邛池一镜涵。山光深似黛，水色碧于蓝。

波静云飞影，秋高月映潭。空明何所极，灵悟此中参。

朱偰，浙江海盐人。1941 年 8 月 9 日，作者夜游邛海，写下这首诗。诗

---

① 郑少成．西昌县志［M］．民国《西昌县志》重印本．［出版者不详］，2012：323.

② 郑少成．西昌县志［M］．民国《西昌县志》重印本．［出版者不详］，2012：87.

③ 戴伟华．地域文化与唐代诗歌［M］．北京：中华书局，2006：67－68.

中营造了一片静谧的秋夜景色。邛海清澈光亮，一平如镜，山光似黛，水色如蓝，云影与秋月映入湖水，更显得清幽与邈远。在一派空明中，诗人有所参悟，即"灵悟此中参"，以心灵的感应突出心与境合，物与我融。对于作者的参悟，可以从他的《邛都览胜》中窥知一二：洞庭雄阔，鄱阳奇伟，太湖深秀，西湖与邛池并以柔媚胜；惟西子浓妆，邛池淡抹，各有千秋，而邛池尤以恬静胜，其深山围绕中之天真处女乎！

朱篪曾作《泸山望海楼》其二。

> 观稼南郊独倚楼，海风山月似清秋。
>
> 湖光草树烟尘静，人迹乾坤日夜浮。
>
> 影动玉龙灵鹫出，气吞银汉彩虹流。
>
> 蒹葭深处伊人在，我友携舡共遄游。

朱篪，明嘉靖年间以按察司副使分巡建昌道。"观稼"，视察农事。泸山望海楼，指泸山光福寺望海楼。诗歌描写诗人登望海楼俯瞰邛海的情景。清风与山月辉映成趣，作者看湖面，在月色朗照下，城池、山、树、人、天都纳入到邛海之水中，不禁生发出与杜甫在《登岳阳楼》中一样的感叹——乾坤日夜浮，更有螺髻山与天上的银河映入湖中。作者不禁被这水国风光迷住了，这"海风山月似清秋"的芦苇岸边也许就是《诗经·蒹葭》描写"蒹葭苍苍，白露为霜。所谓伊人，在水一方"的地方，如此迷人的景色真值得邀友偕游，或许真能一睹伊人的风姿。

其二，营造神奇的氛围，借用神话与传说来表达自己的心志。

朱偰曾作《天池》：

> 天池非海水，绝顶暗通潮。
>
> 云影落虚净，星光随动摇。
>
> 骊龙时出没，鱼鸟共漂潇。
>
> 我欲浮槎去，蟾宫探寂寥。

刘戬曾作《龙湖夜月》：

> 龙眠湖净碧于苔，一片寒辉飞下来。
>
> 天地有心光化宇，山河分影入金杯。
>
> 鹊桥波跨秋寥廓，牛渚槎乘夜往回。
>
> 几度醉归堂府静，南楼独倚发诗才。

马如龙曾作《石洞琼钟》：

> 疑是龟壶击，空山响远音。
>
> 乘槎寻古寺，明月入森林。

这三首与月相关的诗作，都运用了"乘槎"的传说。槎即乘坐木筏或竹筏。晋张华在《博物志》中记载，海与天河可通，曾有人乘槎浮海去天河，见到牛郎和织女。宋陈元靓的《岁时广记》也记有汉武帝令张骞出使大夏,寻河源,乘槎经过月亮,见到牛郎与织女,得到椹机石而还的故事。因此在这三首诗中,"乘槎"并不实指乘筏,而是借指仙境。

天池,指螺髻山上的冰川湖泊。朱偰的《天池》首二句写天池的传闻,地处高山绝地的天池,其水与大海暗通,中间四句写天池神奇的景象:白天,湖面空明澄净,能看见天光云影共徘徊,到了夜间,闪烁明亮的星星,映入湖中随着水波摇晃;空中的飞鸟与水中的游鱼,似乎在一起游弋飞动,那充满神秘的天池中似有骊龙出没。最后两句展开想象,天池之水既与大海暗通,想必它与天河之水也一定暗通,既然如此,何不学古人乘槎,前往月宫仙境探访嫦娥仙子。诗歌巧融传说、神话,可谓景之神奇,情之神奇。

刘戬,明宪宗成化年间进士。龙湖又称马湖、龙马湖,在今雷波县马湖乡与黄琅乡之间,是四川省三大淡水湖泊之一。四周皆峻崖,长约10公里,宽约3.5公里,中有丘如螺髻,距金沙江1公里,其水与江水同消长,日夕作潮,相传曾有龙马见于湖。《龙湖夜月》紧扣题目"龙湖""夜月",湖水与月色构成明净与空灵的境界,并将传说中的仙境融而为一,在静谧的氛围中,心境已与广袤而幽远的湖水、月色融合在一起。

马如龙,籍贯不详,清嘉庆四年(1799年)曾任越嶲厅通判,有《越嶲十景诗》。石洞琼钟,在越嶲厅西北五十里之瓦岩,半山有洞,岩边悬石一片,长五尺,阔四尺,厚四寸,击之铿然有声,谓之琼钟,传说龟壶道人曾在此修炼并得道。《石洞琼钟》用神话与传说写出石洞琼钟的神秘,将仙境的令人向往与"明月入森林"的清幽氛围完美融合。

在景观描写中,凉山咏月诗着墨最多的是这一地域的风景名胜,邛池映月、泸山望月、龙湖夜月、金沙夜月等等。关于这个问题,在前面的专题中我们已经接触过很多具有代表性的作品。凉山咏月诗呈现出浓郁的地域特色。

自然山水的美不仅在于自然,还在于山水中有人文、历史的融入。"仁者乐山,智者乐水",一山一水当中关乎的是人文情怀。由此可知,山水的吟咏是文人情感与志趣的表达。

人们常说,一方水土养一方人。地理环境影响了民情风俗,也影响了生活在其中的人。一般来说,由于对乡土的执着与钟情,诗歌中多会呈现那生于斯、游于斯的生活与歌咏。而对于宦游或者羁旅漂泊的人而言,他乡的风物景观会成为抒发内心孤寂情怀的载体。在中国传统文化里,月亮由于丰富的文化内涵,圆而又缺、缺后又圆的外形变化,有了言说不尽的意蕴。

同样是描绘金沙夜月,在明代会川诗人杨玉眼中,它是月照金沙江的美丽景色。诗人感受到的是月光、水光的美好,诗人享受的是这份美妙,在月色中泛舟游玩,真有飘飘欲仙之感。这里所体现的文化心态,是对家乡自然山水热爱，表现大抵登山临水，足以触发道机，开豁心志，为益不少（罗大经《鹤林玉露》丙编卷三《观山水》）① 的兴致。其诗如下。

金沙夜月

水正澄时月正圆，江空风景夜无边。

山峰倒浸高低影，兔魄光涵上下矢。

白浪声中飞玉镜，碧波深处见婵娟。

轻舟漫櫓恣游玩，恍是蓬瀛作洞仙。

诗人先写水清月圆，点明时令已是深秋，写出茫茫夜色之中金沙江沿岸宁静悠远的氛围。皎洁的月光倾泻大地，月色笼罩着金沙江，两岸高低起伏的山峰倒映在江中，在江涛声声中，月影投入水中，仿佛一轮玉镜飞落其间。月光、水光，天上、江中融为一色。在这样优美的月色中，诗人乘着轻舟，荡起双桨在江中尽情游玩，仿佛进入仙境一般。

再看明代诗人杨慎笔下的金沙江月却令人不堪言说与"断肠"。

宿金沙江

往年曾向嘉陵宿，驿楼东畔阑干曲。

江声彻夜搅离愁，月色中天照幽独。

岂意飘零瘴海头，嘉陵回首转悠悠。

江声月色那堪说，肠断金沙万里楼！

前四句写昔宿嘉陵驿站，月色中天，江涛阵阵，对亲情、乡土的思念使自己孤枕难眠。后四句写今宿金沙，身为钦犯，飘零瘴气之地，江浪拍岸，月照当楼，柔肠寸断，难以言说。昔日嘉陵驿站之愁为离别之愁，如今金沙驿站之愁真是"那堪说"，飘零不偶的身世之感在"江声月色"之中更显难堪。清人沈德潜在《明诗别裁集》中评价包括此诗在内的几首诗说：才人远窜，千古恨事。读数诗，令人百端交集②。

除了咏月诗，西昌的景观诗地域特色也非常浓烈，前面我们专章探讨过凉山的景观诗，这里不再多举例子，只梳理一下这种文化现象。

二、凉山景观题名诗的地域呈现③

凉山的景观题名诗数量多，有显著的地方特色。从收录情况来看，《西昌县志》有"八景六名胜"诗，有杨学述的《建南十景诗》；《越嶲厅全志》有马

---

① 罗大经.鹤林玉露［M］.北京：中华书局，1983：282.

② 沈德潜.明诗别裁集［M］.上海：上海古籍出版社，1979：143.

③ 花志红.凉山地方志中景观题名诗研究［J］.名作欣赏，2019（3）：110-112，118.

如龙《越嶲十景诗》等，这些景观题名诗都是当地景观的代表。自然山川往往以自然存在的状态来展示其外部特征，有独特性与地域性。文人在对自然山川的描绘中找寻心灵的慰藉，产生物与心的对流，因而这类诗的地域文化色彩尤为明显。

（一）景观的地域代表性

凉山地方志中的景观题名诗涉及的景观包括自然景观与人文景观两大类。自然景观主要以体现山景、地景、水景、气景为主，人文景观重在呈现历史文化古迹、建筑与设施以及人文活动。从自然景观来看，凉山自然景观绚丽多姿：山景，态势奇特，自成特色，泸山、螺髻山、龙肘山、小山、灵山、公母山是其代表；地景，地质条件多样，溶洞众多，千姿百态；水景，湖泊、江河、瀑布、温泉星罗棋布，邛海、泸沽湖、马湖、螺髻山温泉瀑布、金沙江、安宁河最为著名；气景，包括天象、气象、气候，西昌夜月、卧云山的烟雨、螺髻山的积雪、龙肘山的云海、安宁河的阳光相映成趣。凉山地方志中的景观题名诗对这些自然景观大多进行题咏。试举几例。

泸山，自古以来即被誉为"川南胜境"。因状如踞蛙又位于嶲州，古称"蛙嶲山"。唐人因其近泸水，且苍翠如黛称其为"泸山"。《西昌县志》云：在城南十里，邛池之西，雄深秀拔，由麓至顶约六七里，自下而上，刘公生祠等凡十五庙。……泸峰在晋时，已为秀拔，而《水经注》则以为蛙嶲山，或以其踞水形状而名之也[1]。杨学述曾作《建南十景诗》其一《泸山苍翠》：半壁撑霄汉，宁城列画屏。云穿高阁白，鹤恋老松青。石磴千层上，金钟万户听。南天真面目，隐几记曾经（《西昌县志》卷首）。这首诗展现了泸山的巍峨壮观与幽深秀美。

邛池，今称邛海，是西昌境内一处自然形成的淡水湖泊。杨学述曾作《建南十景诗》其二《邛池映月》：天空临皓月，海上最分明。境过银河界，人来水郭城。龙宫悬宝镜，蜃市接蓬瀛。诗思因逾远，孤舟几度横。《西昌县志·地理志》是这样描绘邛池的：在县东南五里，澄莹芳渌，烟霭微茫，飞鹭汲青，矫鹭湛碧，围林丽属，菱芡佳饶，广六十里，直径最长处约三十里，银鲌翠鲦之产，轻舫小艇之游，微风不澜，旭日始旦，鱼龙之气，晃于波心，塔寺之图，开于天半，其足以娱灵瞩，荡奇胸者，远近殊姿，空水异色，莫能状也[2]。傅光逊曾作《邛都八景》之四《邛池夜月》：月出邛池夜，空明澈九霄。光涵莲叶渚，凉溢桂花桥。蛙鬶青山净，鹅儿白浪摇。渔歌声渐远，隐隐听吹

---

① 郑少成. 西昌县志 [M]. 民国《西昌县志》重印本. [出版者不详]，2012：78.
② 郑少成. 西昌县志 [M]. 民国《西昌县志》重印本. [出版者不详]，2012：48.

箫（《西昌县志》卷首）。这首诗展现出邛池的清幽丽雅，山寺渔村生辉相映。

　　螺髻山，因其形状似青螺、如玉髻而得名。奇峰、五彩海子、温泉瀑布、古冰川构成了螺髻山的雄、奇、险、秀。《西昌县志·地理志》云：山中冰化源泉，烟霏林箐，露零芳草，水縻奇石，百鸟飞鸣，群兽啸舞，阳蒸阴郁，烟烟云云，静而成岚，动而成风，升而出云，降而作雨，朝霞暮露，洋洋育万汇而成变化者，举于此神陬焉见之。其景物之佳，宝藏之富，形势之雄，包奇孕灵，蕴精郿采，太始以来，未之发也①。杨学述曾作《建南十景诗》之六《螺岭积雪》：螺峰高万岭，晴日画中看。残雪千年积，深山六月寒。诵经衣带薄，觅路力俱殚。仙境谁能到，飞来鸟亦难。傅光逊在《邛都八景》之八《螺岭积雪》中写道：岩岩螺峰，皎然雪亮。积自鸿蒙，坚冰十丈。霰集随时，消有限量。云压重林，盘髻而上（《西昌县志》卷首）。

　　玉墟山，即会理城北20里处的龙肘山，古称玉墟。《会理州志·形胜》称玉墟山：群峰案列，翠叠云横"，《会理州志·名胜》称玉墟山朝霞辉映，朗如玉屏②。陆蔚题名的"迷易所八景"之一的"玉墟积雪"称：玉墟山在所之东，山峦高耸，长夏犹有积雪《会理州志·名胜》。明清时会理文人的诗歌里以玉墟山为题咏对象的颇多，明会川人杨玉题有《玉墟春帐》一诗，写尽春天玉墟山云雾之姿态：青山一带画难成，朝夕烟光远近横。东拂画屏迷望眼，纱笼翠黛快吟情。弥漫林壑春风霁，缭绕村园夕朝明。好逐庆云天上去，共为霖雨济苍生。（《会理州志·艺文》）

　　马湖，亦称"龙湖"，位于雷波境内，是与邛海、泸沽湖齐名的天然湖泊。《雷波厅志·古迹》记载：在厅治东九十里黄螂西南五里，长三十里，广十里，去大江二十里。其水与江流同消长，日夕作潮，四围皆峻崖，中有土山如螺髻，俗名海包，可居四百余人，上建海龙寺，附近居民数十家以佃渔为业，土山之侧有海马石，长五丈余，相传昔年有神马见此石上③。杨慎斋所作《龙湖澄清》、唐德钧所作《海中孤屿》皆吟咏龙湖胜景。杨慎斋《龙湖澄清》将龙湖传说与四周景致一一描绘：碧波无际接天长，应识龙宫此处藏。前数百年腾赤骥，亘三十里傍黄螂。湖心月照珠成彩，水面风摇镜有光。要得招提种桃李，依稀光景是钱塘。

（二）作者的地域认同感

　　凉山地方志景观题名诗的作者或生于斯，或长于斯，或宦于斯，熟悉本土

①　郑少成.西昌县志［M］.民国《西昌县志》重印本.［出版者不详］，2012：31.
②　邓仁垣.会理州志［M］.影印本.成都：巴蜀书社，1992.
③　秦云龙.雷波厅志［M］.影印本.［出版者不详］，［1905］.

地域风貌，情感上有认同感。

《邛都八景六名胜》题诗者傅光逊，字让三，西昌人。《西昌县志·人物志》将其归入"师儒"。民国十四年（1925 年）西昌设局修县志，傅光逊主修：一生心血，殆结晶于此矣①。

《邛都八景六名胜》绘画者为著名画家马骃，其为西昌人，字子骧，又号企周，别号环中子、建昌马或邛池渔父。《西昌县志·人物志》将其列入"艺术"，称其：虽置身繁华都会，倦倦不忘乡国，凡作画，辄自署为邛池渔父。闻本县修志，为绘八景六名胜图，制锌板寄交志局②。

《建南十景诗》作者杨学述，西昌人，《西昌县志·人物志》将其归入"名宦"，称其：工诗文，各体皆有风韵。泸山碑记，多其归隐时手笔③。

《冕宁内外八景诗》作者蔡以成，字韶九，福建侯官县人，进士及第，于嘉庆十一年（1809 年）、十四年（1806 年）、十七年（1812 年）、二十二年（1817 年）四任冕宁知县。

《越嶲十景诗》作者马如龙，嘉庆四年（1799 年）任越嶲厅通判。

景观题名诗《雪山开霁》《萧寺寒灯》作者陈鹏举，字图南，冕宁人，清道光末（或为咸丰初）岁贡生。

第二节　地域认同的表现形式

凉山虽地处偏远，但由于丰富多彩的历史文化、绚丽多姿的天然景观、得天独厚的自然资源，人们对西昌大多是认可的，表现在诗文中，往往呈现出地域的认同感。

一、地方历史的熟悉

清代西昌文人李拔萃在《建昌破天荒记》中有一段文字介绍了西昌从古邛都国到清代的建置沿革及人文、教育状况。

> 建昌，古邛都也。《禹页》梁州之境，天文井鬼之区。汉曰越嶲，隋曰西宁，其间改置至不一也。元至元为建昌路，明洪武为建昌卫。
> 僻处边隅，风化莫及。守官者，莫能振其靡；居土者，莫能奋其力。每没于夷，土广人稀，故人才剥落。天荒、地荒、人荒，自开辟

---

① 郑少成. 西昌县志［M］. 民国《西昌县志》重印本.［出版者不详］, 2012：648.
② 郑少成. 西昌县志［M］. 民国《西昌县志》重印本.［出版者不详］, 2012：699.
③ 郑少成. 西昌县志［M］. 民国《西昌县志》重印本.［出版者不详］, 2012：674.

而建昌已如是矣。殆从邹鲁之化渐及，文人之运渐开。人稠地密，其中崛起而显荣者众矣，而科甲殊未开也。及雍正八年置宁远府，改建昌卫而为西昌焉。州以会理，卫以越西，皆所辖也；统盐源、冕宁、盐中所、德昌所、迷易所，地至广也。而人文肇起矣。

傅宏才在《邛都赋》中介绍了西昌的地理位置和疆域。

邛都者，古西南夷邛都国也。据西南咽喉冲要之处。东联乌蒙，西迄盐井，南及金沙江，北至大渡河，延袤千有余里，与大管三绛，五卫八所之区犬牙相制。其间山清水秀，田地膏腴。

汉司马中郎将持檄通道，修城筑堡，始开置越离郡，领邛都县，属益州。晋因之。太平二年改属宁州；咸宁八年还属梁，置嶲州，领西泸州，隋开皇六年废西泸州置越嶲县，为嶲州所治。

唐武德三年，置总管府羁縻十六州郡，属剑南道；至德初，没于吐蕃；贞元中恢复，加号建昌抚夷安民府；太和五年，为南诏标信酋龙所陷。改名建昌府，立土城，以乌白二蛮实之，遂与中国隔绝。历蒙郑赵杨，以及段氏，是谓六诏。蒙诏最强，诸诏皆为所灭，僭景庄王。凿池修城，久据其地，与宋相为终始。元宪宗时收复，然乍叛乍臣，边隅屡失，始立建昌路。至元间又设罗罗斯宣慰司以统之。所管有僰人、猓猡、曰夷、么些、貉鹿、鞑靼、回纥之类。

明初置建昌府，属四川布政使司，后废置卫，又置建昌前卫指挥使司。以罗罗斯袭指挥事，月给三品俸，赡其家，部给印符，置其院于城东郭外里许，岁贡良马九十九匹，赐锦衣金带革鞯等物，于是民安夷静，不复相扰。

宣德间肇造砖城，高二丈有奇，周围九里三分，其一千四百四十丈。建四门：东曰安定，南曰大通，西曰宁远，北曰建平。

清初仍曰建昌卫，雍正初，改置府县，设总兵镇之，竹篱板舍之乡，易为衣冠文物之薮矣。至于山川之险阻，道路之纡回，官隘之缓急，村堡之疏密，郡邑之变迁，风土之美恶，兵防之多寡，职守之因革，钱谷之赢缩，文教之隆替，其详难以指数，兹摄其要而赋之……

清代文人廖熙堂曾作《咏西昌胜境》。

闲览舆图访旧踪，西昌胜境写难穷。
北峙磨旗标峻岭，南飞瀑布挂晴空。
马鞍时有行人憩，螺髻常看积雪重。
泸沽峡高山岌岌，观音岩响水淙淙。
高崖远拱天王庙，泸岭遥瞻鹿角峰。
孙水春潮羁绿马，邛池夜月隐青龙。

　　　　　　　每日焦家屯上望，犹忆高明付祝融。

　　诗歌描绘了西昌周边的风景名胜，诸如壮观的飞泉、瀑布，螺髻山的积雪，险峻的泸沽峡，观音岩秀美的流水、孙水，邛池妙丽的夜月，抒发喜爱之情，并表达了对先贤的仰慕。诗歌最后提到的高明，是明末西昌东乡人，曾任湖南长沙县县令，史籍记载：他卓著循声，以丁艰回乡。适张献忠部刘文秀犯境，公扎水寨防御于焦家屯。贼至，围旬日。公励众死守，杀伤过当。终因寡不敌众合室自焚死。康熙年间入乡贤祠。

　　清道光年间西昌知县书纶曾作《西昌杂咏十四首》其七。

　　　　　　　汉代征西僰，穷荒鸟开道。

　　　　　　　至今诸父老，犹自待招徕。

　　这首诗书写了汉时开发西南边地，打开通道的艰辛。

　　清光绪二十一年（1895 年）任西昌知县的胡薇元在《和书硕农丈西昌杂咏十四首》其五中借邛海地陷为淤泽的传说，指出邛都历史的久远：污泽何时陷，相传元鼎年。

　　沿着历史脉络探寻，华夏分九州时，西昌属梁州，西昌古为邛都国地，属秦边陲。从汉武帝通西南夷，打开西南边陲，之后李唐、南诏及宋，至元明清，西昌几经变迁，皆为治所所在。西昌为西南交通要道，地据西南咽喉重要之处，是西南丝绸之路上的重镇，东联乌蒙，西距吐蕃，南接中庆，毗邻西蜀，撼蔽三州，咽喉六诏。颜汝玉对西昌地理位置有精确的记述：梁西南裔万山兜，四塞奥区千古留。襟带三江通两藏，咽喉六诏蔽三州（《建城竹枝词》）。

二、地方风物的认可

　　每一地都有其独有的风土民情，西昌民俗风情古朴而丰富多彩，具有浓郁的民族特点和地区特点。西昌古诗文中的不少作品呈现了当地居民的生活、活动、饮食、风俗等各种状况。诸如宜人的气候、渔民的生活、城市的特色、乡下集镇状况、民间招魂习俗、农村妇女的田间农事、建昌制盐业、春节拜年、上元灯会、清明踏青上坟、春日饮酒、火把节盛况等等。从区域地理特点写名物的作品也有相当数量，如展现当地特产建昌马、蜡虫、建板、鸡枞、蚌蛤、篾帽等。如范守己在《密勒狮山》中写道：何事山形若兽形？分明造化巧生成。烟横谷口疑嘘气，风过松梢似吼声。面向江流常毓秀，势凌霄汉独峥嵘。从来边地多奇怪，还有藏珍献帝京。"密勒狮山"，山名，《会理州志》称其在治东三百里，山势峥嵘，形宛如狮，今在会东县境内。"藏珍献帝京"，指与此山相连的弥勒山，产银矿，《会理州志》记载：明宣德间置银场，遣官开采，以云南官兵充矿夫，寻罢。再如，陈初田《打水围》中的"大鱼卤莽不畏祸，飞跃直上黄瓜船"，书纶《打鱼二首用少陵韵》中的"黄瓜小船逞便利，凫鹭出没轻于尘"，两处黄瓜船的特色描述（黄瓜船，安宁河一种特有的小木船，船身狭长，头尾略翘，形如黄瓜）都颇具特色。

西昌是彝族聚居区，民族风情浓郁，在方志中专列有《夷族志》《夷歌志》《夷俗》等专章来介绍少数民族风俗与传统，古诗文中亦有不少篇章涉及彝族生活。

以彝族火把节为例，胡薇元的《和书硕农丈西昌杂咏》、颜汝玉的《建城竹枝词》《星回节泸山观火炬吊古四十八韵》、倪星朗的《星回节》、何成瑜的《火把记》等诗文从各个方面介绍了火把节的由来、传说以及节日风俗。再如对彝族生活的描述，颜启芳所作《菩萨蛮》云：菩萨蛮，来自唐朝德宗年。金魁头上龙蛇盘，璎珞被体珠宝缠。题下自注："今黑夷束其发于额端，以布缠裹之，向前长尺余，名曰菩萨"。这里介绍了彝族男子的形象。书纶曾作《西昌杂咏十四首》其十：椎髻披毡毳，榛榛自在游。锅桩连袂舞，酒债计田酬。混沌齐无凿，遐荒安有忧。忘机对鸥鸟，亲近可同舟。这首诗介绍了彝族的发饰、穿着、跳锅庄的情形。

西昌地区流传不少彝族风情的民歌，地方色彩浓郁又朴素优美，朗朗上口。比如《月琴》：我是彝家月琴手，怀抱月琴千家走。哪家有喜我祝贺，哪家有忧我解愁，年年月月放歌喉。这首诗歌吟咏月琴和彝族人民的生活息息相关。再如《火把节》：天干地支十二年，要数今年最吉祥。春夏秋冬十二月，要数这月最吉祥。一年三百六十五，要数今天最吉祥。这首诗歌唱火把节，采用重章叠句的句式，给人以回环的美感。

三、官员笔下的地方情感

地方官员的地方情感，很大因素来自他的责任感，比如明代官员周光镐。周光镐，号耿西，广东潮阳人。明隆庆五年（1571年）进士及第，万历十四年（1586年）奉四川巡抚徐元泰之命以监军率兵平建昌土官瞿绍良部属之乱。万历二十年（1592年）任建昌兵巡粮储督学道，有政声。周光镐任征南监军，又多次在建南巡视，在此期间留下大量诗文，内容多与南征有关。万历十五年丁亥（1587年）南征胜利后，周光镐与诸将领到泸山光福寺庆功，写下《万历丁亥泸山寺饮至二首》，泸山光福寺石碑上刻有第一首诗。虽为庆功之作，但诗人对于战争的残酷、战后的荒凉景象感慨颇深。

再如在西昌任职七年的许振祥，在任满离去时心情非常复杂，写下《西昌留别》六首。第一首：万里凫飞极蜀边，牛刀小试学烹鲜。人情风土犹三代，食税衣租倏七年。揽辔未能酬素报，焚香差可告苍天。何图手植河阳树，一夜西风化作烟。这首诗歌赞美西昌民风古朴，又感叹自己做了七年县令，虽有小成，但未实现夙愿，只能抱憾离开。在第四首中更写出自己对西昌人民的担忧：半夜沧桑成蜃市，万山魑魅肆鲸吞。如斯二患若何却，空对河梁洒泪痕。"半夜沧桑成蜃市"指西昌的水患，"万山魑魅肆鲸吞"指西昌的匪患，在依依惜别之际，诗人所忧者乃西昌民生大计，足以显现他对西昌的深情。

官员的地方情感，还表现在对所处地域优势的发掘。

比如欧阳衔。欧阳衔，江西安福人，进士出身，清光绪十七年（1891 年）出任盐源县知事，在凉山境内写下《相岭谣》一诗。

> 我本庐山人回，生小在壑丘。时登滕王阁，远眺黄鹤楼。
>
> 京华官辙历久远，足迹罕到名山游。
>
> 巫山巫峡峨眉旁，大小相岭西南张，岭上阴云翳天光。
>
> 诸峰无如此峰长，中有蟾蜍居山梁。
>
> 上应明月遥相望，层峦耸翠凌穹苍。
>
> 积雪冰雹无夏日，朔风凛冽秋天长。
>
> 我来置身青云间，琼楼玉宇如往还。
>
> 鸾翔凤翥众仙下，与我遨游蓬莱山。
>
> 好为相岭谣，兴因相岭发。
>
> 愿借清泉洗我心，仰观玉兔时出没。
>
> 琅环福地无俗情，几人九转仙丹成。
>
> 回首西山望北极，我从暮春辞燕京。
>
> 今过神山大相岭，超然意远涵虚清。

诗歌依次叙述、描写、抒情，作者久居家乡江西和京城，首次出任盐源，翻越相岭，不畏路途艰险，而是赞美相岭之奇险，以能领略美景为快。

明代福建人侯国弼任西昌西宁参将时所作的《甘泉夜月》也声情并茂地描写此地的风光：沁齿余甘汲嫩泉，一盘珠溅碧澄鲜。何时煮茗谈秋月，石鼎焚香手自煎。

清代著名书法家、文学家、诗人、学者何绍基，字子贞，晚号蝯叟，湘南道州人（今湖南道县），有《说文段注驳正》《水经注刊误》《东洲草堂文集、诗钞》传世，而书法碑帖流传最为广泛，影响最为深远。咸丰四年（1854 年）年的秋天，何绍基自成都到当时宁远府首县西昌来主考童生，其时正是洪秀全领导太平天国起义军极盛时期，这时的作品以哀叹时局多难为多，但从他在宁远府境内所作的几首诗来看，也有对本地风光与文士非常认可的一面。诸如下面两首。

诸君子赐和，复奉答二首

当筵烂漫酒频斟，特为嫦娥一整襟。

风致翩如团扇影，文幸照出玉壶心。

诗怀已出蜀天外，夜气更随蛮菁深。

佳节方知随地有，何妨燕客作吴吟。

造物阴阳颇酌斟，浓云缺处月来襟。

暂回连日分秋雨，遍慰天涯作客心。

鸿雁信从何处问？桂花香润来年深。

只余半老惭杯杓，比屋聊为拥被吟。

《凉山州古诗文选释》对这两首诗的评析为：第一首的首联二句，写当场筵席间宾主的豪情，宁远诸君子一片真情，频频向诗人斟酒致敬，诗人也因心情特别舒畅，开怀畅饮，其间不但宾主相与举觞，还特地整肃衣襟，端然肃坐，共庆中秋佳节，祝愿人间户户团圆，一开头就把一个"烂漫"情真的场景描绘了出来；颔联二句紧接着盛赞宁远诸君子的文章风致，如中秋的月亮，器度翩然，润洁完美。诗人的兴致，不是因热情的酒筵，而是因这里文学之士的才华出乎预料，才如此益然的；颈联继叙宾主诗酒忘形，情溶谊洽，不知不觉到了深夜；尾联以自己的感受作结，说边地也有如此佳节，索性就不管这语音差异纵情吟唱吧[①]。

叠中秋望月韵题张义门以存年丈诗稿：

少微连日见星文，窃喜论交接纪群。

模范尚欣前辈在，波澜定许后贤分。

人过泸水多边气，天入蛮荒结彩云。

自愧使车劳奖借，匆匆漫策管城勋。

张以存，字义门，西昌人。清嘉庆六年（1801年）辛酉科拔贡，曾主讲于泸峰书院，家居授徒五十余年。他与何绍基的父亲同科，因而何绍基到宁远专门登门拜访，以示敬意。《凉山州古诗文选释》评析：首句赞张以存上应天星，天上处士星连日出现，正应这位有德之隐者显露其才德；第二句承前表明自己得以结识了这位前辈，并以此"窃喜"；第三句和第四句直承"接纪群"分别赞扬这位"前辈"和肯定宁远的"后贤"；第五、六句共同描写宁远虽属边地，仍钟天地之灵，暗赞此地人才辈出；末二句又回到自己与张以存的关系，说此次来宁远多蒙前辈奖许，我在忙中提笔写这首诗表示尊敬和答谢[②]。

---

① 蒋邦泽，武谊嘉. 凉山州古诗文选释 [M]. 成都：四川大学出版社，2007：141.

② 蒋邦泽，武谊嘉. 凉山州古诗文选释 [M]. 成都：四川大学出版社，2007：142.

　　从以上三首诗所反映的情况来看，何绍基对当时的宁远印象并不坏，只感到这里地居西南边陲，又是多民族杂居，交通阻塞，距离内地较远，这样的地理条件会让人平添些许边疆之叹，但是这里中秋月色十分美好，山川秀丽，虽引发了许多思乡的情怀，但庆幸的是能遇到优秀的人才且有知己相交。

　　翻检西昌古诗文，官员之作为数不少，以清代官员为例，清代宁远府知府、西昌县知县，诸如查礼、德福、牛树梅、崔志道、雷钟德、书纶、许振祥、胡薇元、李淇章等都为西昌留下了诗文。

四、西昌教育的地方属性

　　接下来我们将从一个特殊的角度来看西昌古诗文的地域性，即教育这个角度。有一个有趣的现象，西昌古诗文的创作与科举考试、学校教育有很大的关联，诗文的写作者跟一群人有关，这群人要么是书院山长、要么是学校主讲，用现在的话来说，这群人是当时的教育工作者。

　　西昌历史悠久，但因民国前，选拔制度是科举制，教育都属私馆教学，有关教育的资料并不多。在研究西昌地方志《艺文志》过程中，发现有好几位颜姓作家，仔细考究，发现他们来自同一个家族，并且是教育世家。教育世家颜氏秉承父志，通经史百家，乃名儒之家，从事教学自成体系。

　　颜启芳，字桂山，将众人教法融为一体，文行并重，成为西南学术教法之首创，掌泸峰书院和研经书院，《西昌县志》称其为"教育家之模范"。喜游名山，赋诗作记别开生面，有《螺髻山赋》。善八股，长歌赋颂记，修《西昌县志》，撰稿多件，为修志提供大量资料。《星回节泸山观火炬吊古四十八韵》《建城竹枝词》是其代表作。《西昌县志》云：道咸以后，经策史鉴，诗古文词，作者辈出，大抵渊源于颜氏，而桂山先生大集其成。

　　颜启华，颜启芳之弟，丁卯举人。先后主讲于冕宁、礼州书院。著有《颜氏先德隶》《寱语拾存》一卷，留下《菩萨蛮》《邛池行》《泸山赋》等多篇文章为后人赞赏。

　　颜汝玉，颜启芳之后，自幼继成家风，力图公益，相继为尊经（亮善）书院山长、研经书院山长，教学严谨。耄耋之年，率书院师生，响应辛亥革命，是西昌儒士首先明确表态者。

　　颜世儒，颜汝玉长子，中秀才，再欲升考举人，适废科举，兴学校，乃入成都四川高等师范学堂，继承父志。作品有《风筝谣》《古意》《游螺髻诸峰，时白云遮满》《过晒经关观唐三藏嗮经石》等。

　　除了教育世家的地方性，我们还能看到西昌书院教育所具有的地域色彩。

以泸峰书院为例，清光绪年间，泸峰书院著名的山长有熊小山、吴大光、刘景松、颜汝玉、张雯等。刘景松、颜汝玉的诗文在西昌很有影响力，今天我们还能读到他们许多优美的篇章。

泸峰书院原址坐落在西昌市石塔街鸡心石东北方位。之前在介绍建昌古城时，已经专门介绍过泸峰书院，这本书的最后一章介绍凉山教育时还会提到，这里不再多做介绍，只给大家介绍泸峰书院的学生学什么，从一个侧面了解教育的地方属性。据刊登于《品味西昌》的《〈泸峰书院课艺〉拾遗》一文介绍[1]，泸峰书院教习生徒，先教之读书立品以植其基，授以"修身养性、齐家、治国、平天下"之道，以伦理道德、礼义廉耻、孝悌忠信为本，人格陶冶，认真督责，励精图治。主修月课内容之一为官课，为中华传统义理、圣谕与经世之学，由府县官分月课之，院内外生童皆得与课。月课内容之二为常课，以科举考试题材内容为主旨，由山长和教习先生按月课诲生徒，释难解疑。其课艺者，先习八股范文及试贴，后策论经义，史实图志，诸如《论语》《大学》《中庸》《易经》《通鉴》《四书》《六经》《史记》等。行文至此，我们回到这一节的主题"地域认同"这个问题，泸峰书院学子们学习的诗文中有一本《泸峰书院课艺》。《泸峰书院课艺》结集刊出优秀范文 64 篇。作者有何谱馨、颜启华、郑宗福、赵源清、太吉、肖镇远、李瑞、金位坤、高焕然、何光宗、左勋、徐兴才、翟光发、杨本又、马如麟、何品玉、马庶、陶嘉璨、王绍、康受泰、郭瑛、邬元善、马璋、罗步云、肖鸣发共 25 位，多为清代中后期西昌地方翘楚、文化名人，卓有建树。比如在前面章节已提到过的颜启华，他曾主讲于冕宁书院，后任礼州亮善书院山长，门下多出隽才，《泸峰书院课艺》就选了他的《泸山赋》《邛海歌》《新荷》《赋得秋水长天一色》《赋得五月江深草阁寒》。选入《泸峰书院课艺》的范文大多地方特色浓郁，且不晦涩。

新荷

嫩晴天气雨初过，十里芳田足支荷。
乱掷青钱齐贴浪，低裁翠篓半凌波。
新茎出水淤泥少，小叶跳珠露点多。
玉质亭亭休折取，秋来好唱采莲歌。

邛海歌

邛都邛海水悠悠，海水苍苍清且幽。
青龙寺脚泸山头，周遭环绕黄金瓯。
东有螺髻之峰青盈眸，虚无缥缈如蜃楼。

① 中共西昌市委，西昌市人民政府.《泸峰书院课艺》拾遗［J］. 品味西昌，2017（6）：96－105.

南有蒙段祠前古柏留，仰天欲攀攀无由。

此间风景迥不侔，人生何必西湖游？

我来一叶驾扁舟，桂花桥畔荷花浮。

中有人家淡若鸥，年年水面度春秋。

有时荡漾白芦洲，破船不系网不收。

船来相语君莫愁，今者得鱼复何求？

我闻此言顿忘忧，万事浮沉休便休。

把酒临风谁唱酬，会须濯足万里流。

泸峰书院自创始到停办，经历一百五十多年兴盛荣衰，风雨沧桑。此间，泸峰书院贤达众多，名人济集，授业解惑，传导文化，培植俊秀，道义相守，教学相长，英才辈出。泸峰书院涵育了深厚广博的文化精神，在西昌人文史、教育史的发展进程中起到了重要作用，影响深远，功不可没。

说到西昌教育的地方属性，还得提一提西昌川兴这个地方。之前的章节介绍过查礼的诗《暮春东郊劝农》，里面提到过川兴，这里不再赘述。清代川兴的教育搞得非常好，几乎每个村堡都有学堂，培养了不少人才，这些人很多成为地方翘楚。臧家学堂是一个比较有名的学堂，弟子中有不少地方文化名人，比如吴蠡，《西昌县志》有他的记载，他的诗歌也不错，从《除夕书怀》中看出他为人十分旷达：童时喜年来，弥望弥不到。壮时俱年来，岁除忽见告。喜惧亦何常，渐老非年少。……难必一世安，兴至自舞蹈。达者乐随缘，世事付一笑。

第三节　诗文中的西昌大事记①

这一节介绍两首写西昌大事件且具有史料价值的诗作。

西昌坐落于大西南横断山脉中段，位于四川西南部、安宁河谷中上游地带，这里有悠久的历史、多彩的文化、美丽丰富的天然景观、得天独厚的自然资源，无数文人曾为这座历史文化名城留下诗篇。在众多吟咏西昌的诗作中，清代牛树梅的《西昌地震纪变》、倪星朗的《辛卯年甲午月壬辰日建城水难记》以纪实的手法记录了西昌发生的地震与水灾，诗歌不仅有文学价值，更有史料价值。

一、牛树梅《西昌地震纪变》

牛树梅（1791—1875年），字雪樵，号省斋，甘肃通渭人。清道光二十一

---

① 花志红. 地域特色下的清代西昌自然灾难诗简析［J］. 科教文汇，2017（9）：147 - 149.

年（1841 年）中进士，历任四川省雅安、隆昌、彰明知县，资州、茂州直隶州知州，宁远知府等职，后升任四川按察使，署布政使衔。牛树梅为官清廉，体恤百姓，有政绩，民称"牛青天"。

道光三十年（1850 年）八月初七，西昌发生大地震，牛树梅时任宁远知府〔之前章节已介绍过西昌的建置，顺治初，因明制，仍为建昌卫。雍正六年（1728 年），改为宁远府，以会理州隶属，并置西昌、冕宁、盐源三县，越嶲一厅隶之〕，亲罹其难，写下《西昌地震纪变》，见证了这一大灾难，全诗如下。

> 劫灰何年迹，荒幽传异说。何期建昌城，灾变竟奇绝。
> 坤维夜半走奔雷，山岳震荡海波颓。
> 床榻如舞人如簸，万家栋宇枯叶摧。
> 维时苦雨天幽窅，呼救人多救人少。
> 迟明一望满城平，欲辨街衢谁能晓。
> 我亦被救仅获生，院试未知署内情。
> 遣人询问才咫尺，木梗石塞积水横。
> 可怜五旬璋一弄，三岁遭劫成空梦。
> 嵩目万户竟如斯，我与斯民聊分痛。
> 越日昇舆一历观，强示吾民体尚安。
> 哀我遗黎瓦砾上，枵腹淫雨痴呆看。
> 断木架屋仅如窝，上霖下湿杂处多。
> 最是长夜真似岁，东方不曙奈天何。
> 文署无役武无兵，我足负伤又艰行。
> 民事何能须臾缓，况复一夜辄数惊。
> 力疾奔驰遑启处，无那伤寒心力阻。
> 幸闻瓜代已及期，遥盼龚黄来苏汝。
> 大府痌瘝素切身，选贤驰赈百事亲。
> 九重会有恩膏沛，伫看枯草回阳春。

先解释一下诗中的关键字词。

劫灰：佛家语，谓劫火之余灰。坤维：此处指大地。幽窅：窅，深远貌，幽窅即幽暗昏沉。院试未知署内情：大意说，地震时我在府试考场，不知府衙之内情形究竟怎样。五旬璋一弄：年五十得一男孩。古时称生男孩为"弄璋"，语出《诗经·小雅·斯干》：乃生男子，载寝之床，载衣之裳，载弄之璋。嵩目：忧时而极目远望。昇：扛、抬，此处"昇舆"作使动用法，使人抬轿。枵腹：枵，空虚，枵腹即因饥饿而腹中空虚。文署无役武无兵：文署内无服杂役之人，武署内也无兵丁。遑启处：急得无暇稍事休息。瓜代：任职期满换人接替。龚黄：西汉宣帝时的两位政绩卓著的地方官，即渤海太守龚遂、颍川太守黄霸，二人事迹均载于《汉书·循吏传》，后世遂以"龚黄"代称廉政干练的州郡长官。苏：死而复生。痌瘝：疾苦。

诗歌开头四句，用《高僧传》中所载汉武穿昆明池底得黑灰不知何物，法兰云"世界终尽劫火洞烧，此灰是也"的典故，慨叹"劫灰"传言不可信，而深感西昌这次灾变的"奇绝"。"坤维夜半走奔雷"至"欲辨街衢谁能晓"八句描绘了这次地震突来时的恐怖之状：雷声滚滚、山岳震荡、大雨倾泻、天昏地暗、床舞人簸、屋宇坍塌、呼救凄惨、满城皆平，让人惊心动魄。"我亦被救仅获生"至"三岁遭劫成空梦"六句写自己遭此横祸的情况：自己在试院中被压，幸得救助，极想知道署衙内亲人们的情况，奈何距离虽近却道路不通，遣人打听，才知三岁的幼子已罹难丧命，令人痛心。"蒿目万户竟如斯"至"无那伤寒心力阻"十六句写自己强忍失子之痛和身体之伤，四处查看灾情，处理善后事宜，可叹部属大多遭劫死伤，文署内无服杂役之人，武署内武兵丁，面对紧急态势自己无暇休息，心力交瘁而病倒。最后"幸闻瓜代已及期"六句，写自己任期将满，希望朝廷能委任得力继任者，让饱经忧患的西昌大地枯木回春①。

对于这次地震，《西昌县志》载：道光三十年（庚戌）（1850年）八月府试，文场甫毕，武场初举，初七日文庙丁祀，夜方半，霖雨如注，地大震，全城屋宇倒塌，街市成瓦砾场。又云：树梅被压逾时，救出，左腿重伤；府、县两教官，武弁六员，皆殒命。府署死者二十人②。

牛树梅在《西昌地震纪变》中记叙了发生于清道光三十年（1850年）的地震，因是亲见亲闻，可信程度极高，这首诗已成为研究这次地震的宝贵资料。诗中不仅记录了灾难实况，还反映了当时应对灾难的种种措施。诸如诗中"劫灰何年迹，荒幽传异说"之言针对的是"牛鸣地震"的讹言有感而发。地震之时，知府牛树梅、知县鸣谦均被垮塌土石所压，幸被救出，受伤未死，但两家家人多有伤亡，一时社会上谣言四起，因灾后霖雨弥月，人心惶惶，时县令鸣谦祈晴无术，愚民讹言牛鸣地动。府县官姓合谶而同城，所以致灾也。牛树梅后来号召官吏、乡绅、百姓用巨炮摧云"祈晴"，终至晴日一个多月，民情得以稳定。关于这一点牛树梅在《八月十二新晴纪异》中写道：建城繁盛应无比，数万生灵俄顷死。垣房荡平衣食绝，弥月霆霖犹不止。举目全非人世形，兼同地域日昏冥。遗挈了无生意在，妖言乘起更骇听。时有寒生名杨鼎，特来献说识殊迥。请礼太阳炮击击阴，义与奉令出征等。我以古法商同官，虞

---

① 蒋邦泽，武谊嘉．凉山州古诗文选释［M］．成都：四川大学出版社，2007：134-135.
② 郑少成．西昌县志［M］．民国《西昌县志》重印本．［出版者不详］，2012：224.

制木牌书以丹。中间敬图太阳象，四角画作火云团。异哉翌早晨熹露，红光映入蓬楼处。惊说绛云满四围，一天锦绣纷无数。拳拳盥沐捧太阳，向午毕集演武场。伏祷牌前同一恸，两旁观者泣数行。安排巨砲如临敌，齐向阴方摧霹雳。人声助喊壮声威，直欲奋手攫云霓。此时日气云间孕，乃是天人机相应。从此大晴月有余，秋成无恙民情定。噫噫杨生学品醇，平生善画并传真。运蹇未逢青目者，灾变之中识斯人。再如，诗中所表现出的作为地方官员对百姓的体恤，能以民之疾苦为己之疾苦，也并非矫情之辞。这次地震死者达 2 万余人，导致很多无人认领的尸首堆积城外，牛树梅捐银 1 800 两，雇人在城外的北山掘出数个大坑掩埋死难者。灾后粮食不足，为维持灾民生活，牛树梅为军民散给粮食，稳定民心，所以诗中"我与斯民聊分痛""民事何能须臾缓"之语，读来有真切感。

牛树梅的政绩，在西昌是有口皆碑的，清代本土文人颜汝玉在《建城竹枝词》中写道：城西三里耸高亭，立石争将德政铭。谁是清官无愧色，雪樵后有武云汀。

清朝时府县官员即将卸任时，都热衷于立德政碑、建德政坊，将自己的"德政"铭刻于石头之上，那时所建的德政坊、德政碑大多在西乡，现已不存。因此作者说"城西三里耸高亭"。既然几乎每个官员都有德政碑、德政坊，那谁才是真正的清官，无愧于这些铭刻在石头之上的文字呢？在老百姓心里有自己的口碑，牛树梅和武廷鏊配得上清官的称号。民国《西昌县志·政制志·政绩》记载：牛树梅：甘肃通渭人，字雪樵，号省斋，嘉庆辛丑进士，道光中署宁远府知府。时川省宝川局鼓铸全赖宁铜，因办理者嗜利，钱法日敝，树梅到任，以体恤商炉为急。歇手之户亦复欣然起办，产铜遂旺。道光三十年庚戌八月，府试文场甫毕，武场初举，初七日文庙丁祀，夜方半，雨淋如注，地大震，全城屋宇倒塌，街市成瓦砾场。树梅被压，逾时救出，左腿重伤，府县两教官武弁六员皆殒命，府署死者二十人。西昌县死伤枕藉有数可考者，二万余人，外四县文武生童商旅压毙者不知凡几。灾后淫雨弥月，人心惶惶，时有县令鸣谦，祈晴无术，愚民讹言"牛鸣地动，府县官姓合谶语，而同城所以致灾也。"于是府县官出示：改"牛"为"刘"，"鸣"为"明"。有诸生杨鼎献议，用木牌绘赤日，四围绘火云，捧至较场，集文武官吏绅民叩首木牌，痛哭祷神，用巨炮向阴方轰击。向午，云散日出，自是大晴月余，禾稼有收焉。各州县捐银共六万两……树梅捐千八百金痊群尸，为文以祭[①]。

---

① 郑少成. 西昌县志［M］. 民国《西昌县志》重印本.［出版者不详］，2012：224.

二、倪星朗《辛卯年甲午月壬辰日建城水难记》

倪星朗，字晴初，西昌人。入盐源学，为廪膳生。清光绪十五年（1889年）己丑恩科贡生，选州判，不就。《西昌县志·人物志》将其列入"师儒"，称其今古文诗赋皆上乘，以教学终身。兼精地理医理①。光绪十七年（1891年）五月二十九日，西昌发生特大水灾，倪星朗写下《辛卯年甲午月壬辰日建城水难记》一诗，对后人了解这次水灾情况极有资料价值。全诗如下。

> 芦林贻害一元奇，似此从来说未有。
>
> 连宵淫雨已逾旬，水势如常静不吼。
>
> 夜半奔腾陡出山，尽扫田庐迅过帚。
>
> 电雷风雨达天明，大难独惊唐太守。
>
> 踏遍泥途亲省灾，膏腴万顷人千口。
>
> 急捐鹤俸督捞尸，绎络扛回集空薮。
>
> 但见演武厅前东南隅，满地残躯黑欲朽。
>
> 几人父携儿，几人女抱母；几人总角童，几人白发叟。
>
> 练勇持戈不暂离，夜驱豺豹昼驱狗。
>
> 施馆一一穸窀归，射利愚夫殊搜抖。
>
> 我闻含泪隔河望，沙滩石聚高于阜。
>
> 茫茫何处是乡村？隐约倾楼依赤柳。
>
> 吁嗟哉！浩劫如斯孰厉阶，传言都说蛟龙走。
>
> 昔年吕望令灌坛，有德曾闻沮神妇。
>
> 胡为乎！朝廷命吏欲盈城，毒物横行不畏咎。
>
> 伤心特记遇灾时，辛卯五月二十九。

先解释一下诗歌中的关键字词。

辛卯年甲午月壬辰日，指光绪十七年（1891年）五月二十九日。芦林贻害一元奇：作者原注为"自道光庚寅至今六十一年"。道光十年（1830年）岁次庚寅，西昌发生大水灾。星命家以六十年为一元，此处乃称六十又一年为"一元奇"。"芦林贻害"指聚水致害，《淮南子·览冥训》"女娲……积芦灰以止淫水"句高诱注云：芦，苇也，生于水，故集聚其灰以止淫水。此处不言芦灰而言芦林，指水之多。

唐太守：宁远知府唐承烈。鹤俸：旧称官吏的俸金为鹤俸。薮：草野之

---

① 郑少成. 西昌县志［M］. 民国《西昌县志》重印本.［出版者不详］，2012：635.

地。练勇：兵丁。夯窀：墓穴。射利：急于争利。孰厉阶：什么是祸端，厉阶即祸端。昔年吕望令灌坛，有德曾闻沮神妇：灌坛是传说中的地名，传说姜太公（吕望）为灌坛令，周文王梦以妇人当道而泣，问之，答云乃东海神女，嫁与西海神童，每行必有大风雨，今灌坛令有德，不敢过犯其境，故泣。事见张华《博物志》及干宝《搜神记》。沮：失意而颓丧。

诗歌具体展现了西昌六十年来所遇的大水灾状况。诗歌写了灾情实况：洪水横扫田庐，演武厅前尸横遍野，全城百姓凄苦难状。诗歌也写了宁远知府唐承烈亲视灾情的情况。唐承烈，字冕周，山东人，光绪中补宁远知府。《西昌县志·政制志》将其列入"政绩"，称其"以地方有事为耻"。水灾之后，唐承烈组织营救，并捐出自己奉金督促捞尸，处事态度果断。诗歌同时写出了灾难面前不法之徒急于争利、借机发财的可耻行径。诗歌最后道出了诗人的忧虑，因为没有像吕望那样有德行的官，终会导致朝廷命吏欲盈城，毒物横行不畏咎[1]。

《西昌县志》在这首诗后载有跋语，诗跋并读，更能了解当时灾难情况。跋语云：是日水猛非常，出山后，一股由中右所河漫入，白衣庵、大石板、段家街等多处，多被淹淤。一股由龙王巷入，东街上下户口千馀家，屋内水深七八尺有奇。又作两股，一由天枢宫巷出，通海巷、洗鱼沟，两处受害。一由青龙街出，冲去魁星楼、半边街、灯杆坝、后街口铺户数十家，始入正河。一股顺城根下，至南门外。小股贯入城内，大股直冲西街，自合盛行后篾市、打铁巷、姚家巷、臭河桥、谌家巷、大巷口下截，民房数百家，人六百馀，庙宇、惠珉宫前面、五显庙、禹帝宫均无寸泥片瓦。水既汇合，其势更大，如较场坝、福国寺上下，碙山桥左右，以及张、吴、祁三屯，田禾淤尽，倒流入海，新淹良田二千馀顷。

通过解读这两首诗，再与史料并读，我们对西昌地震与水灾的破坏性会有更深的认知。接下来探讨一下牛树梅《西昌地震纪变》和倪星朗《辛卯年甲午月壬辰日建城水难记》的史料价值。

三、牛树梅《西昌地震纪变》和倪星朗《辛卯年甲午月壬辰日建城水难记》的史料价值

一般来说，人们不会将诗歌视为史籍，但好的诗歌往往是社会生活和历史时代的反映，它所透露出的信息是多方面的，往往具有很强的说服力和感染力。

---

① 蒋邦泽，武谊嘉. 凉山州古诗文选释 [M]. 成都：四川大学出版社，2007：258-259.

　　西昌地处安宁河断裂带和则木河断裂带，历史上常有地震发生。明清两朝由于资料保存完好，对地震的记载比较详尽。在明清时期，西昌发生过几次地震：明孝宗弘治元年（1488 年）十二月，西昌卫地震，下暴雨。明嘉靖十五年（1536 年）三月，建昌、宁番、越嶲、镇西等处发生七级左右地震。明毅宗崇祯十年（1637 年）四川行都司建昌一带发生地震。雍正十年（1732 年）正月，西昌、会理、德昌、河西、冕宁、米易一带地震。道光十年（1830 年）七月，宁远府等地地震。道光三十年（1850 年），西昌、越嶲、盐源、会理地震①。位于泸山光福寺殿内的西昌地震碑林为中国四大碑林之一，有地震石碑百余通，集中反映了明代嘉靖十五年（1536 年）农历二月二十八日、清代雍正十年（1732 年）农历正月初三、清道光三十年（1850 年）八月初七亥时发生的三次大地震史实。这三次地震均在 7 级以上，碑文所记载的时间、范围、强度、震兆及建筑物破坏、人畜伤亡等情况，为地震研究提供了可靠的文物依据。《凉山文史》登载有高兴文的《西昌地震碑林》一文，详列了道光三十年（1850 年）地震的破坏力度：震级为 7.5 级，烈度为 10 度，震中在纬度 27.8 度，经度为 102.3 度交点，即西昌——海南乡一带，纵横 200 公里范围成灾。波及千里外的南充，云南普洱、永胜、盐中地区。西昌清真寺、白塔寺、川主庙、公署衙门、仓库、监狱、宗祠及西、南、北城楼垮塌，北山、邛海一带山崩地裂，海面喷沙；城内地裂带有的达 6～7 丈长，2～3 尺宽，4～5 丈深，裂缝复合曾夹死行人。地震呈南北走向、北西走向，向左扭旋。凉山州博物馆编辑的《西昌地震碑林》一书对这次地震灾害进行了统计：共计灾户二万七千八百八十八家，灾民十三万五千三百八十二名口，倒塌居民房屋二万六千一百零六间，压毙男妇二万六千一百五十二名口②，按当时地方史志对西昌人口户籍的统计，受灾户高达 90％，受灾人口达 81％，压毙人口 12％③。将牛树梅《西昌地震纪变》与史料并读，我们会发现这首诗纪实性强，给人真切感。

　　西昌水域丰富。西昌古水名见于史册者有孙水、若水、绳水、嶲水、淓水。随着时代的变迁，河流名称虽有变化，有关水患的记载却记录史籍。《西昌县志·地理志》"河流"条目下记有：邛海之东南有鹅掌树河……此河冲陷民间田庐不少。怀远河（即东河）自东北来注之。……此河全长百余里，上游半在夷巢，流山峡中，有所拘束，中游渐渐放肆，平时质清味甘，供街民饮料，夏秋小涨，不过冲毁桥梁而已，若累日多雨，连山濯濯土石崩溃，横流四

①　王林吉．凉山州彝族自治州建置沿革 [M]．成都：电子科技大学出版社，2012：56-57．
②　四川凉山彝族自治州博物馆．西昌地震碑林 [M]．北京：文物出版社，2006：9．
③　姜先杰，刘弘．安宁河谷古代经济开发史 [M]．成都：四川人民出版社，2019：224．

溢，挟污泥大石滚滚而下，则涛头所至，城垣为之倾陷，街市为之破坏，凡人力所经营建置之物，一扫而空，且左右换滩，瞬息变势，昔之东街后街灯竿坝姚家巷，繁盛市面，比屋数百家，以及小村较场，皆荡然变为石田。海河水系……夏秋诸水盛涨，洪流四注，泥沙沉淀，汇集下游，河床壅滞，河水倒入海，民受其害①。清代有关水患的记载有：康熙二年（1663 年）十一月，因建昌等处遭受水灾，免当年赋税。乾隆八年（1743 年）七月，西昌县水灾，安宁河沿线亦遭水灾。道光七年（1827 年）五月，西昌怀远河暴涨，南门外河街淹死万余人。道光十年（1830 年）七月，宁远府等地地震，西昌金家坝山崩，阻断安宁河，水溃，横流数百里，淹没田园。道光十九年（1839 年）五月，安宁河暴涨，沿河水灾。道光二十二年（1839 年）五月，安宁河暴涨，沿河水灾。宣统二年（1910 年）六月，西昌东河大水，冲毁城堤。七月西昌东河大水，毁城数十丈②。据统计，明清时期以西昌为中心的安宁河流域发生的水灾就有 41 次③。

西昌的另一位作家傅骥才所作《邛海水灾有感》一诗中也能看到邛海水患的严重，诗歌写道：欲治邛海先治河，下流不利泥沙多。两川倒灌海都赤，骤添新涨起洪波。绿野青畴归泛滥，尽成泽国胡取禾？……汉时污泽今成海，桑田沧海放悲歌。邛海生息息焉在，沿海灾民唤奈何？救民于水无长策，征免淹粮吏勿苛。

倪星朗所作《辛卯年甲午月壬辰日建城水难记》记叙了光绪十七年（1891年）五月二十九日怀远河（东河）大水灾给西昌造成的破坏。这首记叙水难的诗歌具有纪实性，对研究当时西昌受灾实况、洪水肆虐的程度、人民饱受苦难的境况可提供有力的佐证。1891 年的这次水灾被定性为特大水灾，《明清时期凉山地区水旱灾害时空分布特征》一文认为特大水灾判定标准为：受灾面积广，持续数日暴雨，淫雨连月，河流多处决口，田禾尽淹，政府采取多种紧急赈灾措施④等等，这些在《辛卯年甲午月壬辰日建城水难记》一诗并跋记中能找到有力例证。这次特大洪水冲毁城墙二十余丈，西昌数十条街化为沧海，几座庙宇荡然无存，田禾淤尽，倒流入海，淹没良田二千余顷，《辛卯年甲午月壬辰日建城水难记》中所描绘的"尽扫田庐迅过帚""满地残躯黑欲朽"的惨状，今天读来仍令人唏嘘不已。2016 年 5 月 6 日，西昌市老城区在施工中发掘出大量清代钱币，这批清代钱币最早的是乾隆通宝，最晚的是光绪通

---

① 郑少成．西昌县志［M］．民国《西昌县志》重印本．［出版者不详］，2012：44 - 46.
② 王林吉．凉山州彝族自治州建置沿革［M］．成都：电子科技大学出版社，2012：65 - 69.
③ 朱圣钟．明清时期凉山地区水旱灾害时空分布特征［J］．地理研究，2012（1）：27.
④ 朱圣钟．明清时期凉山地区水旱灾害时空分布特征［J］．地理研究，2012（1）：28.

宝，经过专家鉴定，被认定为光绪十七年（1891 年）西昌河东特大洪水灾害发生时所淹没沉积之物，这批钱币为研究西昌历史上的洪灾提供了实物证据，同时倪星朗的《辛卯年甲午月壬辰日建城水难记》一诗再次受到研究者重视。

毋庸置疑，牛树梅《西昌地震纪变》和倪星朗《辛卯年甲午月壬辰日建城水难记》是西昌文化宝库中的写实之作，不仅具有文学价值而且极具史料价值。

第八章 / *CHAPTER 8*

从地方志看凉山教育

第一节　明清时期凉山教育

据《后汉书》与《四川通志》载，凉山教育上溯至汉武帝元狩二年（公元前 121 年），中郎将司马相如持节开越嶲，曾在沫山若水间授经教学；元封二年（公元前 109 年）司马迁出使邛、笮，也曾在此设立讲台。

明朝在全国各地以官学形式兴办教育，教育内容以儒学为主，校址称为学宫，其人员有学官与生员之别，其体制为官署与学校合一。各地广为设学，以收"行礼义、愿民俗"之效。

根据学者刘泰龄对明清时期西昌教育状况的整理，可将西昌明清官学（包括儒学、学宫、学官、生员）情况进行大致梳理。

西昌自明洪武十六年（1383 年）设建昌府，后改卫，设儒学，相继兴建建昌，为卫学，后逐步演变为科举场所。至明末卫所制衰颓，卫学陆续倾圮。其间安宁河流域、凉山境内各乡镇内尚有各私塾。

据《四川通志》载：西昌县学设府城西门内，明末毁，清朝重建，大学额取十五名，见其早在明代已设官学。科举复盛，私塾遍及城乡，义学多设于乡镇。

清康熙、雍正年间，在原明卫学旧址重建学宫，改设府、州、县学、厅儒学，皆设学宫以总理学务、课考童生。

古城西昌境内官办儒学始于洪武十六年（1383 年）十一月，置建昌府儒学，设教授、训导各一人，以文庙为学宫，不久改府为卫，更名为建昌卫儒学。其后二百余年，因几经兵燹与地震，全遭毁废，学宫荡然无存。清康熙二十三年（1684 年），重振儒学，由建昌卫地方官神筹资，改文庙作学宫。雍正六年（1728 年）裁卫设县，将建昌卫儒学改为西昌县学，设教谕总理学务，设训导辅佐教务。嘉庆十四年（1809 年），奉令增设宁远府学。光绪三十年（1904 年），府、州、县分别设置学务局或学务公所，取代教授、学正、教谕和训导等行政管理职能，同时另设学堂。延续数百载的儒学宣告结束，官署和学校合一的情况至此得以改变。

据《西昌县志》记载，西昌学宫（文庙）始建于贞观九年（635年），中遭毁废，元代复兴重建，又因兵燹而毁。明初由都指挥金事官彦常倡捐重修。明、清两朝，府、卫、州、厅、县的儒学均以文庙为设学场所，称之为"学宫"。并在学宫内或附近，分别建筑考棚和学宫署衙，将讲学、教化、祭孔和和科考融为一体。清康、雍、乾、嘉四代，各府、州、厅、县都把培修文庙、祭奠孔子作为振兴儒学的大事。

明清两代的儒学全属官学，主持学宫者由朝廷委派，既为学官，又是老师；既主持生员讲学与课考，又掌管一地区教化。明洪武十六年（1383年）至清光绪三十年（1904年）境内各级儒学录取生员皆有定额，名额分配比较固定，多年不变。从嘉庆十四年（1809年）宁远府官学文武生员数额简表可知宁远府属各州、厅、县名额，以西昌县最多，会理、盐源次之。

凉山境内，西昌教育是走在最前列的。根据学者高履龙对西昌教育的研究，从开书院之始，可将西昌的教育大事大致按时间顺序勾勒如下。

乾隆十八年（1753年），宁远知府建立泸峰书院。

同治五年（1866年），由地方绅普筹资建香城书院（河西）。

光绪八至九年（1882—1883年），由胡国枢、胡朝华、胡国士、毛际乐等筹建亮善书院。

光绪二十年（1894年），研经书院成立，西昌县知事胡微无兼任山长。

光绪二十八年（1902年），西昌县设学务公所，张联辉为总办。

光绪三十年（1904年），成立师范传习所，修业一年。

光绪三十一年（1905年），成立简易师范科，修业二年；停科举。泸峰书院、研经书院、亮善书院相继停闭。

光绪三十二年（1906年），设学务局，后改称劝学所；泸峰书院改办为鸡心石两等小学；锅盖梁、樟木箐、太和场、黄水塘、西溪等集镇相继建立初等小学堂。

光绪三十三年（1907年），西昌劝学所在鸡心石小学增设简易师范班；由知县周家钧监修，创办东仓巷高等小学堂；大兴场创办初等小学堂。

光绪三十四（1908年），黄连坡初等小学堂创立；成立师范研究所，修业五个月。

宣统元年（1909年），宁远知府陈建绪在研经书院旧址创办宁远府中学堂；黄家巷女子小学成立，后改名为道沟女子小学；礼州镇两等小学堂成立；成立单级教授传习所，修业一年。

宣统二年（1910年），学务公所改为教育科；五显庙、拖琅、合营、五甲殿初级小学相继成立。

对于本地的教育状况，西昌本土文人李拔萃在《建昌破天荒记》中有记载。

乾隆初古城杨衍，以拔贡入京师，而议宁字额举。旋即乡试举于戊午（1738 年）科焉。此开从前所未有之奇也。继后高山堡巫必中举于辛酉（1741 年），会理车仕新举于丁酉（1777 年）。

乾隆十三年（1748 年）戊辰岁，江右王公恺伯以科甲之才，奉命守此，加意人才，栽培风化，不惜财，不吝教；俾教谕黄坦为师；特开书院，予多方鼓舞，耳提面命。于时英豪贤集，拔萃与焉。

期年文气顿开，士风丕振。清真雅正之文，前绍金陈；诗词歌赋之技，远追李杜。己巳（1749 年）夏而王公荣升，道于永宁。壬申（1752 年）拔萃与毛友万铨赴以恩科……

窃以开化者江南恺伯，开风者古城杨衍、高坡冯文郁、毛屯毛万铨功也。故拔萃不揣援笔为志，用以示后人。

文章介绍了建昌科举业的发端与兴起。

据《西昌县志》载，清乾隆初年，西昌杨衍以拔贡入京师。继后，西昌巫必中、会理车仕新、西昌王荣升、李拔萃、毛万铨、冯文郁先后科举入仕。清光绪三十年（1904 年）、宣统二年（1910 年），冕宁县城谢友兰、陈绍仁先后留学日本弘文学院、日本大学学成回国。

据《四川通志》《宁远府志》《邛巂野录》等文献不完全统计，明清两代，西昌共计涌现出进士 9 名、举人 38 名、恩贡 26 名、拔贡 20 名、岁贡 4 名、优贡 12 名、封赠 16 名、贡生副榜 14 名。这批士子先后在全国各省为官，出任道台、知州、知府、知县、训导、教谕、通判等职，两人入翰林院，三人入国子监，一人入内阁中书。在士子中，尤其以毛万铨、杨学述、颜启华、宋慎、谌昌绪等人最为出众。

凉山文史收录了学者刘梦九所录西昌明清文庙碑文各一篇，兹录于下，从碑文可较全面了解明清设宫施教的主旨、生员来源、待遇、禁令等情况。

明代卧碑

国家明经取士，说经者以宋儒传注为宗；行文者以典实纯正为主。今后务须颁降《四书》《五经》《性理》《通鉴纲目》《大学衍义》《历代名臣奏议》《文章正宗》，及《历代诰律典制》等书，课令生徒诵习讲解。其有剽窃异端邪说，炫奇立异者，文虽工弗录。

天下利病，诸人皆许直言，惟生员不许。今后，生员本身切己之事，许家人报告；其事不干己，辄便出入衙门，以行止有亏革退。若纠众扛帮，骂詈官长，为首者问遣，余尽革为民。

习举业即穷理之端，《四书》《经文》《策论》务要说理详明，不须浮夸怪诞,记诵旧文,意图侥幸。

生员考试,不谙文理者,廪膳十年以上,发附近去处充吏;六年以上,发本处充吏。增广十年以上,发本处充吏;六年以上,罢黜为民;未及六年发社。

有司朔望行香,迎至"明伦堂"讲书。

各省廪膳生,科贡各有定额;南北举人,名数亦有定制。近来奸徒利他处寡少,诈冒籍贯,或原系娼优隶卒之家,及曾犯罪问革,变易姓名,侥幸出身,访出拿问。

岁贡:正统六年,定府学一年贡一人;州学三年页二人;县学二年贡一人。

应贡生员,文理不通,另取补贡;但不许挨次滥补。

选贡:隆庆二年,题准不拘粮食深浅,务取文行兼优者,府学二人;州、县、卫学各一人,以充恩贡。

补贡,有缺查人文,未经到部,定限于本年,取文学优者一人补。

科举定于"子、午、卯、酉"年秋八月,各直省皆试士于乡。初九日初场,试《四书)》义一道,"经文"四道,文限六百字,冗长者不得中试。十二日第二场,"试论"一道,"表"一道,"判语"五条。十五日第三场,试"经史"、"时务"、"策论"五道。初场须醇实典雅;二、三场须明白条对;空疏敷衍者不得中。

学校无成,皆以师道不立。教官贤否不齐,须先察其德行,考其文学。若学问疏浅,怠于训诲者,一考再无进不改,送吏部别用。其贪淫不肖者,不必考其文学,即送按察司问理。

清代卧碑

朝廷建立学校,选取生员,免其丁粮,厚以廪膳,设"学院"、"学道"、"学宫"以教之。各衙以礼相待,全要养成贤才,以供朝廷之用。诸生皆上报国恩,下立人品,所有教条,列开于后:

生员之家,父母贤智者,子当受教;父母愚鲁或有非为者,子既读书明理,当再三恳告,使父母不陷于危亡。

生员立志当学,为忠臣清官。书记所载,忠清事迹,务须互相讲究。凡利国爱民之事,更宜留心。

生员居心忠厚正直,读书方有实用,出仕必作良吏;若心术邪刻,读书必无成就,为官必取祸患。行善人之事,往往自杀其身,常当思省。

生员不可干求官长,交结势要,希图进身。若果心善德全,上天知之，必加以福。

生员当爱身忍性，凡有司衙门，不可轻入；即有切己之事，止许家人代告；不许干预他人词讼，他人亦不允许牵连生员作证。

为学当尊敬先生，若讲说，皆须诚心听受；如有未明，从容再问，毋妄行辩难。为师者，亦当尽心教诲，勿致急情。

军民一切利病，不许生员上书陈言；如有一言建白，以违制论，黜革治罪。

生员不许纠党多人，立盟结社，把持官府，武断乡曲。所作文字，不许妄行刊刻，违者听提调官治罪。

第二节　清代凉山书院

正如《西昌县志·教育志》所云：书院之制，古塾庠序学之遗也。其名称盖肇始于李唐所建之丽正书院。书院之设山长，载在元史。清代书院林立，延聘硕学鸿儒长院。学子寄宿其中，有膏火之资，故能安心求学。然因科举取士，学者所志，多在举业耳[①]。

书院学子考试制度为：县试者，知县合一县士子考试之。三年一次。分岁试科试。先考岁试。第一场曰正场。阅卷后发榜。榜以五十名为一团。榜上有名，乃许复试。复试发榜有名，乃许再复。再复有名，乃许三复。三复有名，乃许终场。每一岁试，率考五场或四场[②]。

应试之规例：以绅粮土著俊秀子弟为合格。

以西昌为例，县城旧有考棚，位在南门内旧县署文昌宫之西，文庙仓圣宫之东。地势高敞，可望邛海泸峰。前学院何绍基署有"海镜堂"三字匾额，悬于堂上。

《西昌县志·教育志》载：西昌自乾隆十三年（1748 年）王公恺伯守宁远，加意人才，特开书院，聘教谕黄坦为师。是为县有书院之始。后安守洪德，建修泸峰书院。胡薇元创立研经书院。他如礼州之亮善，德昌之凤池、圣功，各有成就，见重儒林[③]。

科举时代的凉山，官府倡办的学校为书院，民间私人办学称为学堂、义学、私塾。清代宁远府属书院著名的有西昌的泸峰书院（原名蛙山书院）、研经书院、亮善书院，会理的金江书院，德昌的凤池书院、圣功书院，冕宁的台

① 郑少成. 西昌县志［M］. 民国《西昌县志》重印本.［出版者不详］，2012：348.
② 郑少成. 西昌县志［M］. 民国《西昌县志》重印本.［出版者不详］，2012：353.
③ 郑少成. 西昌县志［M］. 民国《西昌县志》重印本.［出版者不详］，2012：349.

登书院，盐源的香城书院、明伦（堂）书院等。

清代的西昌，科举教育受到空前重视。在今天的西昌范围内，就存在四大书院：研经书院、泸峰书院、亮善书院（今礼州镇）、和香城书院（今佑君镇，清代属盐源县）。

书院崛起，学风日盛。书院设山长主事，由德高望重的饱学之士出任，深受社会尊重。光绪时期，西昌凉山境内知名儒师有熊小山、吴大光、刘景松、颜汝玉、胡国枢、胡朝华、毛际东、黄菊、陈耀先等等。书院学子，一部分来自已经取得了功名，尚需深造的学子，称院内生，享受膏火；另一部分是私塾已经开笔作文未考秀才的学子，称院外生。入书院的学子其基础知识须具备《弟子规》《三字经》《唐诗》《各物蒙术》等，以及《四书》《五经》之学识。考入书院后，重温深悉《四书》《五经》等经史子集，学习理解"忠君""尊孔"之道。

现将凉山境内著名书院介绍如下。

一、泸峰书院

泸峰书院，始建于乾隆十八年（1753 年），是西昌最早的书院，光绪三十一年（1905 年）停闭。

乾隆十八年（1753 年），宁远知府安洪德与士绅倡捐建修书院，置学田，书院因院址面对泸山而得名"泸峰书院"。乾隆三十三年（1768 年）改为"蛙山书院"（《水经注》中称泸山为蛙嵩山，故而得名），院址依旧。嘉庆七年（1802 年），宁远知府邓煐扩充书院规模。嘉庆十三年（1808 年）署县周启瑶又增之。至此，泸峰书院发展到顶峰。历嘉、道、咸、同，以迄光绪，院中房屋颓废，能居者寥寥无几，有书院之名，无储才之实[①]。自知府牛树梅及崔志道先后莅任，乃择要补葺，光绪十一年（1885 年），崔公独立捐廉，重订规章。光绪三十二年（1906 年）停办。自创始到停办，经历了一百五十多年。

崔志道，光绪九年（1883 年）自雅州调任宁远知府，所至整顿书院，训勉生童，士习以正，又捐廉创建育婴居、牛痘局、别立孤老院，颇有政声。

崔志道所作的《宁远府重修泸峰书院》是一篇内容丰富、态度中肯的碑记，全文如下。

> 古无书院之名，塾、库、序、学，皆书院也。唐始置书院，后踵之，代递增焉。制在乡学国学之间。名虽与古不相袭，所以兴教化造人才，其义一也。

---

① 郑少成．西昌县志［M］．民国《西昌县志》重印本．［出版者不详］，2012：349.

今之书院伙矣，州县有书院，都有书院，行台省有书院，一乡一邑又或有数书院，合天下计之，其所谓书院，殆未易更仆数矣。顾书院愈多，而得士愈寡。揆厥由来，有数弊焉：

释菜鼓箧之徒，前者随者，冠皆儒也，服皆儒也。夷考其行，驵侩者厕其中，狱讼者厕其中，狎倡优务博塞者厕其中，恢诡谲怪至于不可究诘，使一、二自好之士不能一朝居，望望然反袂而走。此于书院，若苗之莠粟之秕也，正以移郊移遂之典，不为苛也。其不悍然为非者，或群聚谈饮，是以书院为交游征逐之区也；或独居安肆，是以书院为燕闲偷惰之所也。

等而上之，有若学为文者焉，则文而已矣；有若学为诗者焉，则诗而已矣。束阁群书，款启寡闻，于圣贤之述作、古今之载籍，曾未游其藩焉。或者泛流观，不求深熟，耕而卤莽之，则其实亦卤莽而报；芸而灭裂之，其实亦灭裂而报。方弊弊游以舐笔和墨为事。彼其所作，吾知为虚车耳；不然，则剿说耳；不然，则爝火末光鼠壤徐蔬耳。欲其俾回汉章，扬厉风雅，是犹使蚋负山、商蚷驰河也，必不胜任矣。此则不读书之故也。

又其上者，则既读书矣，治一经欤？治群经欤？华生专一经欤？数年遍群经欤？训诂欲其详，则且缕析支分，数许郑诸典若家珍，曰：此汉学也。义理在乎精，则且雪融冰释，揭程朱各说如建鼓，曰：此宋学也。他若诸子诸史百家众技者流，无不旁搜并蓄，比于大泽，百材皆度。以此发为文章，班马可也，卿云可也，李杜韩欧，无乎不可也；以此掇巍科、跻显仕，如探囊出物，俛地拾芥也。即其人非不嗢然大也，曰：余今而后读书之苦心酬矣，读书之能事毕矣。及观登朝籍、膺民社，往往为保障不能，为茧丝不能，其道大戾，一若南舟北车之不相通，圜枘方凿之不相入。回忆生平所学，汗牛马栋充宇者，直糟魄也，直土梗也，市瓜喜大而失其香，画饼充饥而无真用也。

夫书院士之所聚，上舍、内舍、外舍，不知凡几辈矣，如偭规矩者去其半，耽逸乐者去其半，安谫陋者又去其半，其立志读书者，千百不十一耳。而此十一者，又或读其所读，书其所书。呜呼！是视读书为储文诗材耳！丧己于物，失性于俗，薾然疲役，而不知其所归，则帖括误之也。然则帖括勿为乎？曰：是又不然。乡举里选之法不可复行于今日也明矣，士者拜献之资，舍帖括奚从焉？虽然，国家以帖括取士，所取士也，非帖括也。谓帖括可以觇士之所学，非谓士之所学仅帖括也。

　　言者德之华，德立而言自立；文者行之表，行修而文亦修。士果不围帖括，即学优品教敦，馀力及之可耳，游艺出之可耳。道也，进乎技矣，合而成体，散而成章。既雕既琢，复归于朴，所谓有本有文也，所谓仁者其言蔼如也，所谓真读书者也。其用而行也，经术足以润史事；其舍而藏也，匹夫可以化乡人。有士若此，帖括幸矣，书院光矣，读书如未读书者可以憬然悟矣，佪规矩耽逸乐安谚陋者可以幡然改矣。此则建书院之意也。

　　夫又有说焉。古者人生八岁皆入小学，十五而入大学，天下无非学之人也。今则不学者多矣，群天下之士学之书院，而于小学仍鲜及焉。夫婴儿生无名师而能言，与能言者处也。小学亦犹是也。齐民姑未暇论，士则必先小学，缺者补之。童面习焉，长而安焉，不至禄禄而受变于俗，则士习端矣。士，民之望也。士习端而后可以言风化，此又学于书院者所当务也。

　　宁郡泸峰书院，倾圮不任栖止，今为输资新之。经始乙酉春初，三阅月落成。凡增屋十八间，补葺二十二间。既定学规，因综为学大旨，文而勒诸石。

清光绪十一年（1885年）重修泸峰书院，崔志道以当地父母官（宁远知府）的身份写这篇碑记，对端正士习、办好书院提出切实的要求。全文分析时弊，提出书院办学的正面主张。文中阐述了书院制度，分析了书院士子不同的学习状态、学习态度、学习方法，正面提出立德、修行之要求，以及加强基础学习的主张。《西昌县志》中录有宁远知府牛树梅为泸峰题写的对联：河岳英灵钟此辈，国家元气在斯文。任天下是秀才事，学古人为君子儒。《西昌县志》还录有崔志道的《题泸峰书院联》：深造有资，须借鉴源头活水；景行不远，要无愧对面高山。

建昌人杨鼎才主讲于泸峰书院，其诗《主讲泸峰书院》勉励学子珍惜时光。

> 麟有龙文凤有苞，人才后进胜前茅。
> 描来锦绣多新样，话到枌榆半旧交。
> 姓字好留题雁塔，声名相许达螭坳。
> 年华驹陈休轻掷，自古难煎粘日胶。

二、研经书院

　　研经书院为西昌知县胡薇元于清光绪二十年（1894年）所创，胡薇元兼首任山长，并撰《研经书院记》刻石树碑。研经书院建成后在传道、授业、解惑、藏书、育人、养士方面，均为当时这一地方书院之冠。

《西昌县志》记载：光绪二十年（1894年），大兴胡薇元来令于兹。太守唐承烈捐廉为书院之权与。西昌知县胡薇元认为泸峰书院狭小，无法容纳更多学生，请求创办宁远府书院。唐冕周等士绅慷慨捐资，并在城之东北择地建造，取名为研经书院。书院仅存在十多年，到宣统元年（1909年）停办。研经书院是宁远府唯一一所面向全府招生的府属官办书院，尽管存在的时间短，却人才辈出。

《西昌县志·教育志》"书院制"条目这样描述研经书院办学历史：光绪二十年（1894年），大兴胡薇元来令于兹。时学师相继去。胡兼摄学篆，以经学训诂为教，因鉴于县中泸峰书院狭隘，不足容多士。且他州县来学者，不得入止焉。乃为添设府书院之请……刊定规例，日夕与诸生研习其中。经义治事，两有所教。一洗从来书生空疏之陋习，远近负笈从学者，络绎不绝……一时人才辈出。每试高捷者甚众[1]。

胡薇元、刘景松曾任研经书院院长。

胡薇元为西昌教育作出了巨大贡献。吴树棻于光绪二十二年（1896年）在《西昌县志序》中评价胡薇元君建精舍，购经籍，孜孜焉。与邑人士切劚于学，……西昌汉一而夷九，武健严酷，虽可稍稍得一日安然，欲驯调乖戾之性，转移狂榛之俗。以此可见，胡薇元为改善西昌野蛮乖戾民风所作的努力。

杨肇基在民国《西昌县志·政制志》中称赞胡薇元：孝博以儒术治民，文学教士，所至建设学校，循循善诱，前任崔守徐守皆名翰林，拘拘螯屋文派。孝博参以经史，益彬彬焉，后一科而领荐者三[2]。

胡薇元不仅循循善诱，以经史教导当地文士，还积极筹资兴办学院，其《研经书院记》记载了研经书院创建的始末。

> 宁远府为蜀南大都会，牦牛诸山，绵延数千里，若水经其南，沫水出其北，重岭叠嶂，深谷大川，西界蕃部，东阻夷徼，莽莽苍苍，阴阳回合，宜其中有瑰异奇杰者生，以应山川之钟毓，而发舒其灵秀。
>
> 顾自司马相如持节通道置县，汉刺史三张公启之迪之，历晋唐以迄今兹，而研经者盖寡。瑰异奇杰之士，皆郁而莫之伸。薇元自光绪甲午来令西昌，郡附郭邑也。时，学师相继去，薇元兼摄学篆，登明伦之堂，进诸生宣圣天子德化，问有高堂深室可以置吾邑及各厅州县

---

① 郑少成. 西昌县志［M］. 民国《西昌县志》重印本．［出版者不详］，2012：350.
② 郑少成. 西昌县志［M］. 民国《西昌县志》重印本．［出版者不详］，2012：229.

士之来学者乎？咸曰：力不及此。时，邹鲁唐公守是邦，方合五属集资议修府文庙。薇元前请曰："向有文庙，足资明虔，地势亦宏阔，择基另营，恐无过此。计所集资，亦不敷。盍仍旧宇，增拓崇壮之，事半功倍。县中泸峰书院，狭隘不容多士，旦他州县来者，不得入止息。请以筹修余资，别建书院，俾学者得治经所，相与讲明，以崇圣教者崇圣耶。"时岁饥，议禁酒，乃查郡中多以杂粮酿酒，无坊民食，且夷性嗜饮，抚绥赏赉所需，势不得禁，酢家利甚溥。因议取酒人余资，助学者膏晷。唐公欣然，上请，未得报。太仓赵公继守请，值定兴鹿公督蜀，卒得允。己未冬，辟地于郡东北，高其闬闳，

大其庭庑。崇其垣墉，为购书百卷实其中，颜之曰研经书院。夫通天下之至理者莫如经，非独贵汉尊宋，足以侈其垣宇也。材足以成物，略足以应变，志职足以化民成俗，而非经则不足以达之。深沉之思，蕃变之文，上溯古昔之至道，显显翼翼之微言大义，非研经不为功。学术综于万变，津逮归乎一源，而后群圣经纶天下之道备。诸生以薇元为有知，咸请太仓公浼薇元为之主讲，且请为文以记之，而刊其规例于后。

《研经书院赞》为《研经书院记》所附之赞辞，介绍了研经书院的地理位置、创建经过、对学院和学子提出殷切希望，从文中能体味出胡薇元对教育的一片赤诚：

郁此大都，惟绳若是渠。衿裒藩徼，其源孔舒。朔有广居，为吾徒所必须。畴克谋厥终始，作堂翼如，或峨其冠，或褒其裾，拥经而前，育唐孕虞？边方敝劥，益是究是图。粤在旃蒙协洽，云俪风趋，时天子右文，不遗一隅。繄邹鲁与太仓，实两大夫，有司走告，忻喜翼扶。惟此邦之士，如槁斯肤，祺然葎然，愿就轨模。不匝月而堂成，前拱后枢。孰匪达材，而不导厥途？孰罔硕彦，而不跂先儒？愿顾名而思义，研与谭殊。刻石记始，视此贞玞。

三、亮善书院

清代，礼州作为分县，经济、文化较发达。为创办书院奠定了基础。清光绪九年（1883 年）当地人创办"尊经书院"（级为尊经重典之意），后由士绅胡国枢、胡朝华、胡国士、毛际东、黄菊等以礼州川主庙为院址，创办亮善书院（北周时礼州为亮善郡郡治）。光绪十一年（1885 年）胡国模、杨世恒、李春华等 44 人捐资扩建川主庙等处房舍，书院规模有所扩大。光绪十六年（1890 年）贡生胡朝福、康秉怀、叶茂松以及创办书院的众士绅，议定在文昌

宫右侧新建书院，将川主庙院址移至文昌宫，定名"礼州分县亮善书院"。光绪三十三年（1907年）关闭书院。亮善书院培养了许多优秀人才，如吴博文、马暲等。《西昌县志》称吴博文行文洋洋恣肆，如长江大河，一泻千里，其才学倍受清代四川学政、书法大家何绍基的赏识。亮善书院院长为颜启华。

四、金江书院

据《会理州志·营建志·书院》记载：金江书院旧在城内西南隅，讲堂三间［乾隆十六年（1751年）知州韩㨨建，名会华书院］、厢房六间［乾隆十七年（1752年）知州穆元章率士民捐资建，共享银一百三十两有奇］、大门一座［乾隆十八年（1753年）知州蒋文祚建，名玉墟书院］、厅堂三间、东耳房三间、西楼房三间［乾隆五十九年（1794年）知州曾浚哲建，名会川书院］。嘉庆十六年（1811年）知州德勋以义学作学正署始创建之于文庙，之前坐西向东大门讲堂两厢后楼俱备，道光初年知州刘德铨更名曰金江书院。金江书院从乾隆年间开始购置学田，以后逐年增加，到同治九年（1870年）止，已有学田三十六处，价值白银二万多两。乾隆十六年（1751年）建院，至光绪二十九年（1903年）停办，其间一百五十多年培养了大批有才之士。

五、凤池书院

凤池书院在县属德昌镇。道光十四年（1834年）巡检王仕馨捐廉创建。因其地近孙水，有山名凤凰，名曰凤池书院。

王仕馨、贾惟善曾任凤池书院院长。

六、泸江书院

泸江书院在越西县大树堡，清道光间创建。《越嶲厅全志·学校志》记载：在大树堡新强乡场，后与文昌宫同一门道，贡生张游龙捐修照墙及圣域、贤关两门。

同知王者政有《募修泸江书院启》。

夫百工献技，事缘居肆而成；三物教民，学必由乡而始。然家鲜私塾，将拥篝以何从；馆废招贤，复离群之可叹。即使编茅作屋，究乏常师；或且凿壁引光，终依邻舍。是下帷无荟萃之区，恐鼓箧寡切磋之助也。所以客来载酒，先寻问字之亭；人欲传经，共指然藜之阁。况彼寒士，何弗广其厦以庇；倘有名师，自当游其门者众矣。

今据大树堡士民等同声呈请创修书院，育我人文，开艺圃以撷
英，筑文坛而树帜，甚盛事也，我心藏焉。第就平地以为山，尚无半
篑；若聚一乡之善士，不仅三椽。故襟山带水，虽分金马之灵；而鸠
工疤材，实赖银蛇之助。嗟尔父兄，谁无子弟？所愿人输尺璧，同培
玉树于今兹；家馈兼金，预兆榜花于异日。须识狐裘之可集，勿埋宝
井以自封。果逢枝莫不挂钱，斯用众无难举鼎。从此窗明几净，新开
北面之堂；仁看春诵夏弦，尽罗南邦之秀。尚其当仁不让，庶几有志
竟成。

王者政于清道光十九年（1839 年）调越嶲厅同知，后升龙安知府，道光
二十六年（1846 年）调任宁远知府。所治讼狱详明，案无停牍，训课士子，
昌明教化，又善处民族关系，境内称治。为募集经费修建泸江书院，当时任越
嶲厅同知的王者政亲拟了这份文告。文中提到了修建书院的价值意义，向民众
发出倡议，并殷切展望书院前景。

七、台登书院

据《冕宁县志》记载：旧传，在圣庙右侧，创建基址无考。道光元年
（1821 年），知县徐连、教谕苏鸣冈，改建于城之东南隅。正厅、讲堂各五间，
寝室三间，左、右肄业厢房各四间，大门一间。其掌教脩金、生童膏火奖赏之
资，于官租米及斗息支付。又按旧《志》云：合县捐置之田，岁收租谷四十三
石，以作每年束脩膏火之资①。

知县、直隶任县进士徐连有《重修台登书院记》一文。

三代盛时，乡国莫不有学，所以风俗淳美，无犯礼非议之事。
秦、汉而后，兴废不一，而斯道渐推渐著，其成效可睹也。我朝圣圣
相承，重熙累恰，虽山陬海澨皆知向学。

冕邑书院由来已久。予于嘉庆己卯恭膺简命，来宰斯邑，下车谒
庙后，旋诣书院，见诸生多秀而文，可加造就；第墙庑卑庳，屋宇浅
隘，不足以容多士。公事稍闲，即倡捐廉俸，与学博胡君、邑尉李君
及绅士等悉心筹画，皆欣然，同志乐勤厥成。恐费资不足，又广募本
邑好义者，略可藉手。于是购基地，庀良材，督良工。经始于嘉庆庚
辰，落成于道光癸未，约费白金数百两有奇。是役也，凡讲堂两厢及
门窗、寝室俱整以洁，肄业其间者，不患寒暑，不畏燥湿矣。岂可处
明敞之所，不朝夕黾勉，以精研义理，为斯邑出类拔萃之士乎？夫士

---

① 李英粲．冕宁县志 [M]．冕宁县地方志办，校编．冕宁县：冕宁县印刷厂，1996：67．

必立品而后文成，文必实大而后声远。诸生既有爽垲以居身，又得明师以范志，当饬已自修；毋徒外饰儒雅之名，而内少诚笃之学。果能刻意进修，由庠序而渐跻清要，为国家有用之材，则不但为斯邑出类拔萃之士巳也。予近迁首邑，于诸生必时有风闻。其各思敦行修文，蒸蒸日上，庶不负数年改建之心也夫，是为记。

八、香城书院

香城书院坐落在磨盘山下的河西场（今改名佑君镇），该书院建筑是西昌境内保存最完整的一所。历史上，唐朝武德二年（619 年）在今盐源县设昆明县。唐贞元十年（794 年）南诏政权攻没昆明县，更置香城郡，因河西原属盐源辖地，"香城书院"由此得名。香城书院堪称目前西昌办学历史悠久、建筑保存最完好的古代官办书院。从清乾隆二十年（1755 年）年建立古香义学馆至今，已有 260 多年办学历史了，至今还为学堂所用。

清代贡生张葆山、洪子慈、孙极三共同撰写的《香城赋》这样描绘书院。

荫浓柳岸，瑞霭香城，村开凤尾，殿现龙鳞。池中莲花吐艳，沟里梅子垂青。红毛势凌白马，旌帜威坐将军。路至九盘，峰回转折；崖生千佛，月映陇麟。岩上观音，行人普济；沟中土地，樵子祈灵。

至若三家五里，大四小门；羊角扶而可上，木鱼敲之无声。石滩相传化石，云台接近白云。或则山之高兮，邛池掩映；或则塘之热兮，温水清盈。一羵显灵，云雨刻应；九龙治水，泛滥不惊。

乃凤凰爱集，鸿雁来宾；梅花数点，红枣千林。红沟落叶，白水盟心。水洞湾环而出水，云山飘渺似铺银。登斯寺也，则有俯观四境豁目兴怀者也！

九、圣功书院

圣功书院在县属德昌镇。咸丰三年（1853 年）巡检王仕馨告老还乡后，与当地士绅捐资新建"圣功书院"，院址在三教寺。圣功书院存在的时间不长，于光绪末年停办。

高月楼、罗晴峰、金魁、张联芳、张琴、颜如恕曾任圣功书院院长。

十、柏香书院

根据《盐源县志·舆地志·古迹》记载，柏林书院，乾隆初年建，后改建柏香书院。《盐源县志》记载：香城书院，在盐中，每年束脩制钱陆拾千文，由该处绅首经收公田租息致送。

柏香书院属盐源县学，《盐源县志·学校志》记载了其文武生员学额：自雍正五年（1727 年）岁试原额取文童十二名、武童十二名；科试原额取文童十二名、廪额二十名、增额二十名。嘉庆九年（1804 年）新设宁远府学裁，拨岁科两试，文武学额及廪增额各二名。

《盐源县志·学校志》记载：柏香书院，在城内，山长每年脩金、节礼、薪水共银壹佰贰拾两，由斋长经收盐竈坛地祖致送。

柏香书院订有《柏香书院详定章程规约》，该章程规约非常详细，对生员行为、日常学习、教师聘用、课程安排、考试制度、奖惩方法、财务制度、学费标准等都有明确规定。兹录几句共享。

奥稽诗书为载道之文，庠序乃毓材之地；

敦士习、去外诱、谨出入、慎郊游；

功课簿宜立也，肄业诸生各立功课簿一本；

掌院须学问优长品行庄重；

设斋长二名，须选本学中殷实公正者当之；

每年正月下旬由县示期考试收录。

十一、金马书院

根据《越嶲厅全志·学校志》记载：金马书院在治南十五里为厅原设，嘉庆二年（1797 年）署通判汪今笏改建城内文昌宫为文昌书院……道光十五年（1835 年）同知叶树东劝捐买西街张姓瓦屋一区、大门三间、中间讲堂三间、后面书室三间、前后两廊共八间为诸生肄业处，后园空处可栽花、艺竹，爰额其门曰敬义书院……因文昌帝君降生于越嶲金马山而得名。

十二、锦屏书院

根据《雷波厅志·学校志》记载：锦屏书院在青龙巷内，嘉庆二十五年（1820 年）署通判陆成本建，先是嘉庆七年（1802 年）前按察使董教增、建昌镇总兵张志林、叙州府知府淡士灝来厅办夷务，事平后，创议建设书院，共捐银五百两，置学田。

凉山虽地处西南边陲，又是多民族地区，但明清时期随着行省建立、改土归流、汉人迁居，凉山地区的文化迅速发展起来。虽书院的创办晚于内地，但在明清两代，书院充分展现出培育教育人才的重要功能，成为凉山养士储才之所，为地方文化的发展和民众素质的提升发挥了重要作用。

总的来说，明清时期凉山人才济济，特别值得一提的是西昌东乡的高枧（旧称右所）和川兴（旧称左所），它们毗邻宁远府城，背倚青山，俯临邛海，土地肥沃，物产丰富，人民富庶，历来是文教昌盛之地。这一带经济、文化比较发达，士风纯良，人才辈出，学堂教育办得好。文化教育往往以科举成果为重要标志。据乾隆二十七年（1762年）壬午科举人小前卫（现属高枧乡）李拔萃的《建昌破天荒记》中记载，西昌本土第一批举人中，川兴人颇多，人才辈出：乾隆初，古城（现海南乡古城村）杨衍以拔贡入京师……旋即乡试举于戊午（现川兴镇新农村）巫必中举于辛酉（1741年）……窃以开化者江南恺伯，开风者古城杨衍、高坡（川兴合兴村傅家边）冯文郁毛屯（川兴三村）毛万铨功也。比如毛家屯的毛万铨是乾隆十七年（1752年）壬申科举人、乾隆十九年（1754年）甲戌科进士，曾任湖北松滋县县令，为官清正，断事公道，人称"毛青天"。

书院在特定历史条件下，在教育史上，作为一种教育制度，为地方培养人才、选拔官吏曾经起到重要作用。

阿卓哈布，王万泉．凉山风景独好 [M]．成都：四川人民出版社，1997.

班固．汉书 [M]．北京：中华书局，1962.

曹学佺．蜀中广记 [M]．四库全书本．

常明修，杨芳灿．四川通志 [M]．成都：巴蜀书社影印本，1984.

常璩．华阳国志校补图注 [M]．上海：上海古籍出版社，1987.

陈寿．三国志 [M]．北京：中华书局，1959.

陈文，李春龙，刘景毛．景泰云南图经志书校注 [M]．昆明：云南民族出版社，2002.

戴伟华．地域文化与唐代诗歌 [M]．北京：中华书局，2006．年。

邓仁垣．会理州志 [M]．影印本．成都：巴蜀书社，1992.

范晔．后汉书 [M]．北京：中华书局，1965.

方国瑜．中国西南历史地理考释 [M]．北京：中华书局，1987.

傅振伦．中国方志学通论商 [M]．北京：商务印书馆，1935.

辜培源等．盐源县志 [M]．影印本．[出版者不详]，[1894].

郭松年．大理行记校注 云南志略辑校 [M]．昆明：云南民族出版社，1986.

何东铭．邛嶲野录 [M]．影印本．成都：巴蜀书社，1992.

胡晓真．明清文学中的西南叙事 [M]．台北：台湾大学出版中心，2017.

胡昭曦．四川书院史 [M]．成都：巴蜀书社，2000.

花志红．《西昌县志·艺文志》中的节日礼俗 [J]．时代人物，2021（24）：26-28.

花志红．地域特色下的清代西昌竹枝词 [J]．名作欣赏，2018（1）：46-48.

花志红．地域特色下的清代西昌自然灾难诗简析 [J]．科教文汇，2017（9）：147-149.

花志红．地域文化背景下的凉山咏月诗探析 [J]．名作欣赏，2017（2），125-127.

花志红．地域文化环境下的明代凉山仕宦诗 [J]．文教资料，2017（14）：7-9.

花志红．李京"纪行诸诗"述略 [J]．文教资料，2016（18）：8-9，93.

花志红．凉山地方志中景观题名诗研究 [J]．名作欣赏，2019（3）：110-112，118.

花志红．清代西昌地方长官诗文创作探析 [J]．文教资料，2018（1）：9-11.

黄尚明．蜀文化研究 [M]．武汉：华中师范大学出版社，2007.

姜先杰，刘弘．安宁河谷古代经济开发史 [M]．成都：四川人民出版社，2019.

蒋邦泽，武谊嘉．凉山州古诗文选释 [M]．成都：四川大学出版社，2007.

蒋邦泽．历代诗人笔下的凉山奇珍异宝 [J]．西昌师范高等专科学校学报，1996
（3）：34-40.

蒋邦泽．评述何绍基的宁远之行［J］．西昌师范高等专科学校学报，1995（3）：44 - 49.

蒋邦泽．清代钟状元留诗凉山州［J］．西昌师范高等专科学校学报，2002（4）：30 - 33.

李大明．巴蜀文学与文化研究［M］．北京：商务印书馆，2005.

李凯．巴蜀文艺思想史论：一种区域文化视域下的考察［M］．北京：商务印书馆，2016.

李修生．全元文［M］．南京：江苏古籍出版社（凤凰出版社），1999 - 2004.

李英粲．冕宁县志［M］．冕宁县地方志办，校编．冕宁县：冕宁县印刷厂，1996.

李元阳，刘景毛．万历云南通志［M］．北京：中国文联出版社，2013.

李宗锽．峨边县志［M］．影印本．成都：巴蜀书社，1992.

郦道元．水经注［M］．北京：中国工人出版社，2016.

凉山彝族自治州博物馆．凉山宝藏：20 件文物讲述的凉山文明史［M］．成都：四川文艺出
　　版社，2019.

罗大经．鹤林玉露［M］．北京：中华书局，1983.

罗应涛．巴蜀古文选解［M］．成都：四川大学出版社，2002.

马忠良．越嶲厅全志［M］．影印本．［出版者不详］，［1906］.

南方丝绸之路文化编写组．南方丝绸之路文化论［M］．昆明：云南民族出版社，1991.

秦云龙．雷波厅志［M］．影印本．［出版者不详］，［1905］.

阮元．十三经注疏［M］．台北：艺文印书馆，1976.

沈德潜．明诗别裁集［M］．上海：上海古籍出版社，1979.

司马迁．史记［M］．北京：中华书局，1982.

四川凉山彝族自治州博物馆．西昌地震碑林［M］．北京：文物出版社，2006.

宋濂．元史［M］．北京：中华书局，1976.

孙琪华．益州记辑注及校勘［M］．成都：巴蜀书社，2015.

脱脱．宋史［M］．北京：中华书局，1985.

王朝谦．巴蜀古诗选解［M］．成都：四川大学出版社，1998.

王林吉．凉山州彝族自治州建置沿革［M］．成都：电子科技大学出版社，2012.

王仁刚．历代文人吟西昌古诗文选读［M］．成都：电子科技大学出版社，2015.

王子京．巴蜀"竹枝"的酒香［J］．重庆师范大学学报，2010（4）：11 - 19.

徐怀璋．昭觉县志稿［M］．影印本．成都：巴蜀书社，1992.

徐文龙．魅力西昌［M］．北京：中国文史出版社，2014.

杨福泉．2012 中国西南文化研究·元代滇诗辑注［M］．昆明：云南科技出版社，2013.

杨世明，文航生．巴蜀方志艺文篇目汇录索引［M］．北京：中华书局，2015.

杨世明．巴蜀文学史［M］．成都：巴蜀书社，2003.

佚名．宁远府志［M］．影印本．西安：西安古旧书店，1960.

袁庭栋．巴蜀文化志［M］．成都：巴蜀书社，2009.

曾大兴．文学地理学研究［M］．北京：商务印书馆，2012.

张廷玉．明史［M］．北京：中华书局，1974.

赵尔巽．清史稿［M］．北京：中华书局，2020.

郑焕隆．周光镐事迹编年［J］．汕头大学学报，1999（1）：85 - 94.

郑少成. 西昌县志 [M]. 民国《西昌县志》重印本. [出版者不详], 2012.

中国地方史志协会编. 中国地方志论丛 [M]. 北京：中华书局, 1984.

周密. 齐东野语 [M]. 北京：中华书局, 1983.

周斯才. 马边厅志略 [M]. 影印本. 成都：巴蜀书社, 1992.

朱圣钟. 历史时期凉山地区的河流变迁 [J]. 云南地理环境研究, 2006 (9)：8 - 13.

朱圣钟. 明清时期凉山地区水旱灾害时空分布特征 [J]. 地理研究, 2012 (1)：23 - 32.

地处横断山系东北缘的凉山，是一个南北文化、人类迁徙的交汇地带。这片广袤的土地承载了几千年的悠久历史和灿烂的文明，是全国最大的彝族聚居区，也是四川省民族类别最多的地方。在历代王朝筹划治理西南的背景下，凉山的地位举足轻重，即便经历历代王朝的兴衰更迭，凉山从未淡出过王朝的视野，其政区建置历史发展脉络清晰。

从文化发展的角度来看，一个地方的文化发展既跟经济、政治、民族等原因相关，也与刻书、藏书业发展，教育资源及文学家影响力等因素相关。明清时期，由于人口迁徙、民族融合等因素，凉山文化得到了显著发展，文人、官宦或宦或游或巡视或途经，入凉山者甚众，以其独特的视角留下不少吟咏凉山的篇章，文学创作蔚为大观。另外，科举制度、书院教育的发展流变等也促进了凉山文化的进一步提升。

非常遗憾的是，迄今为止，学术界对凉山地区文化研究的成果还比较少。这一研究领域还有较大的开拓空间。因明清时期凉山地方志种类多，体例完备，很好地呈现了地域特征，反映了历史文化样貌，因而在前人研究的基础上，这本书稿试图从地方志文化资源的角度切入，让人们了解凉山地方志对构筑地方文化所起到的独特作用。

夫县志者，一邑之记事。地方志是前人留下的一份宝贵遗产，有资政、教育、存史之用。我因兴趣爱好走进凉山地方志，方觉自己虽在凉山生活几十年，却对生我养我的这方土地知之不多，实感汗颜。在研究过程中，我深感不管是个人知识素养、知识储备还是资料的搜集，都很欠缺，写作中常有捉襟见肘之感。其间又经历电子文件丢失的痛心。本著作比起学术界诸多鸿篇大著而言只是一本小册子，却费时良多。文中疏漏之处和不尽如人意的地方，敬请专家和读者指正。

在这本书的最后我想以《冕宁县志·序》作为结语。

邑之有志，自天地山川土田疆域，以至人情物态，凡邑之所有，纤悉毕具。遍观而尽识之，则一邑之规模已隰括于胸中。而后参之以耳目之所及，询访之所得，虑之无不密，处之无不当，而一邑被其泽矣。是故天时有早晚，地气有寒燠，山川有通塞，土田有肥硗，疆域有险易，人情有得失，物态有赢缩；美利何以兴，积弊何以除，衣食何以足，赋税何以平，人力何以纾，物产何以育，教化何以广，风俗何以淳；何以息狱讼，何以弭盗贼，何以便行旅，何以利商贾，何以图久远，何以备不虞，朝夕而览之，寤寐而通之，其有不中者乎？志与政事表里盖如此。

图书在版编目（CIP）数据

凉山地方志文化资源研究 / 花志红著 . —北京：
中国农业出版社，2022.6
ISBN 978 - 7 - 109 - 29369 - 4

Ⅰ.①凉…　Ⅱ.①花…　Ⅲ.①凉山彝族自治州－地方
志－研究　Ⅳ.①K297.12

中国版本图书馆 CIP 数据核字（2022）第 070012 号

中国农业出版社出版
地址：北京市朝阳区麦子店街 18 号楼
邮编：100125
责任编辑：李昕昱　文字编辑：屈　娟
版式设计：王　晨　责任校对：吴丽婷　责任印制：王　宏
印刷：北京中兴印刷有限公司
版次：2022 年 6 月第 1 版
印次：2022 年 6 月北京第 1 次印刷
发行：新华书店北京发行所
开本：700mm×1000mm　1/16
印张：13
字数：245 千字
定价：68.00 元